U0143005

課程與教學
——理論與實務——

Curriculum
and
Instruction
Theory and Practice

張清濱 著

五南圖書出版公司 印行

初版序

　　學術界對於課程與教學一向有不同的觀點。有些學者認為課程與教學是截然不同的,劃分為二,各自獨立。另有些學者認為二者相互依存,不能分割,並不相互排斥。亦有學者認為課程與教學實為一體之兩面,如影隨形,不可須臾相離。徒有課程而無教學,課程是空的;只有教學而無課程,教學是盲的。

　　縱然課程與教學具有密切的關係,大體上,課程偏向教育的「內容」,而教學偏向教育的「方法」。顯然,二者雖有不同的涵義,卻是難分難解,都會影響學校教育的發展與教學的成效。

　　本書《課程與教學:理論與實務》旨在研究中小學的課程與教學,兼顧理論與實務。全書分四篇共 16 章列述。第一篇概述課程的理論,探求課程的基本概念、課程理論取向、課程發展模式與課程發展趨勢。第二篇敘述課程的實務,探究十二年國民基本教育課程包括國民中小學課程、高級中等學校課程、統整課程與課程統整、課程組織與設計。第三篇略述教學的理論,探討學習心理學行為學派、認知學派、人本學派與其他學派的教學理論。第四篇論述教學的實務,研討教學設計、教學方法、線上教學、遠距教學、班級經營、課程評鑑、學習評量與教育測驗的實施。每章末節皆有實例並有近年來中小學教師資格檢定考試試題,以資印證,實為本書一大特色。

　　本書可供大學校院師資培育中心、教育系所學生修習課程發展與設計、教學原理、教學實習與研習機構研習之用,亦可供教育行政人員與各級學校教師參考與應用。惟作者才疏學淺,思慮不周之處,實所難免,尚祈方家不吝指正。

張清濱

謹誌於彰化師範大學

2020 年 9 月 28 日

目 錄

第三篇　教學理論

第四篇　教學實務

表目錄

圖目錄

第一篇

課程理論篇

1. 課程的基本概念

2. 課程理論取向

3. 課程發展模式

4. 課程發展趨勢

第一章

課程的基本概念

　　課程（curriculum）與教學（instruction）是學校教育的兩大主軸，也是達成教育目標的利器。學生到校求學與教師在校教學都離不開它們。但是，它們究竟扮演什麼角色與如何發揮功能乃是值得探究的問題。本章先就課程的基本概念包括課程的意義、涵義、類型與角色，分別敘述如後。

第一節 課程的意義

　　課程是什麼？它是最難於下定義的教育概念之一。事實上，《美國教育人員百科全書》（Dejnozka & Kapel, 1991）把課程解釋為「一個沒有一致定義的複雜術語」（p.151）。依據 Schubert（1986）的解釋，"curriculum" 一詞在拉丁文的原義是「跑馬道」（currere）。因此，課程的本義就是學習的課業（a course of study）。當用在教育上，它就有許多的意義。

　　Thompson 與 Gregg（1997: 28）認為課程是達成學校目的與目標的主要工具。課程可界定為一種行動方案或書面資料，包含達成預期目的或結果的策略。

　　Wiles 與 Bondi（2002）視課程為涉及目的、設計、執行與評量的四步計畫。然而，課程可以廣泛地界定為「討論學習者的經驗」。此種論點視課程為校內，甚至校外的一切事物。它是植基於 Dewey（1938）的《經驗與教育》的論述，與 1930 年代 Caswell 與 Campbell（1935）的觀點，認為課程是在教師的指導之下，學生獲得的所有經驗。

　　課程也可視為學科（subject matter）諸如數學、科學、歷史等或學科內容。我們可用年級的層級討論學科或內容。

　　Oliva（1997）曾舉出一系列的課程意義如下：
- 課程是在學校裡所教的東西。
- 課程是一套學科（a set of subjects）。
- 課程是學習的方案（a program of studies）。
- 課程是一套教材（a set of materials）。
- 課程是一門學習的課業（a course of study）。
- 課程包括課外活動、輔導活動與人際關係的任何活動。

- 課程是在學校的指導下，包括校內、校外所教的東西。
- 課程是學習者在學校裡所經歷過的一系列經驗。

　　具體地說，*課程*（*curriculum*）是總稱，通常它包括許多*科目*（*course*）或*學科*（*subject*）、*功課*（*lesson*）、*活動*（*activity*）與*經驗*（*experience*）。例如在高中*課程*（high school *curriculum*）裡，就有英文課程或英文科目（English *course* or English *subject*），英文課程裡又有很多*課*（*lessons*）。另外尚有各種活動如實習、參觀、旅行、社團活動、班會活動與其他校外教學活動等經驗。換言之，教學*活動*（*activity*）是英文*課*（*lessons*）的次級系統，英文*課*（*lessons*）是英文*科目*（*course*）的次級系統，英文*科目*（*course*）是高中*課程*（*curriculum*）的次級系統（如圖 1.1）。

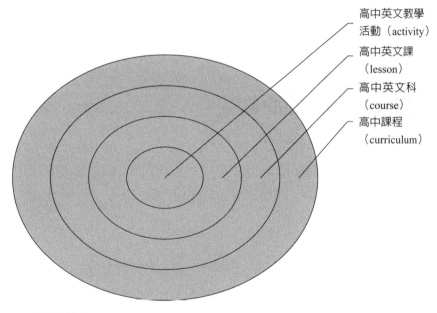

高中英文教學
活動（activity）

高中英文課
（lesson）

高中英文科
（course）

高中課程
（curriculum）

圖 1.1　課程系統

　　總而言之，課程是在學校與教師的指導之下，學生所進行學習的一切科目、學科、活動與經驗。它是學習者進行一切學習活動與經驗的總合。

　　課程與教學的關係一向有不同的觀點。有些學者認為課程與教學是截然不同的，劃分為二、各自獨立。例如：Posner 與 Rudnitsky（2001: 7）認為教學是一種歷程，而課程不是一種歷程。它是學校所教的內容或學生想學的東西。另有些學者認為二者相互依存，不能分割，並不相互排斥（Parkay & Hass, 2000: 2）。更有學者支持課程與教學是一元論而非二元論的觀點。J. Dewey（1916）主張課程與教學是密不可分的，教學不能脫離於課程之外。兩者實為一體之兩面，如影隨形，不可須臾相離。徒有課程而無教學，課程是空的；只有教學而無課程，教學是盲的（張清濱，2020）。

　　縱然課程與教學具有密切的關係，大體上，課程偏向教育的「內容」，屬於 "What" 的問題；而教學是偏向教育的「方法」，屬於 "How" 的問題（Parkay & Hass, 2000: 2）。顯然，兩者雖有不同的涵義，卻是難分難解，都會影響教師的教學與學生的學習（Kellough & Kellough, 2003: 122）。

第二節　課程的涵義

　　從課程的定義，我們可以進一步探討課程的涵義。黃光雄與楊龍立（2012: 12-13）歸納許多學者的研究，指出課程即目標、課程即計畫、課程即學科、課程即經驗、課程即成品、課程即假設等概念。今分述如下：

一、課程即目標

　　課程視為目標，即認為課程必須符合國家的教育宗旨與課程綱要的目標。優點是淺顯易懂，簡單明瞭；缺點是欠缺執行的細部計畫與內容。譬如某校自訂必修課程，必先確立此課程是否符合國家的教育政策與新課程綱要的理念、目標與內涵，但尚未進行細部規劃。

二、課程即計畫

　　課程視為計畫，即認為課程綱要與科目表等於課程。優點是具體地列

出規範事項；但缺點仍是未能詳細列出執行細節。譬如某校教師依據課程綱要設計選修課程，只列出課程目標、課程內容、教學活動、評鑑工具與程序等，但未能鉅細靡遺列出執行細節。

三、課程即學科

課程視爲學科，即認爲各級學校開設的科目就是課程。優點是有系統地提供知識，符合學界的研究成果；缺點是容易忽略知識以外的教育內容。譬如某校提出一份完整的、有系統的必修科目供學生修習，以知識爲導向，但未能考慮學科以外的活動，忽略學生的個別需求。

四、課程即經驗

課程視爲經驗，即認爲課程包括學校提供的一切活動、實作與經驗。優點是注重學生的學習經驗；缺點是容易忽視知識系統的重要性。持此類觀點的學校強調活動型的課程，安排校內外的教學活動，讓學生親自操作、實習與體驗。但偏重活動型的課程有時會忽略完整的知識系統。

五、課程即成品

課程視爲成品，即認爲教科用書就是課程。優點是課程有具體的代表物，缺點是課程缺乏彈性，不易變動。教科用書是課程發展的產物，教學內容不能以教科用書爲已足，尚須隨時提供補充教材，彌補課程之不足。

六、課程即假設

課程視爲教學探究，教師可在自己任教的學校或班級，透過行動研究，提出假設，進行實驗，改進課程。採取此種觀點的教師富有積極的研究精神，優點是課程不斷革新精進，但有時也會顧此失彼，掛一漏萬，失去原有的課程內涵。

第三節 課程的類型

課程的類型繁多，不勝枚舉。本節提出 20 種的課程類型，它們的定義有待界定與釐清。今分別敘述如下：

一、依課程的結構分類

黃光雄與楊龍立（2012）認爲依課程的結構，大體上課程可分爲正式課程（formal curriculum）、非正式課程（informal curriculum）、潛在課程（hidden curriculum）、懸缺課程（null curriculum）與空白課程，分述如下：

㈠ 正式課程

顧名思義，正式課程係指學校依課程綱要開設的課程，通常是教育主管機關認可的課程，也是班級的日課表上所列出的科目。它的特徵是有目的性與預期性，按照既定目標，可以實現的課程。譬如國民中學開設的國文、英語、數學、地理、歷史、生物等科目都是正式課程。

㈡ 非正式課程

非正式課程是正式課程以外的活動，例如課外活動（社團活動、聯課活動）、朝會、週會、演講、各類比賽（運動會）、電影欣賞、校外參觀、春（秋）季旅行、畢業旅行等皆屬之。非正式課程偏向活動性與不固定性。非正式課程依然有其目的性，但不像正式課程的目標明顯。譬如，學校舉辦各班拔河比賽，雖然學校訂有計畫目標，但不似正式課程的教學目標那樣具體、明確。

㈢ 潛在課程

潛在課程係指不知不覺、耳濡目染、潛移默化的課程。譬如教室布置貼了許多勉勵的字句——靜、淨、敬、境、競、勁、靖等字或班規要求「愛惜公物」、「保持教室整潔」等。無形中，學生受到影響而養成輕聲細語、注重環保、尊敬師長、奮發向上、注意安全等習性。這些標語或班規，學生置身其中，就會受到良性的影響。潛在課程也會造成不良的影

響，例如校園狹窄，學生身處其中，久而久之，心胸也會變得狹窄。又如教師上課經常遲到，學生就會有樣學樣，如法炮製，上課照樣遲到。潛在課程的特徵如下：

1. 間接而非直接；
2. 情意而較少認知；
3. 有正面也有負面；
4. 可能而非絕對；
5. 比明顯課程的影響更爲深遠。

㈣ **懸缺課程**

懸缺課程係 Eisner（1979）提出的概念。他指出，學校應教而沒教的部分即屬於懸缺課程。它通常是學校忽略或遺漏的科目或教材，譬如有些教師教到人體的生殖器官，就叫學生自己看；許多課程內容涉及情意教育，部分教師也常略而不教。這好比一個機關或學校本來就有一個職缺，卻懸缺不用。因此，學校本來有這個課程卻沒教，成爲懸缺課程，也就變成空無課程（黃政傑，1991: 65）。

㈤ **空白課程**

空白課程是從華文的角度來思考。學校課程就像一幅山水畫，其中有一部分刻意留白，即可視爲空白課程。譬如學校各班級課表大都排有自修課，供各班彈性運用。有些班級作爲補課之用；另有些班級進行補救教學，亦有班級實施模擬考試。因此，學校有較多的自由，運用自修課時間，辦理各項活動。

二、依課程的決策分類

Klein 與 Goodlad（1978）發現依課程決策的觀點，課程可分爲理想課程（ideal curriculum）、正式課程、教師知覺課程（perceived curriculum）、教師運作課程（operational curriculum）與學生經驗課程（experiential curriculum）等五個層次。

㈠ 理想課程

理想課程係指學校與教育系統外，社會團體、學者、專家對於課程所持的理念、主張、理想、見解與企圖，依其價值判斷與興趣，提出建議的課程。譬如，高中國文課程的文言文與白話文的比例究竟應該各占多少？某位學者、專家就提出自己的主張，認為文言文與白話文的比例應各占一半，此即為理想課程，亦稱為理念課程。此種課程只是學者的意見，類似推薦課程，不見得被採納、實施。

㈡ 教師知覺課程

正式課程經由法定程序發布後，教師、家長與其他人所認識、加以體認與了解的課程，即屬於知覺課程。譬如九年一貫課程統整為八大學習領域，十項課程目標、六項主要議題必須融入各學習領域。大體上，教師對於正式課程有所了解，但不見得就能全盤了解課程綱要的內涵。因此，教師所感受到的知覺課程與實際的正式課程，在了解程度上會有差距。

㈢ 教師運作課程

教師教學時，實際運作、不斷被觀察到的情形即為運作課程。通常教師的知覺課程與運作課程之間也會產生落差。譬如，學習評量要兼顧認知領域、技能領域與情意領域，試題要有鑑別度。但是實際上，大部分的教師命題時經常都沒出情意領域的試題，也常缺乏鑑別度。因此，教師的「知」與「行」，亦即教師的「知覺」課程與實際的「運作」課程之間有落差的情形。

㈣ 學生經驗課程

經驗課程係指學生體驗到、感受到教師教學實際運作的情形。學生所經驗的與教師所運作的部分也常有差距。因為有時候教師所教的，學生未必全然接受、意領神會。譬如，高中一年級國文教師教了 6 篇文言文，但學生只感覺到教師只教了 4 篇文言文。教師運作的課程與學生經驗到的課程仍有些差距。

三、依課程的內容分類

Glatthorn、Boschee 與 Whitehead（2010）從課程的領域，把課程的內容分為建議課程（recommended curriculum）、書面課程（written curriculum）、支持課程（supported curriculum）、教導課程（taught curriculum）、測驗課程（tested curriculum）與習得課程（learned curriculum）等類型（高新建等人譯，2010: 1-4）。今分別敘述如下：

㈠ 建議課程

建議課程係指個別學校、專業公會與改革團體推薦的課程。它也包含決策團體對課程的要求，類似理想課程或理念課程。譬如民意機關建議學校宜開設某種課程，即為建議課程。

㈡ 書面課程

書面課程類似於正式課程，旨在確保達成系統中的教育目標，它是一種控制的課程。Glatthorn 形容書面的課程像一種活頁筆記本的形式送到教師手上，裡面有一份課程目標表單與一份簡單的教材運用表單。此種簡單的形式會使書面的課程更可能受到運用。

㈢ 支持課程

支持課程乃是課程的反映，係由教學資源所塑造的，以支持教師的教學。譬如學校提供在教室裡使用的教科用書與其他教學資料等。支持課程也可以包含選修的運用與平行課程的模式，即不同版本的形式，用作發現學生的能力與興趣的催化劑。

㈣ 教導課程

教導課程乃是教師傳達給學生的課程，當教師教學時，觀察者實際見到的課程。教導課程類似教師運作課程，而書面課程類似正式課程。通常教導課程要與書面課程相呼應。兩者不宜南轅北轍，相互矛盾。

㈤ 測驗課程

測驗課程亦稱評量課程，係指經由教師設計的教室測驗、地區發展的

課程參照測驗，與標準化測驗所評鑑的學習。這三種測驗與授予課程的相關程度似乎非常歧異。教學與評量往往沒有緊密結合，學生所學習的與測驗所測量的會有差距。

㈥ 習得課程

習得課程是指學生受到學校經驗的影響，從意圖課程與潛在課程中學習到的價值觀、認知與行為的改變。習得課程頗類似於學生體驗到、察覺到、學習到的經驗課程，它著重學生在課堂裡所學習的與所保存的。

四、其他分類

除了上述的分類，尚有一些課程的類型諸如核心課程（core curriculum）、核心素養課程（core-literacy curriculum）、螺旋課程（spiral curriculum）、統整課程（integrated curriculum）、融合課程（fused curriculum）與校本課程（school-based curriculum）等，分述如下：

㈠ 核心課程

核心課程的理念源自於精粹主義的觀點，在教育階段中，有些科目較為重要，每位學生都必須修習這些科目（鄭世仁，2000）。譬如國民中學學生必須修習國文、英語、數學、自然科學與社會學科。這五種學科就成為國民中學的主要學科，稱為核心課程。

㈡ 核心素養課程

依據教育部（2014.11.28）發布的《十二年國民基本教育課程綱要總綱》，學校課程以培養學生的核心素養為主軸。所謂「核心素養」係指：

> 一個人為適應現在生活及面對未來挑戰，所應具備的知識、能力與態度。「核心素養」強調學習不宜以學科知識及技能為限，而應關注學習與生活的結合，透過實踐力行而彰顯學習者的全人發展（p.6）。

　　準此以觀，新課程綱要基於自發、互動與共好的理念，學生自主行動、溝通互動與社會參與，培養以人爲本的「終身學習者」，必須透過校訂彈性學習課程與部定八大領域學習課程的實施，學生才能獲得九項內涵：1. 身心素質與自我精進；2. 系統思考與解決問題；3. 規劃執行與創新應變；4. 符號應用與溝通表達；5. 科技資訊與媒體素養；6. 藝術涵養與美感素養；7. 道德實踐與公民意識；8. 人際關係與團隊合作；與 9. 多元文化與國際理解（教育部，2014: 6）。學校訂的彈性學習課程與教育部定的八大領域學習課程就構成核心素養課程。

㈢ 螺旋課程

　　螺旋課程係 Bruner（1966）提出的理念。螺旋課程像倒金字塔，形狀像螺旋，逐級而升。它是垂直式的課程組織。譬如，小學、國中、高中與大學都有英語（文）課程，但是廣度與深度不同，小學英語先從簡單日常生活用語開始；國中階段則逐漸擴展生活用語並增加一些短文，供學生閱讀；高中階段英文難度加深、範圍加廣；大學階段英文則更深入。

㈣ 統整課程

　　統整意即把兩個以上不相同，但卻相關的個別事物，組成有意義的整體。統整課程係指經過統整後的課程；它有別於課程統整（curriculum integration）：統整課程強調結果，而課程統整著重過程。九年一貫課程把國民中小學的許多科目，統整爲八大學習領域，即爲統整課程。譬如，生物、化學、物理與地球科學等科目統整爲自然科學，自然科學就成爲統整課程。

㈤ 融合課程

　　融合課程係指把有關的科目合併爲一門新的科目，也稱爲合科課程。有關的科目合併後不再單獨存在。例如生物學包含植物學、動物學、生理學與解剖學，合併成爲融合課程後，便不再單獨存在。但是，國中課程的社會學科，很明顯地只是公民、地理與歷史等科的獨立科目混合而成，並不屬於眞正的融合課程（簡紅珠，2000）。

㈥ **校本課程**

校本課程又稱爲學校本位的課程。它至少有五種不同的發展方式：1. 由下而上的課程發展，譬如學校英語教師人才濟濟，教師組成英語教材研究發展小組，編寫英語課本，送請教育部審定通過後發行，成爲學校英語課程的教科用書；2. 草根性的課程發展，譬如學校社區產茶，學校就開設一系列的茶葉課程，包括種茶、採茶、製茶、泡茶、行銷茶葉等課程，發展地方的特色；3. 學校創始的課程發展，譬如學校附近有孔廟，就提議新生訓練必須安排參觀孔廟的課程；4. 以學校爲主體的課程發展，譬如學校校園廣闊，學校闢建植物園區，供學生植栽、觀察、探究植物的生態；與5. 以學校的辦學理念進行不同程度的課程發展，譬如校長的辦學理念是全校學生畢業前都要學會一種樂器，學校就擬定校本課程發展實施計畫，利用彈性學習課程時間演練，果然學生畢業前都會吹奏樂器（張清濱，2007: 85）。

第四節 課程角色

教育部（2017.5.10）宣布《十二年國民基本教育課程綱要》自 2019 學年度開始正式實施。中小學教師面臨課程的變革，究竟要扮演哪些角色？從上述課程的意義、涵義與類型，我們可以看出教師所承擔的角色，有別於過去。今列舉六項教師扮演的課程角色，說明如下：

一、課程研究者

新課程與舊課程應該迥然不同，教師要先研究兩者有何不同，更要思考今後的教學如何因應，以免換湯不換藥。有些教師未能把握新課程的基本理念與內涵，無法發揮新課程的功能。

二、課程發展者

新課程綱要以培養學生的核心素養爲主軸、基於三個理念、八大學習

領域與九項涵養如何落實？譬如校訂課程，學校要訂定必修科目與選修科目，教師應該著手找出主題，擬訂學校本位的課程發展計畫，推展學校本位的課程，發展學校的特色。

三、課程設計者

設計隱含在執行某項計畫之前，為求順利完成、解決問題，事先進行有系統的規劃。基本上，課程設計不同於一般的教學規劃；前者屬於巨觀的層次，後者屬於微觀的層次。兩者並不互相排斥而有共通性。教師進行課程設計，通常要確定課程的目標、教材的選擇與組織以及評量的方法。

四、課程執行者

課程設計完成，實施計畫準備就緒，教師就要承擔執行的工作。最重要的工作之一，就是把課程的理念與內涵表現在日常課堂當中。課程能否發揮功能，執行的歷程比執行的結果更重要。執行偏差就會影響課程的結果。

五、課程經營者

在課程改革的過程中，每一位教師都是課程的經營者。以更傳統的定義而論，教師要規劃、組織、指揮並管制課程與教學的工作。整體而論，教師要整合學校資源、維護並發展人力、物力與財力資源。

六、課程評鑑者

課程實施成效如何必須進行課程評鑑始能彰顯績效。辦理課程評鑑，事先要有周詳的考慮。通常擬定課程評鑑實施計畫要考慮到人、時、地、物、事等屬性。評鑑計畫至少要包含計畫緣起、計畫依據、計畫目標、評鑑人員、評鑑項目、評鑑原則、評鑑方式、評鑑時程、評鑑經費與評鑑效益等。教師在評鑑歷程中應該扮演自我評鑑的角色，定期或不定期檢視執行的績效，改進缺失，以確保課程的品質。

第五節 實例與教師檢定

本節包括實例與教師檢定。前者著重理論與實際的結合，後者係近年來中小學教師檢定試題，分別列示如後，以供切磋琢磨，增進效果。

實例

在國民中學的地球科學課程中，「認識太魯閣國家公園」是一個有意義的論題。學生在學習的過程中，可能必須了解太魯閣的地形、分布、生態、氣候、生物與地理位置等內容（屬於地理學的領域）以及太魯閣地層的結構、地質成因、影響等內容（屬於地質學的領域）。以此論題為前引，結合地理學與地質學的內容，學生在學習地球科學的時候，作更有系統的統整，而且增強科目間的聯繫，此即為融合課程的主要精神（簡紅珠，2000）。

問題與討論：

從上述的實例中，你認為融合課程最主要的精神是什麼？它與統整課程有何不同？

解析

融合課程最主要的精神在於各學科之間作更有系統的統整，而且增強科目之間的聯繫。統整課程與融合課程最大的不同在於前者各科仍然各自獨立，只是把它們放在一起教。但後者各科之間並不各自獨立，是完全融合在一起。

教師檢定 （國家教育研究院，2014，2015，2016，2017，2019，2020）

1. 面對十二年國教的實施，當前教師所應承擔的課程角色已有別於過去。請提出四項教師應有的新角色，並加以說明之。　　（2014年小學課程與教學）

（　　） 2. 下列何者最強調「學者專家所倡導的課程主張」？　　(A) 知覺課程　(B) 正式課程　(C) 經驗課程　(D) 理念課程。
　　　　　　　　　　　　　　　　　　　　　　　（2015 年中等學校課程與教學）

（　　） 3. 黃老師認為課程宜開放給教師進行教學探究，可透過教育行動研究改進課程。請問，黃老師的課程觀點較接近下列何者？　　(A) 課程即目標　(B) 課程即經驗　(C) 課程即科目　(D) 課程即假設。
　　　　　　　　　　　　　　　　　　　　　　　（2015 年中等學校課程與教學）

（　　） 4. 下列有關核心課程的敘述，何者有誤？　　(A) 課程內容較易導致學習不夠精深　(B) 可免除學科內容與學習歷程分離　(C) 核心觀念可使學科內容更結構化　(D) 核心觀念可統整不同學科的知識。
　　　　　　　　　　　　　　　　　　　　　　　（2016 年中等學校課程與教學）

（　　） 5. 某校課程發展委員會決議，請各年級教師利用暑假設計「多元文化課程」，包括課程目標、課程內容、教學活動及評鑑工具和程序等。這是以下何種課程觀點？　　(A) 課程即活動　(B) 課程即經驗　(C) 課程即目標　(D) 課程即計畫。
　　　　　　　　　　　　　　　　　　　　　　　（2016 年中等學校課程與教學）

（　　） 6.「十二年國民基本教育課程綱要總綱」將本土語文與新住民語文並列，國民中學階段可於彈性學習課程中開設本土語文／新住民語文。此本土語文／新住民語文，屬於下列哪一種課程類型？　　(A) 理念課程　(B) 懸缺課程　(C) 正式課程　(D) 非正式課程。
　　　　　　　　　　　　　　　　　　　　　　　（2016 年中等學校課程與教學）

（　　） 7. 某校課程發展委員會討論何種課程對學生的學習最有幫助，某委員發言表示：「我認為選優質教科書很重要，但根據課程設計原理原則編訂課程計畫，以達成課程目標更重要；不過，最重要的應是在課程實施中，讓學生實際獲得高品質的學習結果。」該委員的說法較傾向於將課程定義為下列何者？　　(A) 學習經驗　(B) 學習計畫　(C) 學科及教材　(D) 一系列學習目標之組合。
　　　　　　　　　　　　　　　　　　　　　　　（2016 年中等學校課程與教學）

（　） 8. 老師帶學生到植物園進行戶外教學途中，恰巧遇到一群為失業問題
而示威的群眾。學生得知示威活動者的言論、所張貼的標語以及群
眾的激憤。學生回校後上網了解臺灣的失業問題，並在臉書上張貼
弱勢族群的就業問題，讓大家一起協助解決。請問，此一示威活動
對學生而言，屬於下列哪一課程？　(A) 顯著課程　(B) 潛在課程
(C) 空白課程　(D) 正式課程。　　（2016 年中等學校課程與教學）

（　） 9. 何老師在教導「霧社事件」時，討論「賽德克巴萊」影片的內容。
大明認同莫那魯道率領族人抗暴是民族英雄，但大華卻覺得他過於
激烈，讓許多族人白白犧牲。學生間不同看法的差異，屬於下列哪
一課程？　(A) 理念課程　(B) 正式課程　(C) 知覺課程　(D) 經驗
課程。　　　　　　　　　　（2017 年中等學校課程與教學）

（　） 10. 校長及總務處根據英語課程小組的規劃，爭取校外補助及調整校內
空間，建置英語情境教室，以增加學生的英語學習機會，提升英語
素養。該教室屬於葛拉松（A. Glatthorn）所提出的哪一種課程？
(A) 支持的課程　(B) 建議的課程　(C) 教導的課程　(D) 習得的課
程。　　　　　　　　　　　　（2017 年中等學校課程與教學）

（　） 11. 張老師規劃每週品格典範、每月壽星感恩專欄、班級榮譽樹等教室
情境布置，並舉辦公益獻愛心、芝麻開門秀成語等活動，以促進學
生的身心健全發展。此屬於下列何種課程？　(A) 潛在課程　(B) 相
關課程　(C) 鑑賞課程　(D) 正式課程。

（2017 年小學課程與教學）

（　） 12. 何老師在上課時喜歡引用科學家的故事，讓學生能了解科學發現的
歷程。他提到的幾乎都是偉大男性科學家的故事，有可能間接造成
學生對科學學習的性別偏見。導致學生出現偏見的現象，屬於哪一
課程的作用？　(A) 懸缺課程　(B) 空白課程　(C) 潛在課程　(D) 理
念課程。　　　　　　　　　（2019 年 -1 中等學校課程與教學）

（　） 13.《十二年國民基本教育課程自然科學領域綱要》在高中階段規劃「自
然科學探究與實作」的課程，強調議題或問題導向學習，培養學生
「探究」和「實作」的科學素養。此「自然科學探究與實作」課程，
屬於下列何種課程類型？　(A) 理念課程　(B) 正式課程　(C) 運作

課程　(D) 經驗課程。　　　　　（2019 年 -1 中等學校課程與教學）

(　) 14. 南向國小每年都會舉辦國際週，邀請校內新住民家長分組策劃多元文化活動，讓學生體驗文化多樣性與發展國際觀。此活動屬於下列哪一種課程？　(A) 外顯課程　(B) 內隱課程　(C) 潛在課程　(D) 懸缺課程。　　　　　（2019 年 -1 小學課程與教學）

(　) 15. 教師手冊的教材地位分析大多會標示學生先前學過什麼、現在要學什麼、未來要學什麼。各單元的內容雖然部分相似、部分重複，不過範圍逐漸擴大，難度漸次提高。這屬於下列何種課程類型？
(A) 融合課程　(B) 螺旋課程　(C) 相關課程　(D) 核心課程。
　　　　　（2019 年 -2 中等學校課程與教學）

(　) 16. 某國民間版本的歷史教科書，對過去專制時期某位領導者加以嚴厲批評，於是該國教育部決定收回該教科書的民間編印權利，改為「國編版」。歷史學者認為：執政者企圖掩蓋獨裁統治的事實。從歷史學者的觀點而言，此被排除於教科書之外的內容，屬於下列何者？　(A) 潛在課程　(B) 空無課程　(C) 空白課程　(D) 非正式課程。　　　　　（2019 年 -2 中等學校課程與教學）

(　) 17. 教師將校本課程中的教學計畫，依據班級學生的特質，調整各教學活動的時間。教師卻發現：花最多時間的教學重點，學生的學習成效反而不甚理想。教師的發現顯示出哪兩種課程間的落差？
(A) 理想課程和正式課程　(B) 正式課程和知覺課程　(C) 知覺課程和運作課程　(D) 運作課程和經驗課程。
　　　　　（2019 年 -2 中等學校課程與教學）

(　) 18. 吳老師設計了一套素養導向的反霸凌課程。下列有關反霸凌課程目標面向的對應，何者正確？　(A) 培養學生對人性尊嚴的重視，屬於知識面向　(B) 理解同學為什麼會被霸凌的原因，屬於態度面向
(C) 培養學生扶助弱勢同學的責任心，屬於知識面向　(D) 使用溝通策略終止霸凌者的行為，屬於技能面向。
　　　　　（2020 年中等學校課程與教學）

(　) 19. 社會領域常因授課時數的限制，因而教科書會節略某些重要史實。於是歷史學者擔心如果教師於上課時也未加補充，可能會使下一代

的歷史素養有所不足。這些學者關注的是哪一類型課程？　(A) 空無課程　(B) 潛在課程　(C) 空白課程　(D) 非正式課程。

（2020 年中等學校課程與教學）

參考答案

1.略　　2.(D)　3.(D)　4.(A)　5.(D)　6.(C)　7.(A)　8.(B)　9.(D)　10.(A)
11.(A)　12.(C)　13.(B)　14.(A)　15.(B)　16.(B)　17.(D)　18.(D)　19.(A)

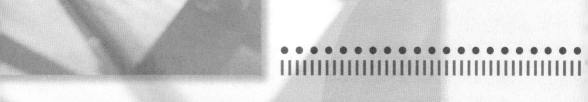

課程理論取向

　　課程理論家對於課程理論一向有不同的主張，許多的課程理論是從哲學、心理學與社會學的理論衍生而來，形成獨特的觀點或取向（國家教育研究院，2000）。

　　McNeil（1985）把課程理論分為軟性與硬性的；軟性是指用人文學科、歷史、宗教、哲學、文學批判等軟性領域的觀點，研究課程現象；而硬性的是指採用理性途徑與實證資料，準確描述目前的目標與其對於未來的發展。

　　Pinar（1978）把所有的課程理論家分成三種，包括：一、傳統論者，如 R. Tyler 關切知識如何有效傳遞，以傳授文化遺產並維護社會功能；二、概念實證論者，如 R. Gagné 從自然科學引介研究方法，企圖普遍化以控制並預測學校的運作；與三、再概念論者，如 Giroux（1981）強調主觀性、存在經驗，以批判的態度，揭露階級衝突與權利不平等的關係。

　　Eisner 與 Vallance（1974）在調查課程理論的領域時，發現五種概念或取向，包括：一、「認知過程」的取向，主要與智力運作的發展有關並較少與特定概念關聯；二、「課程即技術」的取向，將課程的功能加以概念化，致力於發現最有效益的工具以達成預期結果；三、「自我實現」的取向，將課程視為設計以增進個人成長的實現經驗；四、「社會重建—關聯」的取向，強調社會需求大於個人需求；與五、「學術理性」的取向，重視標準紀律的重要性，以協助西方文化傳統的年輕後進。

　　Glatthorn、Boschee 與 Whitehead（2009）依據探究的主要領域，把課程理論分成結構取向、價值取向、內容取向與過程取向等類型。本章就 Glatthorn 等人的觀點，分述如後（高新建等人譯，2010: 3-7）。

第一節 結構取向

　　結構取向的理論家主要在分析課程的組成元素與其相互之間的關係，探求何種學說建構課程。結構取向理論的本質傾向於描述性與解釋性。

　　結構取向的理論家採取分析的方法，尋求描述與解釋課程要素如何在教育環境中交互作用。為了尋求答案，他們採取實證的研究，使用質性與

量化的方法，探究課程的現象。

　　結構取向的理論家會以巨觀或微觀的層級來描述課程理論的要素。George Posner 是微觀理論的代表人物，他與 Kenneth Strike 發現並分析課程結構的「微元素」，它是解釋「內容序列原則的分類系統」。第一個內容序列原則是「與世界相關」，反映事件、人們與事物之間的關係。第二個序列原則稱為「與概念相關」，反映概念世界的組織。它的次級分類之一是「邏輯要件」，亦即了解第二個概念之前必須了解第一個概念。第三個序列原則稱為「與探究相關」，依據某特定探究方法的關聯性把課程排序。第四個序列原則稱為「與學習相關」，係從學習心理學得來的知識，決定內容的排序。最後一個序列原則稱為「與運用相關」，學習係運用社會的、個人的與職業的背景來排序。這些序列原則有助於課程發展、課程評鑑與課程研究（Posner & Strike, 1976）。

第二節　價值取向

　　價值取向的理論家主要在分析課程設計者與其課程背後的價值與假設，探求何種知識最有價值。價值取向理論家採取批判的態度，它的本質傾向於批判性。

　　價值取向的理論家專注於「喚起教育知覺」，對於潛在課程與正式課程的核心價值尤為敏感，提出批判。因此，價值取向的理論家常被稱為批判理論家。他們主張課程需要再概念化，也因而被稱為再概念派的理論家。

　　大多數的價值取向理論家探究問題時，採用心理分析、哲學探究與政治理論等方法，去檢驗課程的議題。

　　M. Apple（1975）是一位關注社會與學校關係的批判理論家。他的批評重心在於「霸權」（hegemony）術語的運用。它是「有組織的意義與作法的實踐，它的有效與核心制度的意義、價值觀念，與行動，是有生命的」。文化霸權影響教育者的科學知覺。他認為教育者幾乎都依賴偏狹又嚴謹的科學觀點，只重視理性與實證的資料以提高可預測性與控制性，忽

略科學與藝術、科學與神學之間的關係。

第三節　內容取向

　　內容取向的理論家主要在決定課程的內容，探求以何種方式選擇教材。內容取向理論的本質是說明性。

　　內容取向的理論家對於課程內容的選擇與組織，乃基於課程的理念如兒童中心、知識中心或社會中心來決定。

　　兒童中心的課程倡導者認為兒童是課程的起始點、確定者與形塑者。F. Parker（1894）極力主張兒童是一切教育運動的核心。過去數十年的美國教育運動包括情意教育、開放教育與發展中的兒童教育，都以兒童為本位設計課程。

　　知識中心的課程領導者主張知識的學科乃是決定教學內容的關鍵。他們重視學科的結構或知識的本質，注重「學科結構」的課程與「知的方法」的課程。例如 Eisner 與 Vallance（1974）把知的方法視為「課程地圖」，成為知識中心理論具有更大的範圍。

　　社會中心的課程論者認為社會秩序是課程的出發點與主要的決定因素。然而他們對於當前的社會秩序卻有不同的看法。奉行者（conformists）認為現有的秩序可能是最好的，課程的首要任務是教導年輕人了解社會的歷史。改革者（reformers）視民主結構為社會的重要本質，透過課程，進行社會改革，以解決社會問題。未來學者（futurists）強調人在形塑未來的時代上有選擇權。學校應該培養學生創造更美好的未來。資訊科技的運用將會改變世界，學校需要獲得正確的資訊，尤其企業資訊，將可提升競爭力。激進者（radicals）試圖藉由教育過程「去學校化」，讓大眾「意識覺醒」；例如巴西學者 Freire（1970）利用教導如何閱讀，讓大眾了解這個過程。

第四節　過程取向

　　過程取向的理論則與課程如何發展有關，主張科技是課程改善的催化劑，注重媒體的運用。有些過程取向的理論是描述性，另有些理論是說明性。

　　過程取向的課程重視課程程序的系統。Smith（2000）研發一套了解課程發展的分類法，認為課程乃是經由教學大綱所傳播的知識本體，課程是達成特定目的的意圖，課程是教學的過程，課程就是實踐。

　　依照 Smith 的觀點，課程即知識的傳遞，它的用處如同課程大綱，頗類似於結構取向的理論，運用資訊科技來傳遞課程的資訊。他的課程理論第二個論點就是課程即最終的成果。支持以成果為本位的課程研究者強調個案研究，俾使研究者專心致力於課堂動態。他提出的第三個觀點是課程即過程，強調教師、學生、家長與知識之間的交互影響。批判思考與意見溝通是教學過程中重要的元素。他的第四個觀點是課程即實踐，主要處理具有深思熟慮與有區別的課程。實踐的觀念提供有助於橫跨文化、經濟與社會界的電子溝通過程，並透過課程區別，運用資訊科技來加速這個過程。

第五節　檢視課程取向

　　綜合上述課程理論的取向，檢視當前一些課程學者的理念、主張，大致頗相吻合。今依課程理論取向的分類，舉出一些課程理論家的理念如下：

一、結構取向

　　Piaget（1948）是心理學領域主要的結構主義代表人物。他的認知發展階段理論主張兒童的認知發展是透過認知的架構稱為「基模」（schemata）而開展出來。這些基模可以類化到其他情境，產生同化作用。兒童

身心發展的狀態是學習的基本條件。骨骼尚未成長的幼兒不能學習寫字的課程；心智發展尚未成熟的學生不能教導抽象又艱深的課程，以免揠苗助長，妨礙成長。

Bruner（1960）的認知發展結構深受 Piaget 的影響，他的認知理論是典型結構主義的觀點，認為課程的兩大支柱是外部的學科結構與內部的認知結構。學生學會了結構，就學會了事情的關聯性。

許多知識導向的課程都需要先備知識，否則勤苦而難成。學校課程的結構大都先從心理組織再到論理組織，例如數學、科學等科的教學必須循序漸進，逐漸擴充學習的領域。

社會結構功能論者主張學校應該將當前社會中具共識性的價值體系教給學生，以維持社會運作的穩定發展。例如 E. Durkheim 認為道德的價值體系是社會秩序的根本，教育要與社會長存，課程不能脫離於社會之外（Ballantine, 1997: 6）。

二、價值取向

H. Spencer（1957）在〈何種知識最有價值？〉（What knowledge is of most worth?）一文中，指出各種人生主要活動的相對價值，提出「生活預備說」，主張教育是為了未來良好生活做準備。他認為最有價值的知識有：與自我生存直接、間接相關的活動；養兒育女的活動；參與社會與政治生活的活動；與休閒活動。他強調科學知識的重要性，特別看重個人生存有關的課程，譬如生理學。這些知識不僅是適應社會的基礎，也是個人發展的基礎（黃光雄、楊龍立，2012）。

理想主義者與永恆主義者認為永恆不變的真理最有價值，主張以學科為取向，以博雅教育（liberal education）課程為重點，注重古典文學、名著、音樂、藝術、科學等課程。永恆主義者主張人性是恆久不變的，教育是要培養有理性的人。品格訓練當作陶冶道德與心靈的工具，也是很重要的課程（Ornstein & Hunkins, 2004: 36）。

存在主義者強調個人主義與個人的自我實現，喜愛學習者自由選擇

學習的教材，並且去判斷何者爲眞。課程避免有系統的知識，這樣學生可以自由自在從許多可得到的學習情境中，選擇自己想要具備的知識。存在主義者主張課程是由經驗與適合於選擇的學科所組成，因此注重選修課程（Ornstein & Hunkins, 2004: 35）。十二年國民基本教育課程主張減少必修課程，增加選修課程，適性揚才，發展學生的潛能，頗符合存在主義的理念。

後現代主義（postmodernism）可解釋爲一個世代或一種態度，或一個世代的態度。後現代主義者主張課程沒有一種典範或理論化的方式，也沒有一種思考方式是至高無上的（Ornstein & Hunkins, 2004: 188）。後現代主義盛行於 1960 年代以後，乃是現代主義的一種反動（reaction），它不是反對（be against）現代主義，而是採取更多元、多樣、多變、多疑與多異的觀點，並以批判的態度看待課程。

三、內容取向

進步主義者強調課程以兒童爲中心，以興趣爲原則，如同實用主義，課程內容著重實用，例如 Dewey（1938）認爲教育即生長、教育即發展、教育即生活、教育即改造。所謂生長、發展、生活、改造均爲教育之內涵。因此他認爲教育乃生活所必需，教育成爲生活的工具，而生活則成爲教育的內容。從 Dewey 的論點言之，良好的目的（ends）必有連續性（continuity）。目的乃是已完成之手段（means），而手段即未完成之目的。某一目的達成後，又變成手段，再憑以達成另一目的。目的與手段兩者循環不已。因此，他反對傳統教育以固定而遙遠的理想作爲教育之目的，主張教育乃目前生活之準備，非爲成人生活之預備。爲了當前生活之準備，學校課程應該注重科際整合（interdisciplinary approach），亦即跨科、跨領域的課程整合，學生才能獲得完整的、實用的知識技能。

唯實主義者視世界爲實體的事物。人們透過感官與理性漸漸認識世界，強調由個別學科、教材組成的課程。唯實主義者重視邏輯理性的思考，諸如倫理的、政治的與經濟的思想都在課程之列。3R's 教育，注重

讀、寫、算的課程成為基本教育的核心課程（Broudy, 1969）。

　　精粹主義者強調學術文化的傳承，主張學校課程應教授基本學科或重要學科。小學著重 3R's 教育，中學注重基本學科諸如語文、數學、社會與自然等課程。Oliva（1997）認為課程是在學校與教師的指導之下，學生所進行一切學習活動與經驗的總和。課程內容包含一切科目、活動與經驗。

四、過程取向

　　社會重建主義者認為社會是變動不羈的，課程就必須改變，基於社會問題與社會服務的課程才能符合社會的需求、解決社會的問題。McNeil（1985: 33）認為課程是社會重建的利器，因而重視與社會、政治、經濟有關的課程，譬如社會學、政治學、經濟學，甚至美學、化學、醫學與數學等。它的主要目的是要學生去面對社會問題，課程與生活互相結合，經由社會化的過程改造社會。

　　在課程領域中，有些學者主張課程發展要針對社會的需求諸如AIDS、性教育、親職教育與反藥物濫用運動等課程。這些課程顯然調適的成分多於改造的成分。姑不論社會改造的觀點或調適的觀點，此類課程代表一種機制讓學生符合某些團體所信服的社會需求的反應（McNeil, 1985: 51）。人類要生存於世界，必須先求適應於當前的社會環境，立足於社會，再求改造社會，締造未來更美好的社會。

　　人本學派的心理學家注重教育的過程遠甚於教育的結果。A. Maslow 與 C. Rogers 認為學校教育的重點不在學業的成就，而在完整的兒童（whole child）——生理的、心理的、社會的與認知的需求。基於這個理由，人本主義的理念如同自然主義都支持符合學生需求的課程（Ornstein & Hunkins, 2004: 126）。

　　資訊科技的發展改變課程與教學的型態，隨著全球化的資訊革命，課程與教學跨越學校與國界。新冠肺炎（covid-19）疫情的延燒，波及全球，帶動網路課程的勃興，學校紛紛建立教學平台，運用資訊軟體，實施線上教學與遠距教學。網路課程成為社會變遷與科技發展的產物。

第六節　實例與教師檢定

本節包括實例與教師檢定。前者著重理論與實際的結合，後者為近年來中小學教師檢定試題，分別列示如後：

實例

　　課程理論學家對於課程有很多不同的主張，但大都從結構、價值、內容與過程的角度，提出獨特的觀點，建立自己的理論。十二年國民基本教育課程，本著「自發、互動與共好」的理念，經由學生「自主行動、溝通互動與社會參與」，透過「部定八大領域學習課程」與「校訂彈性學習課程」的實施，培養「以人為本」，具有「九項內涵」的「終身學習者」。從課程理論的取向言之，此種課程顯然兼具結構取向、價值取向、內容取向，與過程取向。其中自發、互動與共好的理念，以及部定課程與校訂課程傾向於結構取向，九項內涵屬於內容取向，自主行動、溝通互動與社會參與是過程取向，而以人為本的終身學習者更是價值取向。

問題與討論：

　　從上述實例中，十二年國民基本教育課程有何特色？請列舉並說明之。

解析

　　教師上課的時候可以「十二年國民基本教育課程」為題，採取辯論方式，讓學生以正辯與反辯的立場，提出自己的觀點，更可發揮課程的特色。

教師檢定（國家教育研究院，2014，2015，2016，2017，2019，2020）

（　　）1. 持「精粹主義」（essentialism）教學信念的教師，其課程的意識形態傾向下列何者？　(A) 強調教育即生活　(B) 強調學生興趣的滿足　(C) 強調社會需求的滿足　(D) 強調學術文化的傳承。

（2014 年中等學校課程與教學）

（　　）2. 王老師以追求轉型的公共知識分子自許，常常帶領學生討論社會公共議題，並時常撰文替弱勢發聲。請問，王老師這種取向較接近下列何者？　(A) 盧梭（J. Rousseau）的回歸自然說　(B) 杜威（J. Dewey）的實用主義理論　(C) 巴比特（F. Bobbitt）的社會適應觀　(D) 吉魯（H. Giroux）的批判課程理論。

（2015 年中等學校課程與教學）

（　　）3. 美國教育界發起的「一小時學程式」，強調現在的學生是數位原生代，細胞裡就有數位元素。不管在城市或鄉間，這些程式教育和動畫軟體學習，都能激起學生的學習熱情和成就感。此一資訊學習風潮力主學生自行探索與學習，別讓課業壓力限制創新的可能。根據上文內容，這波新資訊教育的理念最符合下列何者？　(A) 精粹主義　(B) 經驗主義　(C) 理想主義　(D) 社會重建主義。

（2015 年中等學校課程與教學）

4. 山茶國中正推廣翻轉教學，數學課堂上，老師簡要說明今日上課的主題要點與問題後，學生就分組聚在一起，開始運算並相互討論。最後，在老師從旁輔導與協助下，推演出公式。有別於過去填鴨式教學，課堂上學生說得比老師還要多，數學不再是「背多分」，學生並對老師預告的下次相關主題躍躍欲試。杜威（J. Dewey）認為理想思維是「反省性思維」，在教學上重視的原則有目標性、主動性、完整性以及繼續性。試指出山茶國中的數學翻轉教學，如何彰顯杜威這四項教學原則。　（2015年中小學教育原理與制度）

（　　）5. 張老師會考慮學生的興趣與需要，安排適宜的學習情境，以促進學生身心發展。這種作法較接近下列哪一種教育隱喻所提倡的教學方式？　(A) 教育即塑造　(B) 教育即接生　(C) 教育即生長　(D) 教育即雕刻。

（2015 年中小學教育原理與制度）

（　　）6. 課程設計強調學習者參與社區生活、蒐集社區資源、探索社區議

題，以培養學生探究和參與公民社會的能力。此較屬於下列何種主
張？　(A) 認知主義　(B) 行為主義　(C) 社會重建主義　(D) 理性
人文主義。　　　　　　　　　　　　（2015 年小學課程與教學）

(　) 7. 張老師主張學校應該將當前社會中具共識性的價值體系教給學生，
以維持社會運作的穩定發展。張老師所持的理論取向較偏何種學派
之觀點？　(A) 衝突論　(B) 解釋論　(C) 結構功能論　(D) 社會建
構論。　　　　　　　　　　　　（2015 年中小學教育原理與制度）

(　) 8. 張老師在學校的課程發展委員會中主張，學校本位課程的內容應該
做原則性的規範就好，不需要做太詳細的設計，以便教師實施時能
因應各班情形進行修改。此種主張較符合下列哪一種課程實施觀？
(A) 調適觀　(B) 忠實觀　(C) 締造觀　(D) 重建觀。
　　　　　　　　　　　　　　　　（2015 年中等學校課程與教學）

(　) 9. 有關當代思潮對於教育的影響，下列敘述何者正確？　(A) 在存在
主義的影響下，教育工作者愈來愈重視普遍標準的建立　(B) 分析
哲學強調教育語言的釐清與分析，忽略教育目的之建構，故未能形
成教育目的觀　(C) 後現代主義主張，我們不能毫無疑問地相信真
理的普遍性，故強調教導學生批判與質疑任何單一真理主張　(D)
批判理論認為，每個人都有自己的意識形態，所以教導學生批判他
人的意識形態，要比教導學生自我批判與反省更為重要。
　　　　　　　　　　　　　　（2016 年中小學教育原理與制度）

(　) 10. 杜老師認為中學的課程應該加入更多偉大著作作為基本授課教材，
例如國文應該收錄更多歷代文選，英文應該收錄像莎士比亞文集等
著作。杜老師的課程觀受到下列何種課程設計取向的影響？
(A) 精粹主義　(B) 經驗主義　(C) 社會主義　(D) 實踐主義。
　　　　　　　　　　　　　　　　（2016 年中等學校課程與教學）

(　) 11. 小明常對數學老師說：「我長大後要到市場幫媽媽賣菜，學會加減
乘除就夠了，幹嘛學三角函數、開根號、實數虛數那些東西。」小
明的觀念較接近下列哪一種學說？　(A) 理性主義　(B) 精粹主義
(C) 自然主義　(D) 實用主義。　（2016 年中小學教育原理與制度）

(　) 12. 有關杜威（J. Dewey）教育理論的敘述，何者錯誤？　(A) 認為教

育是經驗的重組與改造　(B) 主張教育是為未來生活作預備　(C) 提倡「從做中學」的教育方法　(D)影響進步主義教育運動的發展。

（2016 年中小學教育原理與制度）

(　　) 13. 下列何者不會是存在主義教育哲學的內涵？　(A) 教學方法強調理性思考與認知（本項屬於理性主義）　(B) 課程內容重視情感教育與生命教育　(C) 強調師生之間是「我—汝」（I-Thou）關係　(D) 主張教育在於幫助個人對自己的人生做出抉擇並自我負責。

（2017 年中小學教育原理與制度）

(　　) 14. 下述哪一種主張比較傾向於精粹主義（essentialism）教育觀？

(A) 學習內容應依照學生的興趣規劃

(B) 學生學習成績是公平競爭優勝劣敗的結果

(C) 教師要公平對待每位學生，所以每位學生都應該有一樣的進度

(D)國民教育的教材應該讓學生都可以獲得最基本且重要的知識與能力　（2017 年中小學教育原理與制度）

(　　) 15. 下列何者較接近後現代主義的教育主張？

(A) 教育應重視文化的獨特性與正當性，並強調尊重多元差異

(B) 因為學生是未成熟的個體，所以教師要儘量予以啟蒙、教化

(C) 教學即是透過師生的溝通、對話，以獲得對知識的共同理解

(D)教育應藉由傳統文化的經典閱讀，以進行博雅教育與人格形塑。

（2017 年中小學教育原理與制度）

(　　) 16. 在大明國小全體教師的努力推動之下，許多學生參加校外的經典大會考，普遍大放異彩。這種強調古籍經典知識的作法，屬於下列何種學派的課程主張？　(A) 永恆主義　(B) 實用主義　(C) 進步主義　(D) 重建主義。　　　　　　（2017 年小學課程與教學）

(　　) 17. 某高職教師根據學校的行銷課程，結合該地特產設計了一套產銷課程，學生透過課程了解地方特產的現況、問題及新的產銷趨勢與方法。此屬於下列何種課程實施觀點？　(A) 忠實觀　(B) 調適觀　(C) 落實觀　(D) 批判觀。　　（2019 年 -1 中等學校課程與教學）

(　　) 18. 學校為因應課程轉型與變革召開課程發展委員會，四位老師分別提出對學校課程與教學的不同主張。

黃老師：學校課程應強調讀、寫、算、基礎課程與選修課程。

戴老師：學校課程應重視學生需要和興趣，應包括學生活動、學校與社區間的活動。

王老師：課程應強調學習者轉化知識與問題解決的技能。

傅老師：課程應強調社會問題的探討及其解決方式。

下列敘述何者較為正確？

(A) 黃老師的課程主張較偏向認知過程取向

(B) 戴老師的課程主張較偏向自我實現取向

(C) 王老師的課程主張較偏向社會重建取向

(D) 傅老師的課程主張較偏向學術理性取向。

（2019 年 -1 中等學校課程與教學）

( ) 19. 學校各科教學應依學生能力進行分組，讓每位學生適性發展，使他們將來進入社會後，能到不同領域的職業裡扮演不同的角色。此觀點較符合下列何種理論？　(A) 結構功能論　(B) 社會衝突論　(C) 象徵互動論　(D) 俗民方法論。

（2019 年 -1 中小學教育原理與制度）

( ) 20. 斯賓塞（H. Spencer）發表論文〈何種知識最有價值？〉，探討各種人生主要活動的相對價值，進而主張教育是為了未來良好生活做準備，後世稱其主張為「生活預備說」。斯賓塞所論的活動有：甲、與自我生存直接、間接相關的活動；乙、休閒活動；丙、養兒育女的活動；丁、參與社會與政治生活的活動。根據斯賓塞的觀點，依重要性高低排列，下列何者正確？　(A) 甲→丙→丁→乙　(B) 甲→丁→丙→乙　(C) 甲→乙→丙→丁　(D) 乙→丁→甲→丙。

（2019 年 -2 中小學教育原理與制度）

( ) 21. 陳老師認為課程應該是個開放系統、複雜結構、且有不斷變革的本質，課程不應該是事先計畫、二分對立或為達到特定目的而設計的。陳老師對課程的看法較接近下列何者？　(A) 精粹主義　(B) 實證主義　(C) 結構主義　(D) 後現代主義。

（2020 年中等學校課程與教學）

( ) 22. 近年來國小各學習領域教科書中，陸續出現許多客家文化內容的介

紹，例如桐花季、特產或美食等敘述。此方式較屬於下列哪一種多元文化課程發展取向？　(A) 添加取向　(B) 貢獻取向　(C) 轉化取向　(D) 社會行動取向。　　　　　　　　　　　（2020 年小學課程與教學）

(　　) 23. 王老師每學期都會指定經典著作，如《論語》、《莊子》等原典，要求學生熟讀，甚至背誦。林老師卻認為教學的重點在喚醒學生對社會問題的意識，建造新的社會秩序。這兩位老師教學內容所立基的教育哲學分別較接近下列哪兩者？　(A) 精粹主義和實用主義　(B) 永恆主義和重建主義　(C) 存在主義和結構主義　(D) 永恆主義和精粹主義。　　　　　　　　　　（2020 年中小學教育原理與制度）

(　　) 24. 有關後現代思潮的哲學與教育論述，下列何者不正確？　(A) 反權威與反基礎主義都是後現代的特性　(B) 在後現代思潮的影響下，多元文化教育顯得更為重要　(C) 李歐塔（J.-F. Lyotard）主張後現代是對「後設敘述」的不信任　(D) 德希達（J. Derrida）認為哲學應在追求文本意義的確定性與客觀性。

（2020 年中小學教育原理與制度）

參考答案

1.(D)　2.(D)　3.(B)　4.略　5.(C)　6.(C)　7.(C)　8.(A)　9.(C)　10.(A)
11.(D)　12.(B)　13.(A)　14.(D)　15.(A)　16.(A)　17.(B)　18.(B)　19.(A)　20.(A)
21.(D)　22.(A)　23.(B)　24.(D)

第三章

課程發展模式

課程是逐漸發展出來的，不是突然產生的。課程發展有它的理念、架構、程序與步驟，形成一種獨特的模式（model）。本章擬就盛行的發展模式包括目標模式、歷程模式、情境模式、自然寫實模式與本土模式，分別敘述於後。

第一節　目標模式

課程發展的目標模式可以追溯至 Bobbitt（1918）的活動分析法（activity analysis）。他把人類生活的主要領域分為十類活動，包括語言活動、健康活動、公民活動、社交活動、心理健康活動、休閒活動、宗教活動、親職活動、非職業性實際活動與職業活動。這些活動的內容構成教育目標的內涵。後來，Charters（1924）響應 Bobbitt 的理念，採用工作分析法（job analysis），先決定教育的理想，再確認達成理想的活動，最後分析活動，成為工作的單元，建構教育的目標（黃光雄、楊龍立，2012: 46）。

Tyler（1949）在《課程與教學的基本原理》（*Basic Principles of Curriculum and Instruction*）一書中指出課程發展與教學設計包含四項基本原理，這就是有名的泰勒基本原理（Tyler Rationale）。這四項原理是：

1. 學校應該尋求獲得何種教育目的？
2. 學校應該提供何種教育經驗以達成這些目的？
3. 這些教育經驗如何有效地組織？
4. 我們如何判斷這些目的是否達成？（p.1）

這四項原理可以簡化成為直線型的課程發展與教學設計模式如圖3.1：

圖 3.1　Tyler 的直線型目標模式

資料來源：黃光雄、楊龍立，2012，p.47

依照 Tyler 的目標模式，課程發展的首要工作是確定課程的目標，也就是學生所要發展的行為。其次，根據所訂的目標，選擇能夠達成目標的經驗；然後把經驗組織成為有意義的教材，以利教學。最後，設計評鑑的工具，評量目標是否達成。

Tyler 的目標模式到了「評鑑」步驟以後，沒有「回饋」的步驟，而且「組織」與「評鑑」之間也缺少「執行」的步驟，乃受到批評。於是 Wheeler（1967）修正了 Tyler 的直線目標模式，改為圓環目標模式，包括 1. 目的目標、2. 選擇學習經驗、3. 選擇內容、4. 組織與統整學習經驗及內容，與 5. 評鑑等五個步驟。課程「評鑑」後經過檢討可以回饋到「目的目標」的步驟。然因第 4 步驟與第 5 步驟之間，同樣缺少「執行」的步驟，仍有缺失。Kerr（1968）提出具體實用的綜合目標模式包括目標、知識、經驗與評鑑等四項構成要素（黃光雄、楊龍立，2012: 47-51）。

目標模式的特徵是具體明確、工具取向、重視目標、強調理性，並且傾向於線性模式。儘管目標模式有其缺點，此種模式容易了解，也廣泛使用。當前的學校課程發展大都以目標模式為主，但是對於一些抽象的學科涉及價值觀念、公民意識與道德判斷，譬如哲學、藝術、公民與道德等學科並不十分適用。

第二節　歷程模式

Stenhouse（1975）認為目標模式有其限制，乃提出歷程模式予以彌補，兩者具有互補作用。歷程模式適用於「知識」與「了解」的課程領域，譬如藝術或哲學涉及程序與步驟，事先不必列舉預期結果的學科，與價值判斷、道德實踐等議題可以讓學生進行思索與討論的學科。此種課程發展與設計模式即屬於歷程模式。

Hirst（1974）是另一位課程發展與設計採用歷程模式的學者。他認為教育要引導青年接觸有價值的知識，而有價值的知識由許多的「形式」（forms）組成，包括形式邏輯與數學、物質科學、了解人類的心靈、道德判斷與意識、審美經驗、宗教主張、哲學了解等。普通教育課程的內容

都由知識的形式發展而來。

　　Raths 等人（1971）亦持類似的觀點，認為教育要引導學生參與富有價值的「活動」（activity）。他們提供一些具有內在價值活動的效標，作為課程發展與設計的準繩，諸如能讓學生從事明智抉擇的活動、扮演積極主動角色的活動、進行探究的活動、專注於實物教材的活動、不同程度的學生都能成功完成的活動、探討社會公民忽視的課題活動、能與他人分享結果的活動、切合學生表達目的的活動等都是具有價值的活動。

　　歷程模式的課程發展與設計並非完美無缺。它的問題是學生課業的評量趨於主觀。然而 Stenhouse 認為教師在評量上扮演的角色是批評者，不是評分者。

　　問題的關鍵在於教師的批評能力，也反映出教師素質的優劣，因而不易推展。

第三節　情境模式

　　Skilbeck（1982）主張課程發展與設計採用情境模式，或稱為情境分析模式；後來 Lawton（1983）改用文化分析模式，發展學校課程。

一、Skilbeck的情境模式

　　情境模式的課程發展與設計主要有五項構成要素，包括情境分析、目標設定、方案設計、解釋與實施、檢查評估回饋與重新建構等。今列述如下（黃光雄、楊龍立，2012: 60）：

㈠情境分析

　　情境分析的工作主要分析課程發展的外在與內在因素。兩類因素並非截然劃分，而是方便進行。外在因素要蒐集有關學校外在環境的資料，譬如社會變遷與趨勢、家長與工會的期望、社區的價值標準、學科性質的改變、教師支持制度的服務、教育制度的要求與挑戰及學校的社會資源等。內在因素要考慮學生、教師、學校性格與行政結構、學校財務狀況及現行課程問題等。

㈡目標設定

目標（goals）係指學生與教師預期達成的教學結果。目標導致情境的分析，表示要改變情境的某些方面。情境模式的目標不是終點，而是歷程中的一部分，也不是唯一的目標，包含學生的成就感、審美感與滿足感等。

㈢方案設計

方案設計包括教學活動設計，教學材料、適當環境設計、人員布署與角色界定與功課表等。方案設計以具體、有系統的方式，解決學生在學習中面對的意義與符號。

㈣解釋與實施

此一步驟係指課程改革時可能遭遇的問題，亦指對於所需的資源、組織機構的改變都要善加規劃、實施。

㈤檢查、評估、回饋與重新建構

課程發展需要廣泛的評鑑形式。這些工作包括設計檢查與溝通系統、評估計畫的準備、提供繼續的評量、檢討評量的結果、保存評量的紀錄、發展一套適合各種評量結果的程序等。

二、Lawton的文化分析模式

Lawton 認為目標模式過分依賴工業心理學的觀點，而歷程模式過度受到哲學的影響，因而採取文化分析模式，發展學校的課程。依據他的看法，文化意指人類在社會中所製造的一切事物。文化分析就成為課程發展與設計的重要工作。

Lawton 把文化分為文化常項與文化變項，包括社會、經濟、溝通、合理觀點、技術、道德、信念與審美等制度或系統，進行情境分析，選擇重要而富有價值的文化，作為課程的內涵。然後參照發展心理學與學習的理論，組織課程的內容，形成文化分析模式的課程發展架構。

依據Lawton的觀點，重要而富有價值的文化，至少包括三類的知識：
1. 豐富兒童生活且有助生活愉快的經驗，諸如美術、音樂、文學、體育等

科的知識；2. 協助兒童了解世界的知識，例如科學與技術；3. 有助兒童發展成爲社會良好成員的知識，譬如社會與道德教育等。

第四節 自然寫實模式

Walker（1978）提出自然模式的課程發展理論，認爲課程發展應關注三個要素包括立場（platform）、愼思（deliberation）與設計（design）。立場是課程發展的開端，愼思可視爲課程發展的過程，設計成爲課程發展的結果。

依據 Walker 的觀點，課程發展與設計乃基於課程發展人員的理念、信念與價值觀組成的立場，先從立場出發，進入愼思的階段。在此過程中，目的與手段交互影響，課程發展者應審愼思考各種變通方案與代價。最後進入設計課程階段並完成整體的課程發展方案。

Walker 認爲課程的研究發展不宜再拘泥於只重視外顯的行爲、因果關係與控制情境的取向，而改採自然模式。此與 Schwab（1978）的觀點頗相契合。Walker 引用了 Schwab 的愼思觀點，即爲明證。Walker 的自然模式之基本精神即 Schwab 提出的寫實模式，著重決策與愼思，強調實際狀況的解決，避免抽象理論的誤導（黃光雄、楊龍立，2012: 75）。

綜上所述，自然寫實模式的特徵是價值取向、強調課程立場、非理性成分與屬於非線性模式。

第五節 本土模式

本土模式包括教育部修訂課程標準（綱要）的程序、臺灣省國民學校教師研習會發展國民小學教材的過程，以及國立編譯館編輯與審查教科用書的流程。這些政府機關對於課程的研究與發展，頗多貢獻。

教育部修訂課程標準（綱要），通常分總綱與各學科的課程標準。課程標準的訂定與修訂要先成立工作小組，然後蒐集資料、討論並研擬新課程草案，邀請學者專家、行政機關與學校代表召開座談會，公開徵詢修訂

意見、提請工作小組確認後，報請教育部發布。這些程序往往費時甚久，課程標準發布後必須相隔數年，供有關單位進行準備工作諸如編印、審查教科用書、教師在職進修等，始能實施。

　　臺灣省國民學校教師研習會原在臺北縣板橋市，負責國民小學國語、數學、自然科、社會科教材的研究與發展。因此小學教材的研究發展過程稱為「板橋模式」。所謂板橋模式即「教學→編寫→再教學→再編寫→實驗學校試用→修訂→再實驗、再修訂共兩次後定稿→交國立編譯館」（陳梅生，1989）。這些發展過程累積多年的經驗，尤其課程的實驗，對於日後的課程發展，頗多助益。

　　教科用書經過研究與實驗後，提請國立編譯館編輯、審查、定稿、付印。編譯館原在臺北市舟山路，因此，教科用書編輯、審查、定稿、付印的流程稱為「舟山模式」。此一流程涉及教科用書的教育性、結構性、邏輯性、銜接性、規範性、平衡性與公平性等屬性，以及美術編輯的技術，提供日後民間本教科用書編印、審查的指標（黃光雄、楊龍立，2012: 68）。

　　綜上所述，課程發展的模式需要考慮的要素甚多。Ornstein 與 Hunkins（2004）指出課程發展要考慮課程內容、課程經驗與教育環境等要素。

- 課程內容：不論何種發展模式，所有的課程都要有內容。哲學觀念影響課程內容。各種哲學派別對於課程各有不同的主張。
- 課程經驗：課程內容是課程計畫的「肉」，學生經驗是課程計畫的「心」。課程發展與教學設計合而為一。教學不能脫離於課程之外。
- 教育環境：內容與經驗不能分離。教育受到環境的影響。環境形塑心境！（Landscape shapes mindscape）

　　再從課程發展的歷程與結果言之，我們可以發現課程發展顯示下列各項涵義，可供今後學校行政人員與教師進行課程改革時參考：

- 課程發展是繼續不斷改進的歷程：此一歷程包括課程計畫、課程設計、課程實施與課程評鑑等階段。
- 課程發展是手段而非目的：課程只是達成學校目標的可行手段之一，課程發展的結果是學生的學習成就。
- 課程發展的潛力來自教師層級：學校是課程改革的發源地，教師是課程

改革的原動力。教學的改進起於教室，課程是否適當，能否適應學生的能力與社會的需求，只有教師最清楚。教師掌握了教學的最後決定權，發揮課程的決定力量。

第六節 實例與教師檢定

本節包括實例與教師檢定。前者著重理論與實際的結合，後者係近年來中小學教師檢定試題，分別列示如後：

實例

　　明山國民中學位在風景區附近，校長決定依據泰勒（R. Tyler）的目標模式設計環境保護教育的課程。學校首先成立課程發展委員會，組織課程發展小組，擬定環境保護教育實施計畫，提經學校課程發展委員會討論通過。教務處在開學之前，召開校務會議，邀請全校教師參加。會議決議各科教師提出環境保護的教學目標，包括認知領域、技能領域與情意領域的行為目標各一條。然後，從行為目標的訂定、蒐集資料、組織教材、研擬教案、提供學習經驗與教學評量方式，檢驗教學的成效。學校開學伊始，各科教師按照環境保護教育方案，把環境保護教育的觀念、知識與技能融入八大學習領域。學期中，教師們把握教學目標，努力以赴。學期結束，學校辦理自我評鑑，成果至為豐碩。

問題與討論：

　　從上述的實例中，你認為明山國民中學推展環境保護教育，有哪些優缺點？請提出你的看法。

解析

　　明山國民中學以目標模式推展環境保護教育至為正確。學校動員全體教師實施環境保護教育，把環境保護的議題融入八大學習領域，有目共睹，值得稱許。但是，從學校行政的觀點，該校環境保護教育方案雖經課程發展委員會議通過，也提經校務會議討論確認，但沒有報請教育主管機關備查，行政方面仍有可議之處，不無遜色。

教師檢定（國家教育研究院，2015，2016，2017，2019，2020）

(　) 1. 余老師上課時發現學生對於食安問題頗為關心，乃讓學生對此一問題及其涉及的公民意識和道德實踐等議題進行思索與討論。請問，此種課程設計較屬於下列何者？　(A) 歷程模式　(B) 目標模式　(C) 慎思模式　(D) 實作模式。　（2015 年中等學校課程與教學）

(　) 2. 某校決定依據泰勒（R. Tyler）模式設計環境教育。請問，該校首應採取下列哪一項作法？　(A) 以系統方式制定環境教育的課程目標　(B) 教導學生省思教科書潛藏的環境偏見　(C) 進行行動研究以找出學生的迷思概念　(D) 要學生進行掃街活動並宣傳環境保護。　（2016 年中等學校課程與教學）

(　) 3. 快樂學校要應用目標模式進行學校課程的規劃。下列何者不是學校決定課程方案時，應優先考慮的面向？　(A) 先做好學生學習需求的評估工作　(B) 先調查及蒐集學校附近的景觀資料　(C) 先思量學校要培養出什麼樣的學生　(D) 先檢討與分析現行課程實施的品質。　（2016 年中等學校課程與教學）

(　) 4. 數學課程小組於發展課程時，召集人強調在設計課程內容與相關學習活動前，必須先分析學生特質、調查學校與社區資源及考量學校教育目標等。該小組的課程發展方式，較接近下列何種模式？　(A) 目標模式　(B) 歷程模式　(C) 情境模式　(D) 統整模式。　（2017 年中等學校課程與教學）

(　) 5. 下列有關課程發展之「目標模式」與「寫實模式」的比較，何者錯誤？　(A) 前者較屬價值取向，後者較屬工具取向　(B) 前者較重視目標，後者較強調課程立場　(C) 前者強調理性成分，後者指出非理性成分　(D) 前者較屬線性模式，後者較屬非線性模式。　（2017 年中等學校課程與教學）

(　) 6. 青山中學為了發展「翠綠高山青、文化阿里山」的校本課程，課程發展委員會用心盤點校內外可用資源，並討論資源整合與可能的應用。這屬於情境模式課程發展的哪一階段？　(A) 情境分析　(B) 設定目標　(C) 解釋與執行　(D) 評估、回饋及重建。　（2019 年 -1 中等學校課程與教學）

（　）7. 在自然科學課時，學生提出某些行道樹會對環境產生負面影響。於是，張老師根據學生對社區的觀察與學習興趣，引導學生分組訂定有關「行道樹」的主題，再針對社區的行道樹進行田野調查，完成專題研究，並發表和討論研究結果。張老師的課程設計，偏向何種模式？　(A) 目標模式　(B) 歷程模式　(C) 表意模式　(D) 慎思模式。
　　　　　　　　　　　　　　　　　　　（2019 年 -2 中等學校課程與教學）

（　）8. 依照泰勒（R. Tyler）針對課程發展所提出的目標模式，課程發展過程的首要步驟為何？　(A) 分析學生所處的社會文化背景　(B) 訂定課程預計達成的學習結果　(C) 選擇課程中所需要使用的材料　(D) 組織學生學習內容的先後順序。（2019 年 -2 小學課程與教學）

（　）9. 教師社群在設計課程時，李老師認為學生會因學習經驗及其與情境的互動，而有各自適合的學習途徑，因此課程應該保留一些彈性與修改的可能性；吳老師認為課程設計時應該考量每個學生最後都應學會的知能，因此應該設定一致的學習路徑以達成共同的學習目標。下列敘述何者正確？　(A) 李老師的課程設計屬於歷程模式　(B) 吳老師的課程設計屬於情境模式　(C) 李老師的課程觀點為課程即計畫　(D) 吳老師的課程觀點為課程即經驗。
　　　　　　　　　　　　　　　　　　　　（2020 年中等學校課程與教學）

（　）10. 下列敘述何者較不屬於泰勒（R. Tyler）的目標模式觀點？　(A) 教育需求可來自學生的需要　(B) 主張在課程發展歷程中逐漸形成目標　(C) 學習經驗係指學生與外在環境的交互作用　(D) 目標的選擇需經教育哲學與學習心理學過濾。　（2020 年小學課程與教學）

（　）11. 下列敘述何者較屬於「歷程模式」課程發展的觀點？　(A) 課程發展的成效根據目標來決定　(B) 課程目標要預先詳述學生的行為改變　(C) 學習結果會因為學生的學習過程而有所變化　(D) 文化分析為該模式的課程發展與設計關鍵要素。
　　　　　　　　　　　　　　　　　　　　（2020 年小學課程與教學）

参考答案

1.(A)　2.(A)　3.(B)　4.(C)　5.(A)　6.(A)　7.(B)　8.(B)　9.(A)　10.(B)
11.(C)

第四章

課程發展趨勢

　　近數十年來，課程發展呈現許多明顯的趨勢。主要的趨勢約有四項：一、課程決定權下放到學校與教師層級，強調學校本位的課程發展；二、科際整合的理念，注重跨科、跨領域課程的統整；三、資訊科技的發展，促進多媒體與超媒體的勃興，手掌型教科用書即將問世；四、社會急速的變遷與新冠肺炎（covid-19）疫情的延燒，帶動網路課程，學校實施線上教學與遠距教學。今分別列述如後。

第一節　學校本位的課程發展

　　自 1960 年代到 1970 年代，學校的課程發展趨勢是由中央集權到地方分權。課程的決定權落在學校與教師層級。這種權力下放的策略是學校本位的課程發展（school-based curriculum development, SBCD）。它的主要目的是要適應學生的學習需要及協助教師解決課程的難題。此一發展趨勢乃是基於這個假定：教師參與課程的決定可以增進教師的專業能力，促進課程的革新，更能與教師的專業自主權相互結合。學校本位的課程發展最先興起於地方分權的國家如英國與澳洲。這些國家的教師就擁有較高的專業自主權（Lo, 1999）。

　　學校本位的課程發展，研究甚多。然其說法不一，大同小異。一般言之，它可歸納為下列五種方式（張清濱，2007: 185）：

一、由下而上的課程發展

　　以往的課程發展大都是由上而下，先由中央層級發展出一套課程綱要（標準），然後要求地方層級及學校去規劃、設計。學校再要求教師去執行，最後再由主管機關施以課程評鑑。此種課程發展模式，教師顯得很被動，沒有自主權，也沒有專業的地位。學校是課程改革的發源地，教師是課程改革的原動力。學校的課程發展應從教師開始。每位教師都是課程發展者。他可以就自己任教的年級、學科或領域，研究、發展出一套學校課程模式。他必須以學校為本，而非以個人為本進行課程發展。如果這套

課程模式行之有效，則可成為全校一體適用的課程模式，也可提升為全縣（市）或全國通用的課程發展模式。

二、草根性的課程發展

學校本位課程乃是學校結合地方的特性與需求，發展出一套具有地方特色的課程。譬如原住民地區的學校可以發展當地的鄉土教材。產茶區的學校可以設計種茶、採茶、製茶、售茶、泡茶、喝茶等一系列的課程，進行合科設計。它是富有社區性、鄉土性的課程發展。Marsh（1992）即認為學校本位課程發展乃是由學校人員所發動的草根性活動。

三、學校創始的課程發展

黃政傑（1999）認為學校本位課程是責任與權力的重新分配。它是學校創始的課程改革活動。學校主動結合社區資源和教育行政機關的力量，自行規劃、設計、實施、評鑑、改進學校的課程。它是以學校為中心，以社會為背景，透過中央、地方和學校三者權力責任的重新分配，賦予學校人員應有的權力和責任。

四、以學校為主體的課程發展

陳伯璋與盧美貴（2000）認為學校本位課程發展就是「以學校為主體，結合校內教學資源，在教師專業自主的運作下，所進行的課程設計、實施及評價的過程與結果。」它是以學校為據點，以教師為主角，以課程為核心，進行學校的課程發展。它注重課程發展的過程，也重視課程發展的結果。高新建（1999）亦指出以學校為主體的課程發展是一種可以因校制宜，而且是「校有、校治、校享」的課程。

五、以學校的辦學理念進行不同程度的課程發展

張廷凱（2001）認為「校本的課程發展」與「校本課程的發展」有廣義與狹義之分。前者係指「學校按照自己的教育哲學思想對學校的部分或

全部課程進行不同程度或層次的發展」，而後者則指「校本課程看作與國家課程對應的課程板塊，把校本課程發展活動限定在允許的有限課程範圍之內」（吳剛平，1999）。顯然，學校本位（school-based）一詞係作形容詞用。它具有三方面的涵義：一是爲了學校，二是在學校中，三是基於學校（張廷凱，2001）。學校就應根據這些概念，進行學校本位的課程發展。

綜上所述，學校推展校本課程乃是由下而上、以學校爲主體、學校創始、發展學校特色，或基於校長辦學理念的課程發展。因此，學校推展校本課程可就前述發展方式選擇其中之一，先從教師層級開始，由課程研究發展小組擬定校本課程實施計畫草案，然後提經課程發展委員會討論並經校務會議通過，報請教育主管機關備查後實施。在實施過程中，教師應自我評鑑，隨時檢視有無問題產生，俾能修正、改進。學期結束，學校應辦理課程評鑑，檢討方案得失，以確保課程發展的成效。

第二節 跨科跨領域的課程統整

課程發展的另一個趨勢是課程的統整（curriculum integration）。最先提出課程統整理念的學者是美國教育家 Dewey（1916），他認爲課程在本質上是科際整合（interdisciplinary approach），課本與教材是學習歷程的一部分，不是終極知識的來源。教學乃一整體的學習活動。在此活動中，教師、學生、教材、教法不是彼此分立不相聯繫的部分，而是四者結合在一起，破除傳統上「教材」與「教法」，「教師」與「學生」的對立思想。教師要力求課程的統整，注重科際整合，也要教法的統整，讓學生獲得完整的知識技能。課程與教學密不可分，教學不能脫離於課程之外。

Slattery（1995）指出後現代課程發展的三個原則是合作性、整體性與科際性。合作性係指課程研究機構的統整，強調中小學校與大學校院、學術機構之間的合作，亦指學校內各單位、各科教師合作無間。整體性係指課程決策、規劃、執行與評鑑層次的統整。系統化的平衡或整體課程的概

念，取代支離破碎的課程發展途徑。科際性則指各學科之間的統整，如科際統整（interdisciplinary）、多科際統整（multidisciplinary）、跨科際統整（transdisciplinary）與主題式課程統整（thematic），代表各種不同程度的統整。十二年國民基本教育課程，強調跨科或跨領域課程的統整，正符合此一課程發展的趨勢。

第三節　手掌型教科用書

最近數十年來，新式科技在教育上的應用，風起雲湧，掀起「多媒體革命」（multimedia revolution），各種資訊的形式，不論視覺、圖片、影片或聽覺的資訊，都以數位化儲存。在電腦的控制下，這些資訊便與其他另類的呈現混合使用（Romiszowski, 1997: 184）。

教科用書包括教科書、教師手冊與學生習作。由於電子科技與微電腦的快速發展，學生使用電子書更為普遍。教科用書可能以嶄新的面貌問世。教科用書的重要性、使用性與教師面臨的新問題產生急劇的變遷。有些問題是可預見的，有些甚至無法想像的。從積極面來看，班級教師要得到各種教科用書以適合個別學生的程度、興趣與能力是可能的。二十一世紀的教科用書將逐漸走向迷你型，可能變成手掌大小、多媒體、互動式與個人使用的工具，包括數位化的課文、聲音、影像等，並且全世界都可以溝通使用（Kellough & Kellough, 2003: 135）。在可預見的未來，學生上課必須自備迷你型教科用書。屆時，學生也許不用帶書包上學，也不愁書包過重了（張清濱，2020: 406）。

第四節　網路課程與數位教學

2019 年底新冠肺炎（covid-19）爆發，波及全球。世界各國紛紛採取封城、鎖國、班機停飛、地鐵停駛、工廠停工、校園關閉、社區禁足、居家隔離、大型活動停辦或延期辦理等措施。教育當局深恐學生染疫，尤其境外生無法到校上課，學生的受教權受到剝奪。為因應新冠肺炎疫情，學

校採取「停課不停學」措施，普遍開設網路課程，實施線上教學（online teaching）或遠距教學（distance instruction）。依據聯合國的統計，截至2020年4月中旬，全球191個國家，15億學生被迫停課，九成學生得在家遠距學習（李雅筑、侯良儒，2020.4.23）。網路課程與數位教學儼然成為2020年課程與教學的新主流。

教育行政主管機關與學校戰戰兢兢，超前部署線上教學。網路課程與線上教學的型態，百家齊放，各顯神通，頗多創舉。例如臺北市以「酷課雲」作為線上學習的平台。臺南市提供「電子書」。臺中市提供國中小國語文、英語文與數學等三科的「自主學習」。彰化縣整合教育部「因材網」、「均一教育平台」與「酷英網」等學習平台，協助學生線上學習。南投縣備有「線上教學便利包」，連結「Cool English」、「學習吧」與「達學堂」等多元學習平台，實施線上教學（賴香珊、林宛諭、陳秋雲，2020.3.23）。教育行政主管機關與學校面臨此一趨勢，莫不投入人力、物力與財力，建構線上教學平台，研發各類科教學媒體，協助學生自主學習。

遠距教學不應只是救急的措施，它將成為常態的教學方式之一。葉丙成認為當前學校進行的線上同步教學只是「非常時期的措施」。展望將來，後勢看漲將是「非同步課程」的崛起。面臨遠距教學的挑戰，教師要先錄製教材、剪輯上傳，在課堂中導入預習模式，上課時就可以直接進行小組討論（許維寧，2020.4.29）。根據美國與歐盟疾病防治中心預測，新冠肺炎還會死灰復燃，捲土重來，而且會越來越猛。我們需要在疫情趨緩時，未雨綢繆，超前部署遠距教學，做好萬全準備，充實各校，尤其偏鄉學校的網路教學設備，解決網路教學問題（賀陳旦、方新舟、鄭漢文、林國源，2020.5.20）。

遠距教學可以同步與非同步實施，亦可跨校際與跨國際實施。在防疫期間，它確實發揮很大的功能，扮演救急的角色。另一方面，它還可以提供給選修大學課程的高中學生（college-bound student）探討職業與學術的選擇（高新建等人譯，2010: 8-17）。此類學生通常無法同時在高中與大學上課，但是大學如能開設遠距課程供高中學生選修，無疑是吸引高中生

就讀大學的另一條通路。此外，有些學校尤其大學校院與其他國外學校締結姊妹校，雙方學校學生可以透過遠距教學，進行學習活動，分享學習的經驗。因此，網路課程與遠距教學有助於擴充學生的國際視野，促進大學教育國際化。

第五節 實例與教師檢定

本節包括實例與教師檢定。前者著重理論與實際的結合，後者為近年來中小學教師檢定試題，分別列示如後：

實例

教育當局擔心新冠肺炎（covid-19）疫情延燒，深恐學校停課，學生無法到校上學，因而線上教學如雨後春筍，相繼出現。臺中市政府教育局建構「中市線上教學資源中心」，推出「321 On line 線上教學」，即 3 分鐘教師輸入補課計畫、2 星期停課不停學、學生 1 個按鍵就可以讀取學習內容。教學資源中心整合坊間線上教學系統，精選一至十二年級各領域至少 2,000 筆以上數位教學資源、學習影片、補充教材，先提供居家檢疫、隔離學生線上學習。如果未來大規模校園停課也可使用。教師利用教育局雲端視訊軟體可與學生同步上課。教師透過平板上的畫面，遠端視訊也可以看到學生上課的實況（喻文玟、林敬家，2020.3.27）。

問題與討論：

從上述的實例中，你認為線上教學有何優缺點？如何改善？

解析

線上教學可以讓學生自主學習，學校一旦停課但不停學，可以維護學生的受教權；在防範疫情擴散時，發揮很大的功能。但在實施線上教學時，教師往往唱獨角戲，師生缺少互動。改善之道，教師事先要把學生異質性分組，每組4人到6人在線上進行小組合作學習。

教師檢定（國家教育研究，2015，2017，2020）

1. 十二年國民基本教育課程綱要的修訂方向是「減少必修、增加選修」，希望學生能適性發展，讓課程與教學更有彈性，因此校本課程發展有其必要。請說明校本課程發展的程序為何？　　　　（2015年中等學校課程與教學）

（　　）2. 張老師在學校的課程發展委員會中主張，學校本位課程的內容應該做原則性的規範就好，不需要做太詳細的設計，以便教師實施時能因應各班情形進行修改。此種主張較符合下列哪一種課程實施觀？
(A) 調適觀　(B) 忠實觀　(C) 締造觀　(D) 重建觀。
　　　　　　　　　　　　　　　　（2015 年中等學校課程與教學）

（　　）3. 教師希望教導學生「適切辨識網路資訊的價值性」。針對此一教學目標，下列敘述何者較為適切？　(A) 設計線上標準化測驗題庫，請學生上網練習　(B) 請學生上網蒐集某議題的正反意見，並加以分類　(C) 透過教學平台，投票表決文章內容的真偽與價值　(D) 提供學生立場不同的網路文章，請其提出比較與評論。
　　　　　　　　　　　　　　　　　　　　（2017 年國小課程與教學）

（　　）4. 六福國中課程發展委員會核心小組的教師根據《十二年國民基本教育課程綱要總綱》，帶領全校教師發展學校本位課程以凝聚共識。下列何者是核心小組教師身為課程領導者在發展學校本位課程時較適切的作為？　(A) 核心教師身為學校課程發展的領頭羊，要貫徹核心小組的共同決議　(B) 由核心小組教師設計學校課程計畫，再請全校教師研讀理解後落實　(C) 向全校教師說明課程綱要的精神，並共同研議學校願景與課程目標　(D) 提出核心小組決議後的學校課程架構，請教師依架構進行課程設計。
　　　　　　　　　　　　　　　　　　　　（2020 年國小課程與教學）

（　　）5. 南台國小五年級教師為了強化學生的讀寫能力，自 105 學年組成教師社群，在既定國語文教學節數之外，設計一套閱讀寫作課程，利用五年級各班的彈性學習時間實施，校長宣稱此為學校本位課程。在一次校務評鑑中，評鑑委員認為該課程非屬學校本位課程。根據上述，該委員所持的最主要關鍵理由為下列何者？　(A) 該課程並非全校每個領域都實施　(B) 該課程沒有結合既有的國語文課程

(C) 該課程並非出於全校教師的共識與共決　(D) 該課程設計之初並未進行學校情境分析。　　　　　　　　（2020 年國小課程與教學）

參考答案

1.略　2.(A)　3.(D)　4.(C)　5.(C)

第二篇

課程實務篇

第五章

九年國民教育課程

　　教育部（1998a）發布《國民教育階段九年一貫課程綱要》，自 2001 學年度國民小學一年級開始實施，並自 2002 學年度國民中學一年級與小學四年級同時實施，至 2004 年全面實施新課程。實施後不久，教育部（2008）修正九年國民教育課程，改稱爲《國民中小學九年一貫課程綱要》。事隔 6 年，教育部（2014.11.28）發布《十二年國民基本教育課程綱要總綱》，並宣布新課程自 2019 學年度開始實施（教育部，2017.5.10）。這項新的政策考驗教師的專業能力與家長的觀念。在新、舊課程過渡階段，仍有部分教師與社會大眾對於九年國民教育課程不盡了解。本章擬就九年國民教育課程的理念，略抒淺見，並兼論新課程的實施，以供教育行政機關、學校與教師們參酌採行。

第一節　課程理念

　　理念影響作爲，理念正確，作法才不會偏差。課程理念引導教學的實施。徒有課程理念而教學無法配合，課程改革必流於空談，成爲紙上談兵。反之，教師的教學，如果沒有課程的理念，教學也會失於盲目，不知爲何而教。課程與教學，理念與實務，互爲表裡，相輔相成。

　　九年一貫課程到底有哪些理念？與以往的課程有何不同？要回答這些問題，可從教育改革的理念談起。教育改革的基本理念是教育鬆綁，權力下放，教師專業自主。九年一貫課程正反映這些理念。今列述如後：

一、突顯課程綱要

　　以往的課程改革，教育部都會發布「課程標準」。九年一貫課程改革，教育部只發布課程綱要總綱，沒有發布「課程標準」。其理由大致有二：課程標準內容繁瑣，限制太多，阻礙課程的改革與學校的發展，有違教育鬆綁之旨意，此其一。課程改革曠日廢時，從課程草擬到發布，前後約需三至五年。新課程發布之後，至少需隔三年才能實施，以供編印、審查教科用書、辦理教師進修等準備事宜。因此，發布後的課程標準，從小

學一年級到國中三年級期程太長，往往不合時宜，常有時空的落差。以當時的《國民小學課程標準》為例，課程標準並未規定小學要教英語與電腦資訊課程。但是，課程標準發布後的數年間，國民小學卻普遍開設英語與電腦課程。顯然，「課程標準」本身就不標準。課程標準既然不標準，何必發布課程標準？此其二。教育部能突破傳統的窠臼，以「課程綱要」取代「課程標準」，值得喝采。

二、注重一貫課程

　　傳統的課程缺乏一貫性與銜接性。以往國民小學課程與國民中學課程分別設計，常常疊床架屋，即使同年級的課程亦諸多重複。例如小學高年級教過的社會科教材，國中一年級社會科又重複出現。國中一年級生物科教過生理的組織，健康教育又再講述。影響所及，教科書越編越厚，學生的書包也越來越重。課程改革的結果似乎只增加學生的課業負擔而已。九年一貫課程的架構，去蕪存菁，避免內容的諸多重複。

三、強調統整課程

　　九年一貫課程的特色之一就是課程統整。以往的國民中小學課程，科目多至 17 科以上。依照常理判斷，學生應該學多識廣。但事實上，多數的學生仍囫圇吞棗，似懂非懂者大有人在。學生所學的知識亦多為支離破碎，缺乏完整的觀念、知識與技能。九年一貫課程把國民中小學的課程統整為八大學習領域包括語文、健康與體育、社會、藝術與人文、數學、自然、科技與綜合活動等。在符合基本教學節數的原則下，學校得打破學習領域的界線，調整學科與教學節數，實施大單元或統整主題式教學。

四、培養基本能力

　　為實現國民中小學教育目的，學校必須培養學生具備十項基本能力（basic competencies），成為二十一世紀的現代國民。這些能力包括：
　　㈠了解自我與發展潛能：了解自己的需求與個性，養成自省、自律

的習慣，開發自己的潛能。

㈡ 欣賞、表現與創新：培養感受、想像、鑑賞、審美、表現與創造的能力。

㈢ 生涯規劃與終身學習：建立人生方向，培養學習的能力。

㈣ 表達、溝通與分享：利用各種符號，表達自己的思想或觀念，善與他人溝通，分享不同的見解或資訊。

㈤ 尊重、關懷與團隊合作：包容不同的意見，尊重生命，發揮團結合作精神。

㈥ 文化學習與國際了解：了解與欣賞本國及世界各地歷史文化，了解世界為一個整體的地球村，培養互信互助的世界觀。

㈦ 規劃、組織與實踐：具備規劃、組織的能力，且能在日常生活中實踐。

㈧ 運用科技與資訊：正確、安全和有效利用科技，整合及運用資訊的能力。

㈨ 主動探索與研究：主動探索和發現問題，運用所學的知識於生活中。

㈩ 獨立思考與解決問題：養成獨立思考及反省的習慣，有系統研判問題，並有效解決問題和衝突（教育部，1998a）。

這些基本能力乃是最根本、最起碼、最重要的能力，也是關鍵性的能力，帶得走的能力。基本能力是指基本的觀念、基本的知識和技能，不一定是簡單的能力。基本能力具有指標的作用，它是國民教育階段所應培養的能力。但是，國民中學畢業生是否具備這些能力必須透過各種檢驗機制始能確認。基本學力測驗就是檢驗的方式之一。基本學力係指學生基本學習的能力及其發展潛能。國中學生基本學力則指一位正常的國中學生，經由一段時間的系統化教育後，所獲得的知識和技能，足以顯示其學習成就，並可預測其進一步學習的可能性；而國中學生基本學力測驗乃在評量國中學生基本學習智能表現及其發展潛能（簡茂發，2001）。學校要提高基本學力測驗的分數，教師教學時就要把握這十項基本能力，化為實際的教學活動，成為學生的學習能力。

隨著國民中小學課程綱要的修訂，教育部（2014.11.28）發布《十二年國民基本教育課程綱要總綱》，並宣布自 2019 學年度正式實施（教育部，2017.5.10）。國民中學基本學力測驗也改爲國民中學教育會考。但基本學力測驗與教育會考的命題均依據《國民中小學九年一貫課程綱要》能力指標。兩者差異在於考試類科、計分與結果呈現的方式不同（臺師大心測中心，2020）。

五、賦予課程彈性

傳統的課程缺乏彈性，學校與教師少有彈性運用的時間。九年一貫課程規定彈性教學節數占總節數 20%。彈性教學節數係指除了各校必須之最低教學節數外，留供班級、學校、地區彈性開設的節數。此外，彈性教學節數分爲學校行政節數與班級彈性節數。

學校全面實施週休二日，每週上課五天，彈性課程占五分之一。換言之，每週有一天是彈性課程。既然是彈性課程，教育行政主管機關就應賦予學校與教師相當的彈性。有些學校的彈性課程時間，統一安排在每週的某一天；另有學校則按年級或年段分別安排在每週的某一天。亦有些學校按年級或年段，安排在每週的某一個下午；學校再安排另一個下午作爲全校統一的時間。校長可利用彈性課程發展學校的特色，發揮辦學的理念。譬如校長的辦學理念是要讓每位學生在畢業前至少會彈奏一種樂器，但是，音樂課實在不夠，仍無法教導學生學會彈奏樂器。於是，學校利用部分彈性課程時間，訓練學生彈奏樂器。果然學生畢業前都會彈奏樂器。又如某校要實施協同教學，但很難排出時間，只好利用彈性課程時間，進行協同教學。有些學校實施小班教學，教師發現學生的程度嚴重落後，也可利用彈性課程時間施以補救教學。

六、強化學校本位課程

以往的課程改革，學校大都被動接受，很少主動從事課程發展的工作。九年國民教育課程鼓勵學校與教師從本身做起，進行以學校爲本位

的課程發展。學校可以根據地方的特性與需要，發展出具有特色的課程模式。

　　要落實以學校為本位的課程發展，學校應組織課程發展委員會，審查全校各年級的課程發展計畫，然後提經校務會議通過後實施，以確保課程的品質。課程發展委員會的成員包括學校行政人員代表、年級與學科教師代表、家長與社區人士代表，必要時亦得聘請學者、專家列席諮詢。此外，學校應統整各科教學研究會，成為各學習領域教學研究會，定期或不定期召開研究會，討論教學改進事宜。

七、開放「民間本」教科用書

　　國民中小學實施新課程，教科用書不再是「部編本」的天下，全面開放「民間本」。審查也不再是球員兼裁判。教科用書得由民間合法業者編印，教育部組織審查委員會進行審查。

　　教科用書的編輯應符合九年一貫課程統整的精神。教科用書的內容，除了學科知識與技能之外，也要反映當前社會關注的主要議題如：資訊教育、環保教育、性別教育、人權教育與生涯教育等。學校實施週休二日後，上課時數減少，教科用書的分量也應隨之減少。如果教科用書的編輯能切實做到內容的統整性與一貫性，去蕪存菁，教科用書就會薄一點，學生的書包也會隨之減輕。

八、採取小班教學精神

　　課程的實施要有教學的配合。教育部自 1998 年度推行發展「小班教學精神計畫」，逐年降低國民中小學班級人數至 2007 學年度每班人數不過 35 人，以後視財政狀況，逐年遞減班級人數。另一方面，不論班級人數的多寡，教師都應本著小班教學的精神，發揮「多元化、個別化、適性化」的教學理念，尊重學生的個別差異，提供適性發展，營造更多互動的機會，提升教學的品質（教育部，1998b）。

綜上所述，新舊課程理念最大的差別在於舊課程「多即少」（more is less），也就是說，教師教得多，學生學得少。新課程則是「少即多」（less is more），也就是說，教師教得少，學生學得多。具體地說，舊課程有「五多」：課程標準規定多、教材重複多、學習科目多、上課節數多、班級人數多。新課程有「五少」：課程總綱規定少、教材重複少、學習科目少、上課節數少、班級人數少。新課程突破許多的傳統觀念，改變許多的作法，期能提升教學的品質，培養二十一世紀的現代國民。

第二節 課程實施

國民中小學九年一貫的課程理念勾勒出課程的實施方式。九年一貫課程是以學生為中心，以學校為本位，以統整為核心，培養具有人文素養、民主素養與科技素養的現代國民。然而十二年國民基本教育課程是以「核心素養」為主軸，培養以人為本的「終身學習者」。要落實課程的理念，宜從下列各方面著手：

一、溝通課程的理念與作法

推展任何改革措施，必須先溝通觀念，建立共識。改革措施往往引起反彈或抗拒，大都由於有關人員不了解，甚至誤解。因此，教育行政機關宜透過各種溝通管道，讓社會大眾了解課程的精神與內涵。師資培育機構、教師研習機構與學校更應與教師溝通觀念。學校與民間教育團體也可協助社區大眾了解新課程的理念。一旦大家都了解新課程的優點，確實能改善教學，把每一位學生帶上來，提升教育的品質，大家自然而然就會舉雙手贊成。課程改革也就成功了一大半。

觀念溝通了以後，緊接著要宣導如何實施，可行性如何？一般言之，大眾對於新課程會產生疑慮，大都因為新措施從來沒做過，沒有把握，有些教師安於現實，不願接受新的改變，總認為新的措施會帶給他們不便與麻煩。這是不了解作法所致。譬如部分教師認為實施九年一貫課程與小

班教學，要製作學習單，建立教學檔案（teaching portfolios），與實施檔案評量（portfolio assessment），會增加他們的工作負擔。殊不知任何措施或舉動，第一次總是陌生，不知如何因應。學校如能說明它們的好處與作法，並鼓勵教師去做，教師便樂於嘗試，而且做得有創意，就有一份成就感。第二次再做的時候，便覺得駕輕就熟，事半功倍，自然得心應手，應付裕如了。

二、培養「十項全能」的國民

　　九年一貫課程的目標是要培養具備十項基本能力的現代國民，已如前述。這些基本能力必須透過學校的教育，採取各種有效的措施，把它們轉化成為十項全能。今列述如下：

㈠潛能的開發者

　　根據多元智能理論，每個學生都有個別差異，各有不同的智能。Gardner（1983, 1995）把智能分為七大類：語文（linguistic）、邏輯─數學（logical-mathematic）、空間（spatial）、音樂（musical）、肢體─動覺（bodily-kinesthetic）、知人（interpersonal）與知己（intrapersonal）的智能。後來他又提出自然的（naturalistic）智能。這些智能都有其理論根據，也很容易觀察出來。譬如，有些學生學習語言很快，就有語言智能的傾向；另有些學生很會唱歌，頗有音樂細胞，就有音樂智能的傾向。

　　雖然智能多元，每個學生不見得在各面都具有良好的智能。各種智能集於一身者簡直鳳毛麟角。我們可以確認，每個學生或多或少具有某些智能。但是，智能要去發掘、去雕琢，才能成大器。因此，教師要去觀察學生的智能在哪些方面。教學活動要涉及各種不同的智能，以試探學生的智能與潛能。這好像廚師料理各種不同的口味，包括酸、甜、苦、辣、濃、淡，應有盡有，讓顧客品嘗。教師的職責之一就是要提供各種不同的機會，發掘學生的長處與短處，讓他們了解自己的優缺點，發展優勢與潛能。《禮記・學記篇》說「教也者，長善而救其失者也」，就是這個道理。

　　教師要突破傳統教育「智育掛帥」的觀念，揚棄「書中自有黃金屋」的想法，不要以為只有讀書才有前途。事實上，潛能隱藏在各種學習領域之中。教師與家長不能只看到學生的智育成績不好，就認定他朽木不可雕，無可救藥。譬如，某生在校學業成績不佳，唯一的長處就是很會唱歌。教師每次上課，就叫他一展歌喉。該生受到教師的鼓舞與同學的肯定，於是更加努力練唱。長大後，果然成為遠近馳名的歌星。

㈡ 觀念的創新者

　　在傳統教育的方式下，學生大都墨守成規，一成不變。九年一貫課程突破傳統，要培養學生感受、想像、鑑賞、審美、表現與創造的能力。學校教育就要啟發學生的想像力、創造力與欣賞力。譬如，小班教學要布置小班教學的情境，教師可把一些布置的原則與技巧，告訴學生。然後讓學生創造、討論布置，就有意想不到的結果。學校活動也可以配合節慶，舉辦化妝舞會，或服裝表演，學生可以展示創意與審美的能力。

　　更重要的是，教師教學時要善用創造教學法。譬如，新竹縣二重國民中學公民與道德課，講到孝順，教師結合多元智能理論，指導學生製作書籤，鼓勵學生突發奇想，想出一些富有創意的詩句、用語。學生就想出許多具有獨特性的句子，例如「締造**孝話**連篇的社會」、「**孝容**滿面，讓媽媽天天高興」、「麵包要發酵，人更需要**發孝**」。教師教學時，只要多動點腦筋，設計一些活動，學生就可以表現創意。

㈢ 終身的學習者

　　終身學習是教育改革的方案之一，也是十二年國民基本教育的核心素養。落實終身學習的理念，必須從小學做起。前教育部長曾志朗（2000.10.30）就任時，即倡導「兒童閱讀運動」。他認為要培養終身學習的國民，閱讀便是教師在班級經營最重要的一部分。它是融入教學與生活當中，而不是額外的負擔。許多教室設有「學習角」（learning corner），陳放兒童讀物，讓學生閱讀，即其一例。唯有下一代能夠享受閱讀、享受思考，他們才能真正脫離記憶、背誦與標準答案的學習，成為新時代的新人類。

　　學校如何推展讀書運動？首先，學校要有一套完整可行的計畫，而不是想到什麼，就做什麼。圖書館應該充實書刊，鼓勵學生閱讀。借閱率的高低約略可以看出學生借書是否踴躍。但是，借書並不等於看了書。學校要有檢驗的機制，譬如班會時，請幾位學生報告讀書心得，分享閱讀的成果，或要求學生記錄在學習檔案之中。有些語文科教師有時以「我最喜歡的一本書」為題，要學生作文，寫出心得與感想，即可看出學生閱讀的狀況。

　　如果學校資源有限，沒有足夠的經費買書，可以採取「無中生有」的方式，鼓勵各界捐書。一般而言，學生都有一些看過的書，丟棄不用，甚為可惜。如能捐出，供其他同學閱讀，可以共同分享書中的樂趣與心得。當然，學生捐的書，最好先由導師或語文科教師過目，以免有違反教育的書刊。有些學校社區資源較為豐富，家長會、校友會、基金會願意慷慨解囊，協助學校添購圖書設備。學生捐出的書可把它們放在教室的書櫃或學習角，供學生取閱。為配合週休二日，學校也可以鼓勵學生，利用假日到鄰近社區圖書館，閱讀有益書刊。有些班級組織學生讀書會便是很好的例子。

　　各校推展讀書運動，不要把它窄化為只閱讀升學考試要考的書籍。閱讀範圍至為廣泛，上至天文，下至地理，可包括古今中外，適合學生程度的書，可能的話，學校可請各科教師推薦一些書刊，供學生閱讀，譬如：發明家的故事、科幻小說、中國歷代經典、現代文學、簡易英美文學、戲劇等，也可鼓勵學生自行購買。

　　學校要培養學生成為終身的學習者，尚應指導學生閱讀的技巧。數年前，一些心理學家認為學生的閱讀技巧可以準確地預測輟學率的高低（Kelly, Veldman, & McGuire, 1964; Lloyd, 1978）。在小學階段，學校教師沒有好好教導學生閱讀的技巧，往往造成日後的中途輟學（Slavin et al., 1990）。近數十年來的研究指出兒童應在小學三年級前教導閱讀識字。根據 Slavin 等人（1994）的研究，小學三年級才教閱讀的技巧，已嫌太遲而難於補救、增加矯正的困難。Clay（1987）研究一些沒有獲得閱讀矯正的兒童，一再重複不正確的閱讀形式，而衍生閱讀的問題。他指出此類兒

童真正成爲學習障礙者。除非停止不正確的閱讀形式，採取有效的讀書技巧，否則學生會一落千丈。教師不善於教學，學生不會閱讀，假性智能不足兒童的比率就會增加（Denti & Guerin, 1999）。養成良好閱讀習性的學生對讀書就不會「越讀越沒趣」，走出校門，也會自動自發讀書，成爲終身學習者。

自我導向學習常用來指導學生的閱讀。常用的策略是 Robinson 改編的 SQ3R 法：瀏覽（survey）、發問（question）、閱讀（read）、背誦（recite）、重讀（reread）。閱讀的時候，先概略看一下目錄與標題；然後根據目錄或主題，提出問題回答；尋求答案、寫出答案；把握重要概念、檢查答案；再重讀重要部分（Michaelis & Garcia, 1996）。

學校推展讀書計畫，如能鼓勵家長參與，可以防範學生閱讀的失敗，不僅可以防止兒童中途輟學，也可培養終身學習者。這些計畫需要行政人員把學校與社區結合起來。Adams（1994）曾針對家庭參與低年級的讀書計畫，提出下列建議，可供參考：

1. 每天向兒童朗誦，以增進記憶、知識與判斷；
2. 與兒童一起閱讀，並討論在學校所讀的書；
3. 鼓勵兒童寫出閱讀的心得給其他家人；
4. 當家長與兒童一同閱讀故事的時候，共同討論故事的情節；
5. 儘量幫助兒童閱讀輕鬆有趣的故事；
6. 定期帶小孩到圖書館看書；
7. 鼓勵兒童觀賞優良電視節目；
8. 範讀如閱讀優良書刊、報紙、雜誌等；
9. 提供兒童電腦閱讀的遊戲（Denti & Guerin, 1999）。

㈣ 意見的溝通者

九年一貫課程要培養學生有效利用各種符號與工具，表達個人的思想

或觀念，善於傾聽與人溝通。教師教學時，要多採用小組討論法，讓學生都有表達意見的機會。分組時，每組要有小組長，帶領組內同學的學習活動。小組長最好輪流擔任，討論結束，各組組長應就組內的結論，提出報告，彼此分享。

傳統式的教學一向是「教師講，學生聽」，學生少有表達意見的機會。有時候，學生整天都沒有開口說話。即使教師發問，也只有一些愛現的學生回答而已。上課時，教師要對教材內容，找出一些主題，讓學生討論，表達意見，從而學會傾聽別人的意見，尊重別人的意見，分享不同的意見或經驗。

㈤ 民主的包容者

這是指學生要有民主的素養，能包容不同的意見，平等對待他人與各族群，並能關懷社會、環境與自然，進而發揮團隊合作的精神。學校教育要多舉辦團體的活動，讓學生體驗團體的生活，而能與人和諧相處。

教學時，教師要多採用合作學習法，實施小組合作學習。小組最好採異質性分組，每組 4 至 6 人，每組都有男生、女生。小組也要兼顧多元文化差異，包括各族群如閩南人、客家人、原住民、新住民與其他各族群。各組都有各種背景的學生譬如不同的宗教與政黨背景等。這樣的分組方式，學生可以互相了解，互相學習，互相尊重，互相包容。

㈥ 文化的欣賞者

二十一世紀的國民要有地球村的觀念，也就是要有國際觀。世界觀的培養宜透過各學習領域的教學，以促進文化的學習與國際的了解，尤其國與國之間、兩岸之間、兩地之間互動頻繁。譬如英語科教學可以經由網際網路、電子郵件與電傳視訊、遠距教學與其他科技設備，讓不同文化背景的學生互相學習，了解與欣賞本地與世界各地的歷史文化。臺灣地區的學生可以和香港、新加坡、澳洲、紐西蘭、美國、英國與其他國家，互相學習英語，討論各地的民俗風情。

㈦ **組織的規劃者**

規劃與組織能力的培養一向是學校較為薄弱的部分。有些學生不善於規劃與組織，缺乏歸納、統整的能力。舉一個簡單的例子，部分學生不會安排自己的時間，也不懂時間的管理。大部分的學生對於週休二日如何安排，寒暑假怎樣充分利用？如何度過？甚少有妥善的規劃。

在教學方面，教師可教導學生撰寫學習歷程檔案（portfolios），培養歸納、組織與統整的能力。教師也可以透過社團活動，在教師的指導之下，放手讓學生去規劃與安排。譬如班級旅行，教師可提示一些原則，如安全的原則、教育的原則、經濟的原則、需求的原則與法令的原則等，然後利用班會，採用 6W's 法，讓學生討論旅行的目標（why）、參加對象（who）、參觀內容（what）、交通工具（how）、舉辦時間（when）與旅行地點（where）等，再歸納班上同學的意見，做出決定，整合成一套既安全又實惠、符合教育目標又滿足學生願望的旅行計畫。

㈧ **科技的運用者**

科技素養乃是現代國民必備的基本能力。二十一世紀將是高度科技化的社會。在這樣的社會中，各行各業勢必講求資訊化、電腦化、網路化、自動化、數位化與效率化。如果國民不會運用科技設備，例如電腦與其他電子產品等，將來恐怕不容易找到工作，也很難與人溝通。因此，在國民教育階段，學生必須學會運用科技設備，能正確、安全而有效地利用科技、蒐集、研判、整合與運用資訊，提升生活的品質。

教育部推展小班教學精神計畫，目標之一是做到「班班有電腦」。但更重要的是能達到「人人用電腦」。九年國教課程的實施也必定強化資訊科技的運用。各學習領域都將注入資訊教育的成分。教師可要求學生上網際網路找資料，用電子郵件、社群網站繳交作業報告，或利用電腦製作程式，處理有關的問題。

㈨ **主動的探究者**

學生到校求學是否知道如何探求學問？教師教學是否也教導學生如何探求學問？傳統的教師大都端出一盤魚給學生吃，卻很少教學生如何釣

魚。因此，傳統的教學方式，學生大都比較被動，鮮能自動自發求學。

　　事實上，古代教育素重求知的方法。至聖先師孔子倡導「博學、審問、慎思、明辨、篤行」，「敏以求知」，與「溫故知新」都在勉勵學生自動自發去探求學問。然而，有些教師習而不察，以為古代不重視主動探索的求學方法。「博學」就是廣泛涉獵、蒐集各種資訊，注重廣度。「審問」就是要不恥下問，打破砂鍋問到底，注重深度。「慎思」就是要批判思考，深謀遠慮，注重行為的後果。「明辨」就是要分辨是非、善惡、好壞、對錯，注重價值的判斷。「篤行」就是從做中學，行以求知，注重實踐。

　　孔子倡導的求知方法與當今歐美各國採用的探究式教學法（inquiry approach），頗有異曲同工之妙。探究式教學法乃是一種科學的思考方法。從學習的情境中，教師引導學生發現問題、認清問題的所在、提出可能的假設、擬訂可行的解決方案、選擇最合適的方案、驗證假設並獲致結論。

　　各類學習領域幾乎都可以採用探究式教學法。譬如，自然（生物）科教到常見的植物，教師可以要求學生仔細觀察校園內的花草樹木，然後探索校園內哪些植物不是本地的植物，推論並驗證哪些外地（外國）的植物，也可以在校園內生長。這樣的學習方式，可以培養學生主動探索與研究的精神。

㈩ 問題的解決者

　　以往學校教育過分注重對與錯，強調學習「事實」。許多教師常常趕進度，沒有足夠的時間，讓學生思考。影響所及，學生不會獨立思考，碰到問題，往往束手無策，不知如何因應與解決問題。

　　九年一貫課程要培養學生成為善於解決問題的人。在教學方面，教師要透過問題中心（problem-centered）的教學策略，使學生成為有效的學習者。問題中心的教學乃是過程取向，著重在發展學生的推理過程。教師提出開放式且精心設計的問題，學生做預測，並且介入問題的重點，引導學生解決問題。

在教學歷程中，教師可採取下列步驟，協助學生有效學習。今列述如下（Casey & Tucker, 1994；張清濱，1997）：

1. 提出開放式的難題：教師要提出一些沒有標準答案的問題，讓學生思考，例如：學生缺席的原因是什麼？

2. 教導學生思考的步驟：一般思考的步驟是 (1) 提出假設；(2) 根據假設，提出預測；(3) 蒐集資料，驗證預測；(4) 審慎檢驗資料；(5) 根據資料，評估預測；(6) 使用新的資訊，從第一個步驟，重複整個過程。

3. 把問題的解決融入於課程之中：教師應把問題解決的技巧，在教學的情境中呈現。它不限於數理科，它應融入於各科教學中。

4. 把問題解決的教學與學生的興趣密切結合：有效的問題解決，教師應從現實的生活情境中，選擇題材，尤其是學生覺得有趣的題材。

5. 持續的挑戰與不斷的發問：為了確保問題解決不淪為猜謎遊戲，教師應該繼續要求學生為自己的理念與假設，提出辯護。

6. 運用操弄，解決問題：對於觀念不清楚的學生，教師可用具體的操弄方式，協助學生，尋求問題的解決。

前述九年一貫課程所要培養「十項全能」的基本能力與十二年國民基本教育課程所要培養的「九項涵養」頗多雷同之處。國民教育是一切教育的根本，國民中小學課程如能落實「十項全能」的理念，才能奠定高級中等教育課程「九項涵養」的基礎。但是，十二年國民基本教育課程新增許多跨科、跨領域彈性課程，相對減少基礎學科時數。國中學生對於基礎學科認識不夠，進入高中何以進一步依興趣選修課程？因此，教育部在實施新課綱之際，應該辦理國民教育階段的課程評鑑，或從教育會考分析國民中學畢業生的學習成就，以檢視九年一貫課程實施的成效。「十項全能」與「九項涵養」具有連帶關係，不宜捨本逐末。

三、提高教師的專業水準

新課程的實施有賴於教師的教學與行政的配合，尤其教師扮演關鍵性的角色。改變課程與教學的觀念與作法，至屬切要。下列措施可供參考：

㈠ 創新教學方法

九年一貫課程與小班教學的實施，一言以蔽之，就是要創新教學方法。教學本身是一種藝術，沒有絕對的標準。傳統的教學法不見得不好，例如蘇格拉底的產婆法，至今仍為後世取法。新式教學法也未必都好，例如價值澄清法，若使用不當，還會誤導學生的價值觀念。常用的教學法，諸如探究法、問題解決法、合作學習法、小組教學法、協同教學法、創造教學法與其他有效的方法技術都可再求創新。教師教學時，應該因人、因時、因地制宜，而非依樣畫葫蘆，一成不變。教師要考慮怎樣教，學生才能學得好，譬如小組討論時，教師通常要求各組腦力激盪，充分討論，俾能獲致結論。然後請小組長輪流報告。但是，教師卻發現學生很被動，不肯主動提出報告。於是，教師改用「激將法」，宣布一個原則，每組報告 2 至 3 分鐘。各組報告內容不可以重複前面各組的結論。果然，各組紛紛舉手，爭先發言。此法具有下列優點：1. 為避免重複，各組爭先恐後，化被動為主動。2. 可激勵各組提出與眾不同的新點子。3. 改正上課不專心、不傾聽別人意見的通病；各組報告如有重複，即顯示不專心傾聽別人的意見。4. 限制報告時間，一方面可以把握報告的重點，另一方面節省報告時間，無形中也訓練學生的時間管理。

㈡ 改進學習評量方式

小班教學精神強調「多元化、個別化、適性化」的教學理念。改進學習評量方式就是要落實多元化評量、個別化評量與適性化評量，其方式如下：

在多元化評量方面，除了傳統的紙筆測驗之外，教師宜多採用學習歷程檔案或卷宗評量（portfolio assessment），簡稱檔案評量、實作評量（performance assessment）與真實評量（authentic assessment）（張清濱，2020: 427-430）。

在個別化評量方面，教師可根據學生的個別差異、學習能力與程度，實施契約評分制（grade contract）。教師於學期開始前，擬訂不同層級的學習目標與內容，分為 A 級、B 級與 C 級，供學生選擇任何一個等級，

並簽訂契約，作爲學習努力的目標。學期結束，教師查核學生是否履行契約並達成所訂的學習目標，給予評分（張清濱，2020: 433）。

在適性化評量方面，教育測驗專家們正積極發展電腦化適性測驗（computerized adaptive testing, CAT）。它是依據考生的能力水準，循序作答的一套測驗。測驗時，考生坐在電腦機前，按照電腦軟體顯示出來的試題，依序作答。通常第一道試題，難易適中。如果考生答對，則第二道試題難度升高。第一道試題如果答錯，則第二道試題難度降低。依此類推，直至電腦能判斷考生的能力爲止，測驗即告結束（Straetmans & Eggen, 1998；張清濱，2020: 435）。

㈢ 協助教師專業成長

教師應該是專業人員，然而實際上，仍有部分教師尚未具備專業的水準。九年一貫課程與小班教學精神的實施，教師必須吸收新的觀念、新的專業知識與技能。因此，教師的進修顯得格外重要。

教師進修的管道甚多。教師可依自己的需要，參加大學校院、研習機構、民間團體或教育行政機關主辦的進修活動。近數年來，政府倡導「學校本位的進修」（school-based in-service teacher education）並鼓勵教師從事專案研究，自我進修。教師進修，顧名思義乃在「進」德「修」業。不論何種方式的進修，都應與教師本身的工作有關。否則，教師進修會變成不務正業。教師更不能以爲在大學念 4 年，就可以教 40 年的想法，必須時時進修、處處進修，以促進教師的專業成長，提升教師的專業能力與水準。

在學校本位的進修方面，學校宜著重教學實務的演練。各科教學研究會宜統整爲各學習領域的教學研究會，進而成立課程發展委員會，定期或不定期召開課程發展會議。近年來，學校課程強調課程整合（curriculum integration），跨領域、跨科目的教學更爲普遍。課程整合的研究與進修，益形重要。

由於少子化的衝擊，有些學校面臨教師超額的現象，開闢教師第二專長進修不失爲解決的途徑之一。譬如有些語文科教師參加「鄉土語言研習

班」，又如社會科領域的教師參加另一不同領域學科的研習，可以增進教師多元的教學能力，也有助於教學品質的提升。

四、提升教科用書品質

九年一貫課程的理念已有重大的改變。課程的一貫性、銜接性、結構性、統整性、創新性與實用性都必須反映在教科用書上。尤其課程統整的精神要注入八大學習領域之中。六大主題包括資訊教育、性別教育、環保教育、人權教育、生涯發展教育與家政教育，也必須融入八大學習領域的學科之中。

教科用書應力求精簡，去蕪存菁，不要越編越厚，以減輕學生的課業負擔，學生的書包才不至於越來越重。教科用書應質重於量，而非以量取勝。教育部似應根據教學時數，建議教科書頁數的上限與下限，然後再審查教科用書的品質。

新課程的實施，強調跨領域、跨科的協同教學（team teaching）。同年級的教科用書，哪些教材或主題可以採用協同教學，編輯者也應加以考量，如能在教科用書（教師手冊）內敘明，當更為理想。

五、落實多元入學管道

課程與教學的改革，能否成功，常常受到升學的影響。升學考什麼，學校就教什麼；教師教什麼，學生就學什麼；學生想學什麼，補習班也就教什麼。因此，落實九年一貫課程的理念與發揮小班教學的精神，必須從升學的方式著手。雖然教育部已開闢多元入學的管道，以往的國民中學基本能力測驗就引起爭議。論者認為基本能力測驗會造成「考試更多、學生更慌、家長更忙」的現象（中央日報，2001.1.16）。衡之常情，教師與學生面對變革，難免措手不及，不知如何因應。

然而，這種現象是可以改善的。教育的改革是漸進式的。基本學力測驗或教育會考乃是把九年一貫課程的理念，顯現在升學考試罷了。學生只要按部就班，循序漸進，何懼之有？如果學生都能腳踏實地，奮發向學，又何怕之有？事實上，大部分學生的壓力來自學校與家庭。學校擔心學生

的升學考試成績不如他校；家長也擔心自己的孩子考試成績不如別人，上不了好學校，以致引起恐慌，而造成學生的壓力。

　　解決之道，教育部要開闢更多元的入學管道，並齊一各校的水準，讓學校難分軒輊。學生都能依其志趣，就近選擇學校就讀。升學的壓力減低，教學才能趨於正常。

第三節　課程配套

　　課程改革涉及的層面甚廣，往往牽一髮而動全身。課程的實施也要有一些配套措施。今列舉如下：

一、實施彈性課表制度

　　新課程改變傳統教學的型態。學校的班級課表不能硬性規定。教務處應該酌情讓各班依教學需要，自行安排，實施彈性課表制度，以落實專業自主權。學校要實施協同教學，或補救教學，可以彈性調整日課表。各年級的校外教學如春季、秋季旅行，可以利用彈性教學節數，並可結合基本教學時數，實施大單元或主題式協同教學。譬如某校春季旅行要到墾丁旅遊，就可以安排主題式協同教學。英語科教師教 "I Took a Trip to Kenting"；地理科教師教臺灣恆春半島的地理景觀；美術科讓學生寫生或水彩畫；童子軍活動可要求學生分組，到墾丁國家公園尋寶；音樂科可教唱恆春民謠，學習鄉土語言、音樂。這樣的校外教學必定更為生動活潑，寓教於樂。

二、重新檢討教師的任課時數

　　新課程上課係以節數計算，每節課 40 至 45 分鐘。但是，新課程的實施必然增加協同教學與補救教學的時間，而且教師授課的時間長短不一。例如：協同教學時某教師可能只擔任 20 分鐘，有時負責 30 分鐘的教學。另有些情況，教師必須連上 70 分鐘。此種情形，如何折算節數？

有些教師擔心實施新課程後會無課可教。事實未必盡然。各領域教學都想寓教於樂，想找音樂、美術、家政、電腦資訊、歷史、地理等科教師搭配，進行跨領域、跨學科的協同教學。十年風水輪流轉，以往冷門的科目，如今可能變成炙手可熱的科目。教育行政主管機關似應重新檢討教師的基本授課時數，以「時數」代替「節數」計算，規定專任教師基本授課時數的上限與下限。教師超出基本授課時數，始能領取鐘點費。

三、修訂學生成績考查辦法

國民中小學學生成績評量準則，歷經教育部多次修訂。依據現行成績評量準則，學業成績涵蓋八個學習領域，兼顧多元化、個別化與適性化的評量。學期成績改用五等第制，地方政府可自訂劃分基準（教育部，2019）。此一辦法的修訂，已有明顯的突破。惟教育部如能明訂檔案評量為日常成績考查的項目之一，教師才會要求學生撰寫學習檔案紀錄。目前尚有多數中小學教師，沒有要求學生建立學習歷程檔案。Gardner（1983, 1995）提出多元智能理論，把人類的智能分為八種：語文、數理、音樂、肢體動覺、空間、知人、知己與自然觀察等智能。檔案評量兼顧學習歷程與結果，也能涵蓋多元智能。成績考查自應檢驗學生智能的發展狀況。

四、廣設技藝班與單科中學

為適應學生的個別差異，提供適性發展的機會，把每位學生帶上來，成為有用的人才，教育部宜在國民中學三年級廣設技藝班，如電子、電腦資訊、機械、美髮、美容、烹調與其他實用科技等。國中學生正進入生涯發展的探索階段，學校應提供職業性向試探的課程。對於沒有學術性向，不想升學的學生，學校宜輔導此類學生就讀技藝班，培養職業的基本技能，以便國中畢業後，繼續就讀高級中等學校職業類科。

高級中等學校除已設有體育高中外，教育部宜增設其他類科如藝術、數理、語文等單科高中。如有困難，可在高級中學設置單科實驗班，亦可輔導高中、高職轉型，改設單科高中。

五、爭取社會大眾的支持

　　教育改革的影響，至為深遠，擴及到每一個家庭。終身教育普遍實施後，人人讀書。根據了解，臺灣地區每四個人就有一個是學生。職是之故，教育改革就成為全民的改革。改革的成敗，人人有責。

　　九年一貫課程與十二年國民基本教育課程的理念至屬正確。社會大眾應予以支持。新課程的實施，難免會有問題產生，只要大家同心協力，戮力以赴，未雨綢繆，問題自可迎刃而解，課程的改革也就水到渠成。

第四節　實例與教師檢定

　　本節包括實例與教師檢定。前者著重理論與實際的結合，後者為近年來中小學教師檢定考試試題，分別列示如後：

實例

　　興仁國民中學是一所偏僻的學校，位於百年火車站的附近。學校乃以「火車站」為主題，發展學校本位的課程。校長邀請有關教師包括歷史科、地理科、英語科、數學科、音樂科與美術科的教師，組成教學團，進行跨領域的課程統整。教務主任擔任教學團召集人，請有關的教師參加小組會議，討論協同教學有關事宜。

　　他們共同設計教案，分配任務，決定以一年級甲班與乙班的學生為實施對象，進行兩週的教學活動。首先歷史科教師兼教務主任述說火車站的百年歷史；地理科教師講解火車站的興衰與經濟發展的關係；數學科教師帶領學生到火車站踏查乘客搭車的實況，繪製統計圖表；音樂科教師教導學生唱流行歌曲——《車站》與《離別的月台票》；美術科教師指導學生風景寫生，描繪火車站的古老建築物。最後，英語科教師要學生學習觀光英語，運用英語向觀光客介紹這座百年的古蹟——火車站。

問題與討論：

　　從上述的實例中，你發現學校本位課程有何特色？協同教學有何配套措施？

解析

　　學校本位課程可以反映出校長辦學的理念，也能顧及社區的特性，發展學校的特色，更能統整各類學科、各領域課程，學生可以獲得完整的知識與技能。但在實施協同教學時，學校有關人員必須發揮團隊精神，各盡所能、各展所長，尤其調課方面，行政部門必須給予充分的協助與支持。

教師檢定 （國家教育研究院，2015，2017，2019，2020）

(　　) 1. 張老師在學校的課程發展委員會中主張，學校本位課程的內容應該做原則性的規範就好，不需要做太詳細的設計，以便教師實施時能因應各班情形進行修改。此種主張較符合下列哪一種課程實施觀？
(A) 調適觀　(B) 忠實觀　(C) 締造觀　(D) 重建觀。
　　　　　　　　　　　　　　　　　　（2015 年中等學校課程與教學）

(　　) 2. 「十二年國民基本教育課程綱要」的總綱列有「彈性學習課程」。下列何者較不符合其內容？
(A) 由學校開設跨領域／科目相關的學習活動，讓學生依興趣及能力分組選修
(B) 與《國民中小學九年一貫課程綱要》「彈性學習節數」的意涵及課程規劃方式相同
(C) 由學校發展「統整性主題／專題／議題探究課程」，強化知能整合與生活運用能力
(D) 由學校自行規劃辦理全校性、全年級或班群學習活動，落實學校本位及特色課程。　　　　（2017 年中等學校課程與教學）

(　　) 3. 有關「十二年國民基本教育課程綱要」總綱內涵的敘述，下列何者有誤？　(A) 各領域教學改為固定節數，以減少學校節數分配的爭議　(B) 仍重視重要議題，並建議融入各領域或科目的課程設計
(C) 教師可以自由選擇領域教學或是分科教學，不再強調領域的概念　(D) 共分八大學習領域，其中「科技」領域從國中教育階段才開始實施。　　　　　　　　　　（2017 年小學課程與教學）

(　　) 4. 陳老師是國中數學老師，有鑒於學生學習效果欠佳，他想為班上進

行補救教學。依據《十二年國民基本教育課程綱要總綱》，陳老師可運用下列何者來實施數學補救教學？　(A) 彈性學習課程　(B) 彈性學習節數　(C) 彈性學習時間　(D) 彈性選修課程。

（2019 年 -1 中等學校課程與教學）

(　　) 5. 樂樂國小想推動「資訊融入教學」。下列何種作法較符合「資訊融入教學」的意涵？　(A) 成立資訊社團，與地方科技團體共享資源，建立伙伴協作關係　(B) 購置充足的科技資訊設備，學生可隨時透過網際網路學習新知　(C) 設計資訊科技之相關主題課程，使學生熟悉網路世界的各種知識　(D) 讓學生結合資訊科技與課堂學習結果，製作校園特色植物尋寶圖。（2019 年 -1 小學課程與教學）

(　　) 6. 張老師透過一篇〈塑膠垃圾汙染海洋〉的文章，將環境教育議題融入國語文教學，並依據國語文領域綱要核心素養「國 -E-A2 透過國語文學習，掌握文本要旨、發展學習及解決問題策略、初探邏輯思維，並透過體驗與實踐，處理日常生活問題」，設計教學活動。下列何者最能夠呼應此核心素養內涵？　(A) 各組學生摹寫報導文章並增加插圖　(B) 學生分組將文章內容製作成簡報並上臺報告　(C) 設計學習單，幫助學生熟悉與使用文章中的語詞和句型　(D) 分組討論文章的重點，並嘗試提出改善海洋汙染的方法。

（2019 年 -1 小學課程與教學）

(　　) 7. 下列何者並非《十二年國民基本教育課程綱要總綱》所強調的重點？　(A) 依據各領域的學習重點進行課程設計　(B) 重視學生主動學習與協同合作解決問題的能力　(C) 重視教師的專業發展，強調領域間的共同備課　(D) 重視學科基礎知識與能力指標的對應，強調跨領域的統整。　　　　　（2019 年 -1 小學課程與教學）

(　　) 8. 安樂國小透過教育部國際教育計畫，從 106 學年起持續與日本姊妹校辦理交流互訪活動。該校想要將此交流活動納入校訂課程，根據《十二年國民基本教育課程綱要總綱》的精神，此交流活動較不適合規劃為哪一類校訂課程？　(A) 社團活動　(B) 其他類：服務學習　(C) 其他類：自主學習　(D) 統整性主題／專題／議題探究。

（2020 年小學課程與教學）

(　) 9. 陽明國小是一所偏鄉小校，為進行跨領域課程設計，校內教師透過學校課程發展委員會討論可行作法。有關跨領域課程作法的主張，下列何者較適切？甲、跨領域課程設計可安排在校訂課程中實施；乙、「社團活動」不宜開設跨領域相關學習活動；丙、可尋求與鄰近學校合作進行跨領域課程設計；丁、不同學科教師共同授課，才是跨領域課程設計。　(A) 甲丙　(B) 甲丁　(C) 乙丙　(D) 乙丁。

（2020 年小學課程與教學）

(　) 10. 快樂國小想要擬訂學校課程計畫，下列哪一個作法較符合《十二年國民基本教育課程綱要總綱》的精神？　(A) 開設閩南語文與客家語文作為全校學生必修課程　(B) 以社會領域課程總節數的四分之一實施跨領域課程　(C) 組成課程發展委員會研擬課程計畫，並適時進行修訂　(D) 以「海洋」主題作為學校本位課程，只需在彈性學習課程中實施。　　（2020 年小學課程與教學）

參考答案

1.(A)　2.(C)　3.(C)　4.(A)　5.(D)　6.(D)　7.(D)　8.(C)　9.(A)　10.(C)

第六章

高級中等學校課程

　　高級中等學校包括高中、高職與特殊教育學校高中階段。本章以高級
中學普通型課程為主，兼論綜合型、技術型與單科型高中課程。今依課程
理念、課程目標、課程特色、課程爭議、實例與教師檢定分別敘述如後。

第一節　課程理念

　　依據教育部（2014.11.28）發布的《十二年國民基本教育課程綱要總
綱》，學校課程以培養學生的核心素養為主軸。所謂「核心素養」係指：

　　　　一個人為適應現在生活及面對未來挑戰，所應具備的知
　　識、能力與態度。「核心素養」強調學習不宜以學科知識及技能
　　為限，而應關注學習與生活的結合，透過實踐力行而彰顯學習
　　者的全人發展（p.6）。

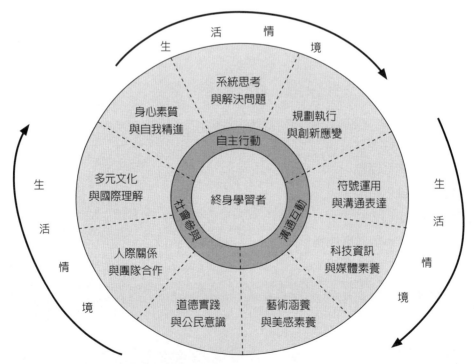

圖 6.1　課程總綱核心素養的三面九項內涵

資料來源：國家教育研究院，2016，No.24

　　準此以觀，新課程綱要基於自發、互動與共好的理念，經由學生自主行動、溝通互動與社會參與，培養以人爲本的「終身學習者」，透過校訂彈性學習課程與部定八大領域學習課程的實施，獲得九項內涵：一、身心素質與自我精進；二、系統思考與解決問題；三、規劃執行與創新應變；四、符號應用與溝通表達；五、科技資訊與媒體素養；六、藝術涵養與美感素養；七、道德實踐與公民意識；八、人際關係與團隊合作；九、多元文化與國際理解（教育部，2014: 6）。圖 6.1 顯示自主行動包括一至三項，溝通互動包括四至六項，社會參與包括七至九項。

第二節　課程目標

　　高中新課程綱要揭示四項課程目標包括啟發生命潛能、陶養生活知能、促進生涯發展與涵育公民責任。今列述如下：

一、啟發生命潛能

　　㈠啟迪學習的動機，培養好奇心、探索力、思考力、判斷力與行動力，願意以積極的態度、持續的動力，進行探索與學習。

　　㈡體驗學習的喜悅，增益自我價值感，進而激發更多生命的潛能，達到健康且均衡的全人開展。

二、陶養生活知能

　　㈠培養基本知能，在生活中能融合各領域所學，統整運用、手腦並用地解決問題。

　　㈡能適切溝通與表達，重視人際包容、團隊合作、社會互動，以適應社會生活，進而勇於創新，展現科技應用與生活美學的涵養。

三、促進生涯發展

　　㈠導引適性發展、盡展所長，且學會如何學習，陶冶終身學習的意

願與能力，激發持續學習、創新進取的活力，奠定學術研究或專業技術基礎。

　　㈡建立「尊嚴勞動」的觀念，淬鍊出面對生涯挑戰與國際競合的勇氣與知能，以適應社會變遷與世界潮流，且願意嘗試引導變遷潮流。

四、涵育公民責任

　　㈠厚植民主素養、法治觀念、人權理念、道德勇氣、社區／部落意識、國家認同與國際理解，並學會自我負責，進而尊重多元文化與族群差異，追求社會正義。

　　㈡深化地球公民愛護自然、珍愛生命、惜取資源的關懷心與行動力，積極致力於生態永續、文化發展等生生不息的共好理想。

第三節　課程特色

　　《十二年國民基本教育課程綱要》展現許多特色，諸如以核心素養為主軸、生活經驗與素養課程相互結合、增加選修課程、兼顧部定課程與校訂課程、注重課程統整、實施學群制度、建立學習歷程檔案、探索職業性向與設置課程諮詢教師等，值得稱許。今分述如下：

一、以培養學生的核心素養為主軸

　　高中新課程綱要以培養學生的核心素養為主軸。它透過自發、互動與共好的理念，經由學生自主行動、溝通互動與社會參與，融入部定八大領域課程與校訂彈性課程的實施，成為具有九項素養的終身學習者。

二、強調生活經驗與素養課程結合

　　高中新課程綱要強調生活經驗與素養的結合。從大學學測的考題可窺見端倪，跨科考題大增，全面整合各學科、各領域課程。例如地理科考題有詩詞，顯示社會科與國文科互相結合。生活所需要的知識技能不應切割，應該融入各學科之中，才能與生命經驗結合（陳宛茜，2019.2.4）。

三、降低必修課程增加選修課程

高中新課程綱要降低必修學分，增加選修學分，但畢業總學分數不變。此一措施讓學校更有足夠的空間，推展學校本位課程，發展學校的特色；另一方面，學生可以充分選修自己需要的學科，適性揚才，發展潛能。譬如新住民的學生希望將來能到父（母）親的故鄉創業就業，在校選修新住民語言，學會當地語言，充實有關的知識技能。

四、兼顧部定與校訂課程

高中新課程有兩大支柱就是教育部定的八大領域學習課程與學校訂的彈性學習課程，兩者兼籌並顧，符合課程的平衡性。以普通型高中課程為例，教育部定的必修學分數為 118 學分，學校訂的必修與選修學分數為 62 學分，畢業總學分數共 180 學分。與舊課程相較，學校得自訂必修與選修課程，頗具彈性。

五、注重跨科跨領域課程統整

高中新課綱採取「主題式教學」的途徑，課程不必完全單科呈現，可以跨科或跨領域合科設計。譬如高中課程以「世界花卉博覽會」為主題，學校可結合生物、美術與英文等科，統整自然、藝術與語文等領域。有關教師組成教學團，共同設計教案，分配任務，帶領學生實地踏查博覽會場地，欣賞大自然花卉美景，「走出」學問。

六、實施高中課程學群制度

以往高一升高二分三類組的「類組制」走入歷史，改為升學導向更明確的「學群制」。各校可依學校的條件、課程特色，調配多元課程模組，滿足學生適性升學需求。依據教育部統計，全臺 318 所設有普通科的高中，有 155 所高中設有二個學群；另有 30 所高中僅剩一個學群；也有部分高中開出六、七個學群，學生有更多空間自由選修。高中的學群多就像「點套餐」，學群少則像「自助餐」。學生的選擇更趨多元，可以滿足不同升學需求的學生（章凱閎，2020.3.23）。

七、建立高中學習歷程檔案

　　教育部將在 2022 年改變大學招生考試制度。考生參加大學甄選入學、繁星計畫與個人申請入學，都必須提出高中學習歷程檔案，送請大學審查。學習歷程檔案與面試成績至少占 50%。大學各學系採納考生的學習歷程檔案中三項課程成果與十項多元表現。考生也可再加一篇至少 800 字的綜合整理心得（潘乃欣，2019.11.30a）。

　　目前高一學生是試用新課綱首屆學生，他們在 2022 年申請大學時，將參採高中學習歷程檔案，內容分為下列三部分（如表 6.1）：

表 6.1　2022 年大學入學參採高中學習歷程檔案項目

項目	子項目	參採校系數
1. 修課紀錄（一系最多參採 5 領域）	語文領域	1,266（65.6%）
	數學領域	768（39.8%）
	社會領域	771（40%）
	自然科學領域	756（39.2%）
	科技領域	565（29.3%）
	綜合活動領域	344（17.8%）
	藝術領域	211（11%）
	健康與體育領域	99（5.1%）
2. 課程學習成果（一系最多參採 3 件作品）	書面報告	1,596（82.7%）
	實作報告	845（43.8%）
	自然科探究與實作	595（30.8%）
	社會科探究與實作	515（26.7%）
3. 多元表現（一系最多參採 4 子項目、10 件成果）	高中自主學習計畫成果	1,683（87.2%）
	社團活動經驗	867（44.9%）
	特殊優良表現證明	926（48%）
	競賽表現	646（33.5%）
	檢定證照	519（26.9%）
	服務學習經驗	434（22.5%）
	擔任幹部經驗	382（19.8%）
	非修課紀錄的成果作品	378（19.6%）

資料來源：大學招聯會
製表：潘乃欣，聯合報（2019），A6

八、提前探索學生的職業性向

大學入學參採高中學習歷程檔案的好處之一是能協助學生及早認識自己，探索職業性向。學習歷程注重反思（reflection），可幫助學生確定人生的方向。依據 Super 等人（1996）提出的生涯發展階段理論，介於 14 歲到 25 歲的學生進入探索階段。在此階段的學生，正值中學與大學求學時期。高中生如能提前生涯規劃，及早定向，就讀大學就不會暗中摸索，畢業後不至於學非所用。

九、設置課程諮詢教師

高中新課程綱要的另一項特色是設置課程諮詢教師，協助學生了解自己，確定生涯發展目標。高中課程諮詢工作，每位諮詢教師輔導 100 個學生，與導師、生涯輔導教師通力合作，共同協助學生生涯定向（潘乃欣，2019.11.30b）。

第四節　課程爭議

雖然高中新課程綱要總綱有多項特色，卻也招致家長與教育團體的批評，引起若干爭議。茲舉犖犖大者，列述如下：

一、高中國文科與歷史科課程的變革

課程爭議之一是高中國文科與歷史科課程的變革。批評者認為行政、立法部門凌駕教育專業。徐國能即認為十二年國教課綱牽涉問題複雜，最後融合成課綱的部分精神，尚難認定是意識形態或社會主流。惟就文化／文學的領域範疇而論，其實就是「減少國文學習，沖淡中華文化影響」。吳坤財也批評高中課程先把臺灣史提高為一冊，與中國史、世界史鼎足而三，這是量變；接著新課綱把中國史改為東亞史，這是質變（馮靖惠、林政忠，2020.5.15）。《十二年國民基本教育課程綱要》攸關中華文化與教科用書的編印、審定與實施，影響至為深遠，不可不慎。

　　《中華民國憲法》第一五八條揭示「教育文化，應發展國民之民族精神」爲各級各類的學校教育目的之一。憲法是國家的根本大法，任何的教育制度與措施都不能牴觸憲法。《教育基本法》第二條第二項亦明文規定「教育之目的以培養人民健全人格、民主素養、法治觀念、人文涵養、愛國教育、鄉土關懷、資訊知能、強健體魄及思考、判斷與創造能力，並促進其對基本人權之尊重、生態環境之保護及對不同國家、族群、性別、宗教、文化之了解與關懷，使其成爲具有國家意識與國際視野之現代化國民」（周志宏，2010）。因此，高中新課程是否完全符合憲法「發展」「民族精神」與教育基本法「培養」「人文涵養」的教育目的，有待檢視，其中「發展」與「培養」的執行措施究竟是增強或減弱，不無疑義。

二、彈性學習時間的運用

　　依據《十二年國民基本教育課程綱要》，高中彈性學習時間，學生可自主選擇學習的內容。但有某些高中把彈性學習節數配給考科教師上課趕進度，形成「假彈性、眞綁課」的現象，有違課綱之旨意。依照課綱規定，彈性學習時間只能進行四類課程：學生自主學習、選手培訓、學校特色活動、充實與補強教學。其中充實補強教學是唯一可用來補強學科能力的課程。其前提是學生依個人意願自由參加，且採全學期上課，高一、高二每週至多以一節課爲限。多數高中的充補教學以跑班方式授課。引起爭議的原因是新課綱未明文規定彈性學習時間須跑班授課，不得原班授課。教師工會認爲學校資源不足，跑班授課無法協助學生自主學習。家長團體則認爲若不強制跑班，難保學校仍採原班授課，就會失去新課綱多元彈性精神（章凱閎，2020.5.29）。

三、選修課程增加，影響基本能力的培養

　　新課程綱要增加選修課程，減少必修課程，相對影響基本能力的培養。有些國民中學畢業生基本學科能力不足，升上高中，自然科無法進行實驗與探究，英文科不會聽與說，無奈地選擇放棄，只會加深挫折感。薛慧綺（2020.5.26）指出新課綱增加跨學科彈性課程後，基礎學科時數大

減，學生對於科目的基本認識不足，無法依興趣選擇課程。顯然新課綱未能充分考慮課程的平衡性、連續性與邏輯性。

第五節　實例與教師檢定

本節包括實例與教師檢定。前者著重理論與實際的結合，後者係近年來中小學教師檢定試題，分別列示如後：

實例

　　許多高中增加校訂必修與多元選修課程，結合語文科、社會科及其他領域課程。臺北市立華江高中地理科教師張庭塱以該校為例，說明新課綱的特色。他說該校高一開設「艋舺風華」的校訂必修課程，結合國文、英文、歷史、地理等科，讓學生了解萬華地區的歷史演變，也認識新店溪流經該校所在的南萬華（加蚋仔）。早期有很多菜園與茉莉花園，才會有今日東園、西園的地名。臺北市的果菜市場也因此設在這個地帶。張老師指出學校教師帶領學生實地參訪剝皮寮、龍山寺，也會帶他們賞析相關文學與電影作品，進而用英文介紹當地的特色。該校更與鄰近四所國中、國小與幼兒園組成「艋舺學園」，進行跨校的合作課程與社團活動（張錦弘，2019.12.16）。

問題與討論：

　　從上述的實例中，你覺得部定必修課程與校訂必修課程有何異同？請比較說明之。

解析

　　兩者同樣是必修課程；部定課程是培養核心素養所必需；但是，校訂課程較能發展學校的特色，也較能符合學生的興趣與經驗。兩者相輔相成，相得益彰。

教師檢定 （國家教育研究院，2015，2017，2019，2020）

(　) 1. 根據「十二年國民基本教育課程綱要總綱」，其中「藝術涵養與美感素養」的核心素養項目，屬於下列哪一面向？　(A) 溝通互動　(B) 自主行動　(C) 終身學習　(D) 社會參與。

（2015 年中等學校課程與教學）

(　) 2. 有關「十二年國民基本教育課程綱要總綱」內涵的敘述，下列何者有誤？　(A) 各領域教學改為固定節數，以減少學校節數分配的爭議　(B) 仍重視重要議題，並建議融入各領域或科目的課程設計　(C) 教師可以自由選擇領域教學或是分科教學，不再強調領域的概念　(D) 共分八大學習領域，其中「科技」領域從國中教育階段才開始實施。　　　　　（2017 年小學課程與教學）

(　) 3. 陳老師是國中數學老師，有鑑於學生學習效果欠佳，他想為班上進行補救教學。依據《十二年國民基本教育課程綱要總綱》，陳老師可運用下列何者來實施數學補救教學？　(A) 彈性學習課程　(B) 彈性學習節數　(C) 彈性學習時間　(D) 彈性選修課程。

（2019 年 -1 中等學校課程與教學）

(　) 4. 下列有關《十二年國民基本教育課程綱要總綱》中，彈性學習課程規劃的敘述，何者正確？甲、彈性學習課程可以規劃社團活動；乙、彈性學習課程即全校性的學習活動；丙、彈性學習課程可以規劃為補救教學；丁、彈性學習課程的部分時數可以安排部定領域課程。　(A) 甲乙　(B) 甲丙　(C) 乙丙　(D) 乙丁。

（2019 年 -1 小學課程與教學）

(　) 5. 法國發生黃背心示威運動，受到全球的關注。五年級的楊老師為了讓學生對該運動有深入的了解，請學生上網蒐集相關資料，分析其中的經濟與社會問題，然後再與近年國內貧富差距嚴重的問題進行比較。這樣的活動設計與培養《十二年國民基本教育課程綱要總綱》中的哪一個核心素養較無關聯？　(A) 身心素質與自我精進　(B) 科技資訊與媒體素養　(C) 道德實踐與公民意識　(D) 多元文化與國際理解。　　　　　（2019 年 -1 小學課程與教學）

(　) 6. 依據《十二年國民基本教育課程綱要》，由國家統一規劃「學習表

現」與「學習內容」，以培養學生的核心素養，奠定適性發展的基礎。這屬於下列哪一種課程？ (A) 領域學習課程 (B) 核心精實課程 (C) 校訂必修課程 (D) 彈性學習課程。

（2019 年 -2 中等學校課程與教學）

( ) 7. 高瞻中學規劃校訂課程時，針對未來人工智慧對於社會的影響，討論學校課程該如何因應此主題。以下為不同委員的意見：李老師：部訂課程已有科技領域，可以請科技領域教師強化此主題的內涵，毋須再增加額外的教學時間。高老師：這是新的主題，未來的發展和影響還不太確定，不宜放入正式課程中。石老師：從彈性學習課程中規劃一節課，讓科技領域的教師設計此主題的內涵。吳老師：採用跨領域的主題設計，每週一節課，由師生共同決定內容。根據上述的討論內容，下列何者不正確？ (A) 李老師的觀點傾向於課程即學科 (B) 高老師的課程理念傾向社會建構主義 (C) 石老師的提議符合十二年國教課綱的規定 (D) 吳老師的課程設計觀點較傾向過程模式的精神。 （2020 年中等學校課程與教學）

( ) 8. 下列何者較合乎素養導向教學的精神？ (A) 在氣候變遷主題單元中，引導學生進行資料蒐集、分析與分享 (B) 在環境保育主題單元中，檢驗學生完成教師指定環保任務的比率 (C) 進行自然領域教學時，請學生完成教材中的實驗步驟，再對照科學原理 (D) 在數學領域教導線對稱概念時，說明線對稱的定義，再讓學生核對生活中的實例。 （2020 年小學課程與教學）

9. 請說明《十二年國民基本教育課程綱要總綱》之「C2 人際關係與團隊合作」核心素養的意涵（2分）。並以校園動植物生態調查為範圍，規劃一項學習任務（含過程與結果），讓學生展現該項核心素養（8分）。

（2020 年小學課程與教學）

( ) 10. 當前我國十二年國教和幼兒園的領域課程綱要均以培養學生核心素養為教育目標，所謂核心素養的意義，下列哪一個描述是不正確的？ (A) 核心素養強調教育的價值與功能，在學習的過程中促進學生個體全人的發展 (B) 核心素養較過去課程綱要更為重視學科知識的加深加廣，增進學生迎接未來科技時代的挑戰 (C) 學生擁

有「核心素養」意指學生具有適應現在生活及未來挑戰，所應具備的知識、能力與態度　(D) 核心素養的表述彰顯學生是學習的主體，知識學習應與情境結合，增進學生將之整合運用於生活情境的能力。　　　　　　　　　　　　　　（2020 年中小學教育原理與制度）

(　　　) 11. 王曉明於 108 學年度就讀高級中等學校，依「教育部國民及學前教育署建置高級中等教育階段學生學習歷程檔案作業要點」之規定，下列敘述何者錯誤？　(A) 曉明每學年應自行登錄至多十項多元表現　(B) 學校得釋出曉明資料予政府建立之學習資料庫　(C) 曉明每學期得自行登錄至多五件課程學習成果　(D) 申請就讀大專院校時，經曉明同意及勾選後政府得釋出其資料庫檔案予大學招生委員會。　　　　　　　　　　　　（2020 年中小學教育原理與制度）

參考答案

1.(A)　2.(C)　3.(A)　4.(B)　5.(A)　6.(A)　7.(B)　8.(A)　9.略　10.(B)
11.(C)

第七章

統整課程與課程統整

教育部修定《國民中小學九年一貫課程綱要總綱》並發布《十二年國民基本教育課程綱要總綱》把各科目統整為八大學習領域課程包括語文、健康與體育、社會、藝術與人文、數學、自然、科技與綜合活動等領域。在教學方面，教師應注重教材與教法的統整，進行跨科、跨領域的課程統整。在符合基本教學節數的原則下，學校得打破學習領域的界線，實施大單元合科設計或主題式的課程統整，進行協同教學（教育部，2012，2014）。

統整課程屬於教育部的權責，課程統整則是教師的職責。教師面對此一變革，自應妥為因應。本章擬就課程統整的涵義、原理、類型、策略與實例，敘述如後，以供參考。

第一節 課程統整的涵義

統整（integration）一詞通常指「把任何事情——或指觀念上或組織上——具有某些關聯的部分放在一起」（Coombs, 1991）。黃炳煌（1999）認為統整就是「把兩個以上不相同，但卻相關的個別事物，組成有意義的整體。」黃議瑩（1999）則認為統整是「連（connections）與結（nodes）的一種動態、運用或行動。」基於此一觀念，課程統整（curriculum integration）是一種過程，著重課程如何統整，這是教師的職責；而統整課程（integrated curriculum）則是一種結果，係指經過統整而成的課程，這是教育行政主管機關的權責。兩者目的則一，都強調在教材、教法方面，如何展現整體，讓學生獲得完整的觀念、知識與技能。

然而，不見得所有的統整就是好的統整。課程統整通常要注重概念的完整性（conceptual integrity），亦即統整必須符合三個規準：意義性（significance）、連貫性（coherence）與關聯性（relevance）。意義性指內容的價值性，教材是否值得統整。連貫性指教材與教法的統整，教學策略與活動是否針對教學目標。關聯性則指教材的認知與情意是否與學生的經驗與背景發生關聯（Martin-Kniep, Feige, & Soodak, 1995）。

依據上述統整的定義，課程統整有下列三項涵義：

一、課程統整即在整合教科用書的內容

傳統的課程疊床架屋，缺乏連貫與銜接，教科用書越編越厚。學生的書包也越來越重。雖然地方政府設法減輕學生的書包重量，提出許多措施，都是治標而非治本。釜底抽薪之計，應從課程改革著手。九年一貫課程即在強調課程的統整。小學一年級到國中三年級的課程架構必須力求一貫、銜接、去蕪存菁，避免內容的諸多重複。

二、課程統整乃在促進教學與生活的結合

課程統整試圖把課堂的學習與生活經驗發生關聯，並與學生的了解發生連結（Hargreaves & Moore, 2000）。課程統整經由統整的學習活動，可以協助學生看透真實世界的人、事、物之間的關聯與關係。教師可以對重要的主題，培養學生更開闊的視野。學生也可以把學到的觀念、知識與技能，應用到日常生活的情境中。

三、課程統整係理論與實際、結構與認識、組織與本體的整合

說得貼切一點，課程統整就是要把理論與實際相互結合。在理論的結構上，屹立不搖；在組織的學習上，發揮宏效。學生是在一個現實的世界中學習，現實世界又是一個萬事萬物相互關聯的世界（Martin-Kniep, Feige, & Soodak, 1995）。課程統整實即課程內容平衡的一種活生生的反應（Alleman & Brophy, 1993）。

第二節 課程統整的原理

Mason（1996）認為課程統整具有四項原理。今分述如後：

一、認知理論的觀點

發展心理學與認知心理學認為個體面對某種觀念時，如能與其他的觀念發生連結，則學習效果最好。建構主義的學習理論指出：當資訊融入

有意義的情境中，提供多元的呈現方式，與應用譬喻、類比，並給予學生學習的機會，以衍生與個人有關的問題時，就能產生充分的學習（Brooks & Brooks, 1993）。個體建構的知識是以其整體的經驗背景為基礎的。因此，學生的先備知識與其塑造成型的獨特方式就成為課程組織的基礎。

二、社會文化的觀點

當今學校的課程，尤其是中等學校課程，有些顯得落伍，不能符合學生的需求、興趣與能力。顯然學校課程缺乏關聯性，無法提供有意義的連結，乃因學生所學與現實世界的本質產生脫節的現象。其結果是引起學生的不滿、冷淡的情緒與失敗。要解決現實世界所遭遇的問題（如貧窮、環境的危機、社會的不安等），就需要各種學科的知識與技能（如科技、人群關係、溝通技巧等）。根據課程統整學者的研究，參與此類課程的學生，對於學校課業更為積極、主動學習，效果也隨之增加（Grady, 1994）。

三、學習動機的觀點

課程統整不強調死記內容，而著重課程要素的相互關聯性，以增強學生的學習動機。研究顯示：學生大都尋求發展，並展示其才華的機會。統整式與探究式課程可培養有意義的知識、技能，也增進學生的自我效能與學習動機，係因統整式課程環繞在學生挑出的主題、問題上探討。學生自行選擇主題，可增進學生學習的興趣與動機（Stipek, 1993）。

四、教育學的觀點

當今許多課程都在教導學生一些支離破碎的觀念、資訊程序與技巧等，無法鼓勵學生主動參與。教育家們也無法希望課程能包羅萬象，涵蓋課程的精髓。Wiggins（1989）即主張教育家們應摒棄在複雜的社會裡，萬事萬物皆可教的想法。他認為學校課程應著重在提供學生能導致奮發求學的內在經驗，並激發學生批判反省與深入探究的能力。科際整合的主題教學即可提供學生產生了解的機會。

第三節　課程統整的類型

　　課程統整強調過程，注重在如何統整，而統整課程則是課程經過統整後的結果，兩者的差別已如前述。課程改革注重跨領域、跨科課程的統整，而課程統整乃是教師分內的事，教學設計時更應該詳加考慮。教師了解課程統整的類型可以增進教學設計的能力。茲將課程統整的類型分述如後，以供參考。

一、Forgaty的觀點

　　依據 Forgaty（1991）的研究，課程統整可分為 10 種類型，黃光雄（1996）把它歸納成三大類。今列述如下：

㈠ **在單一學科中的統整**

1. **分立式**（fragmented）

　　例如生物與化學都是單一的學科，學科與學科之間的關係並未明顯地呈現出來。但如能找出兩者教材相關聯的部分，即可進行課程統整。

2. **聯立式**（connected）

　　學科仍然保持分立，但可把學科領域內的觀念加以關聯。例如地球科學講到「地質學」與「天文學」二個單元時可把二個學門的演進歷程作為重點，把二者連結起來。

3. **窠巢式**（nested）

　　此乃就一個觀念、主題或單元做多方面的觀察。例如自然科學講到循環系統，可以把重點放在「系統」這個概念，也可以特別強調循環系統的事實與觀念。

㈡ **兩個以上學科間的統整**

4. **並列式**（sequenced）

　　學科的主題或單元已分立的方式進行教學，但經過重新安排，排成序列，即可為相關聯的概念提供一個寬廣的框架。例如地理「氣候」單元的教學，可以把「製圖」與「資料蒐集的方法」二個單元，並列教學。

5. 共有式（shared）

此即把兩個畛域分立的學科合在一起，利用相互重疊的概念作為組織的要素，把兩個學科共有的內容或教學活動涵蓋進去。例如全語言（whole-language）課程即統合了許多學科領域。

6. 張網式（webbed）

通常以最具豐富意義的主題，來統整教材。例如以「發明」作為主題，自然可導入簡單的機械，與文科可選讀一篇有關發明的文章，工藝科可設計與製作模型，電腦課則可繪製流程圖。

7. 線串式（threaded）

此一類型係以後設課程的方式，把巨觀的概念，貫穿全部教材的內容，以一條主線，貫串起來。線串式統整課程把原有的教材內容，擱在一邊。例如要培養學生「預測」的能力，可在數學科做「推估」；在時事教育中，做「預言」；在小說、戲劇，做「預期」；在科學教育做「臆測」。

8. 整合式（integrated）

此一類型係把經過科際整合的主題，重新加以安排。例如培養「安全」的概念，教師可在自然科的實驗，健康教育的急救，生活教育──食、衣、住、行的安全措施，把知識、技能與態度組成「安全」的概念群集，作為統整的依據。

㈢學習者本身或學習者之間的統整

9. 沉浸式（immersed）

此種方式具有濃郁的個人色彩，以興趣與專長作為重點，篩選所有的內容，統整的作用在學習者「內部」完成。例如：研究人員完全沉浸於其研究的領域，他（她）專注於自己有興趣的專題，統整有關的資料。

10. 網路式（networked）

學習者主導統整的歷程，選擇必需的資料，因而能在專長的領域中，由內而外延伸，並且跨越領域的界線，融會貫通。例如一個對美洲原住民有濃厚興趣的學生，從孩提時期，就很喜歡玩牛仔與印地安人的遊戲。因而他對於印第安人的語言、歷史、地理、戲劇、古蹟等都常涉獵。他也較

常碰到各個領域的人士，諸如人類學家、地質學家、考古學家與解說員。這個學習者的學習網路就逐漸展開。

二、Case的觀點

課程統整的成敗端看教師如何整合課程的內容。Case（1991）把課程統整分為內容的統整、技能過程的統整、學校與自我的統整、整體的統整等四種類型。Martin-Kniep、Feige 與 Soodak（1995）採納 Case 的觀點，把課程統整分為下列三大類：

㈠ 科際統整課程

此類課程以兩個形式出現：1. 在同一個班級的教室內；或 2. 跨科在不同的學科。前者如社會學的教師利用藝術與文學，幫助學生更了解文化。這也是 Forgaty 所稱的窠巢式與聯立式的課程，也是 Case 所稱的插進式（insertion）的課程；後者如社會學科與英語學科教師使用主題式課程，淡化兩科之間的區別。此即 Forgaty 所稱共有式與整合式課程，亦即 Case 所稱的融合式（fusion）課程。

㈡ 環繞技能的統整

此一類型係透過課程，提升寫作的能力，或經由課程，培養批判思考的能力。這種統整類型也稱為線串式課程，或技能／過程的統整。

㈢ 學生經驗、內在生活或影響及學校課程之間的統整

Forgaty 把這種統整的類型稱之為沉浸式課程；Case 則稱為自我與學校之間的統整。

三、黃議瑩的觀點

黃議瑩（1999）則從統整課程的觀點，把統整課程分為四大類型：學科統整課程（subject-with-subject integrated curriculum）、己課統整課程（self-with-subject integrated curriculum）、己我統整課程（self-with-self integrated curriculum）與己世統整課程（self-with-world integrated curriculum）。今分述如後。

㈠學科統整課程

此類課程主要在統整已知的各類知識，其目的在減少教材的分化與重複，突顯學科知識與生活中的價值，了解事件的多面性，與拓展知識的領域。學科統整課程是當前統整課程模式的重點。它又可分為下列四種型態：

1. 複科統整課程（pluridisciplinary curriculum）：這是把具有共同學科屬性，或者多少相互關聯的科目加以統整的課程架構。

2. 多科統整課程（multidisciplinary curriculum）：這是以解決生活上的問題為建立連結的出發點，讓學生體認學科知識與日常生活的連結。

3. 科際統整課程（interdisciplinary curriculum）：此乃針對共同主題、事件、問題或經驗，聯結不同學科的研究方法，期能統整來自不同角度的訊息與看法。

4. 跨科統整課程（transdisciplinary curriculum）：這是在兩種以上的領域之間，建立連結，以轉化學習者對於學科知識的思考典範，產生新的意義。

㈡己課統整課程

這是自己與學校課程的統整。教師在教學的過程，除了教學生「知」之外，也要教授科目的「情」與「意」。

㈢己我統整課程

這是在統整個人於學校與非學校教育時，空下的自我，在其本身心理與生理上的變化之間建立連結。

㈣己世統整課程

這是在統整個人與人類社會大大小小的組織，並更進一步統整個人與一切有機體與無機體系統的世界整體。

第四節　課程統整的策略

　　課程發展由「課程統整」到「統整課程」，由歷程到結果，費時甚久。再由「統整課程」到「課程統整」，其焦點是課程如何統整？統整後的課程如何在教室裡展現出來？課程學家、學科專家、教科用書編輯、學校行政人員與任課教師都必須精心設計，戮力以赴，始能達成。茲將課程統整的策略，列述於後。

一、教科用書編輯應先力求內容的統整

　　國民中小學九年一貫課程已經統整為語文、健康與體育、社會、藝術與人文、自然、生活科技、數學與綜合活動等八大學習領域。此外，當前社會關注的六大議題包括資訊教育、環保教育、性別教育、人權教育、生涯發展與家政教育等都應融入各學習領域的教材內容之中（教育部，2012）。教科用書的編輯應先就八大學習領域的課程架構統整起來，再把這六大議題統整在各學習領域中。以環境保護教育為例，它涉及八大學習領域。國語（文）、英語科宜挑選適合程度與環境保護有關的文章供學生研讀。健康與體育科宜安排有關環境衛生的題材。社會科應透過生活與倫理、公民與道德的教學，啟發學生的公德心，不製造環境的汙染。地理科教學應啟發學生愛護鄉土的情懷。藝術與人文應配合戶外風景寫生或山水畫，啟發學生對大自然的熱愛。數學科教學可就教材的性質與程度，安排有關環境保護的主題。例如某校學生午餐自備碗筷，全校 500 位學生，每次每人可節省餐具費 2.5 元，一年每人用餐 200 次，全校學生每次可剩下餐具費多少元？一年共可節省多少元？自然與科技應傳授學生如何保護大自然，重視生物保育，與防治環境的汙染，包括空氣、水、噪音與廢棄物的處理。綜合活動應透過輔導活動，強調生活教育與民主法治教育，培養學生重紀律、守秩序的習慣。

二、學校課程發展委員會宜研擬各年級課程統整的主題

　　為落實學校本位課程發展，學校應成立課程發展委員，推動各項課程研究與發展。課程發展委員會在學期開始，宜研擬本學期各年級、各領域課程需要統整的主題。課程發展委員會可請各學習領域的教學研究會，先提出擬統整的主題，然後再由課程發展委員會整合，確定統整的主題。

三、各科教學研究會宜定期研究教材與教法的統整

　　各年級擬予統整的主題，一經確定，各領域、各學科教學研究宜定期召開研究會，討論教材與教學的統整有關事宜。除統整的主題外，教師教學時，也應把握統整的理念，整合教材的內容，使學生獲得完整的觀念、知識、技能。如需協同教學，宜盡早提出，俾有充分時間準備。

四、教師宜多採用合科設計，實施協同教學

　　課程統整宜多用合科設計，實施協同教學。教師先就教材的關聯性，統整有關學科或領域，並邀集有關教師組織教學團。教學團可請成員推選一位較有經驗的教師，擔任召集人，負責溝通、聯絡、協調工作。教學團共同擬定教案，並就教師專長，採取分工方式，分配任務，然後彙整成為一份教學流程。教案與教學流程可考慮 6W's，亦即㈠何故（Why）？為何而教？目標何在？協同教學之後，學生能達成哪些目標？㈡何人（Who）？教哪些學生？誰來教？㈢何事（What）？教哪些教材？教學的內容為何？㈣何法（How）？怎樣教？採用何種教學方法？小組教學？合作學習？教學時要準備哪些教學媒體？㈤何時（When）？什麼時間上課？上多久？㈥何處（Where）？上課地點在哪裡？實驗室？運動場地？專科教室？哪一班教室？都應列成一覽表。有關教師與人員各持一份。屆時教師依教學計畫（教案）與流程進行教學活動。協同教學完畢應實施評鑑，一方面檢討教師們是否合作無間，學校行政人員是否支持與協助？另一方面檢驗教學成效，有否達成目標？有無值得改進之處？

五、教師宜多採用檔案評量，以求各方面的統整

　　檔案評量強調學生學習的過程與結果，頗具多元化、個別化、適性化、生活化與彈性化等特性。內容包括認知領域、技能領域與情意領域，應有盡有。教師應該鼓勵學生撰寫檔案紀錄，記載每天學習的情形。譬如每次上完課，學生知道了什麼？會做什麼？想到什麼？有何心得、感想？都可鉅細靡遺，詳細記錄下來。學習檔案可把上課學到的知識、技能、觀念融入於日常生活當中，促進學科知識與生活經驗的統整。Nidds 與 Mc-Gerald（1997）指出檔案紀錄可用來連結課程、教學與評量。它具有增強教與學的潛力，促使教師與學生重視學習的過程與結果，無形中，統整了課程與教學、理論與實際，學生得以融會貫通。

第五節　實例與教師檢定

　　本節包括實例與教師檢定。前者著重理論與實際的結合，後者係近年來中小學教師檢定的試題，分別列示如後：

實例

　　在課程統整的各種類型中，科際統整（interdisciplinary approaches）尤其是跨領域的課程統整最受重視。科際統整係從不同的學科內容找出它們的關聯性，加以統整。教師可以協助學生從各種不同的學科中做有意義的連結。下面是一個課程統整成功的例證（Martin-Kniep, Feige, & Soodak, 1995）：

　　美國紐約市的一所學成立英文─社會科學團，由英文與社會科的教師組成。該校大部分的英文科與社會科課程採取彈性課表上課。教學團不僅教英文，也教社會科。同班群的學生接受同一個教學團的教學。每一個教學團在共同準備期或在進行「紐約與世界」單元時，就要規劃、安排與協調課程。英文科與社會科課程由精心設計的主題作為統整的基礎，以引導這兩科教學的進行。

　　這些主題就是「人類─環境的互動」（Human-Environment Interaction）與「傳統與變遷」（Tradition and Change）。換句話說，至少有八週的教學活動

著重在方式的討論，探求個人與文化如何與環境的互動、透過傳統如何維護文化的互動、並基於需求與情境所逼，如何變遷。英文科的教材是 Richard Connell 所寫的《最危險的遊戲》（*The Most Dangerous Game*），描述一位有名的獵人在加勒比海的島嶼上，找到自己。在那裡他經歷過自己變成另一位獵人。本單元也使用一些有關動物兇殘的文章如《死亡的小徑》（*Trails of Death*），並有教材的錄影帶，與教師自製的紙板遊戲。各種有關地理的教學活動，也在社會科教室以模擬的方式掀起高潮。

　　在英文課裡，教學單元提出這樣的問題：「為什麼大部分的傳統會演進與變遷？」它的目標包括㈠顯示環境的關係與其對人類的衝擊；㈡探討人們在既成的傳統中就人類行為與求生能力的觀點，對於變遷的反應；㈢討論有關打獵傳統的倫理問題，雖然這個單元針對各種文學題材包括論文、故事與小說，英文課卻超出了這些範圍，包含文化與地理情境的分析，譬如研讀 Connell 的故事之後，接著討論各種問題。「適者生存」的意義為何？此一法則如何應用於自然界？為何人類是所有動物最適合生存的動物？每當教師討論到故事的不同角度時，它強調獵者與被獵者的變換角色、有關打獵與生存習俗的重要性、打獵的倫理，與打獵成為遊戲的起源。英文課最後以指定家庭作業作為結束。這個作業不僅針對英文故事情節，也把故事與地理背景連結起來。這樣可把英文科與社會科之間的連結突顯出來並且更有意義。

　　在社會科方面，學生從事各種與地理有關的活動。他們辨認拉丁美洲與加勒比海地區一些國家的地理特徵，並探討人類與其他物質環境之間的關係。他們進行雨林的研究，重點在雨林附近地區環境的日趨墮落與各種動物的瀕於絕種。然後，學生在班上分享研究的發現。

　　除了英文科與社會科教師各自安排的活動外，兩科教師也合作進行許多小組教學活動，學生分享經驗，參與教學歷程，以不同的方式創造成果。譬如，學生到紐約市的一家戲院，觀賞 Connell 改編的故事。其後，英文教師要求學生討論此篇故事與劇本之間的異同，並說出為何改編。教師也使用學習檔案紀錄，要求學生撰寫檔案紀錄。其中一個活動是：

　　　假設你是失去一條腿並關在籠子裡的一隻動物。請在學習檔案紀錄裡描述你的經驗。你必須針對下列各項描述：(a) 你是哪一種動物？

(b) 你如何、何處、何時與爲何被抓進籠子？(c) 這種經驗像什麼？你的身心感受如何？(d) 你如何設法逃跑？(e) 你遭受到何種傷害？(f) 關於這種陷阱，你要給你的同伴哪些警告？(g) 對於人類安置此種陷阱，你的感覺是什麼？（p.237）

有一個學生這樣寫著：

> 我是一隻小狗。我的主人與我去打獵，但我不幸掉入另一個獵人的陷阱。這個經驗很是恐怖。我很害怕不能發聲與走動。我覺得心跳加速，眼睛充滿了恐懼，害怕這位兇狠拿著刀槍的獵人。我假裝肚子餓，體力不支而昏倒在地。正當獵人回頭去拿食物的時候，我拔腿就跑……我想我可能面臨極大的危險，因爲我的主人不在身邊（p.237）。

這則檔案紀錄縱然文法有錯誤，但可以看出教師的一片心意，想要把學生的情意與課文緊密連結起來，頗能促進學生的想像能力，從各種不同的角度表達自己的看法。

這兩科之間的統整一直維持它們的完整性，不僅注意內容的價值性，也注意原先陳述的目標。在英文科與社會科方面，教材內容與資源有其意義性；另一方面，大部分的單元直接與「人類─環境互動」的主題相連接。教學活動與課文也緊密相合，顯示它的連貫性。在關聯性部分，許多教學活動允許甚至請學生參與，並予以人格化，尤其在模擬動物時，此一特徵更為明顯。

課程統整的模式雖多，並不相互排斥。實際上，一種統整的模式可能融入於其他的模式。傳統孤立的學科可用主題式統整，也可以連結己我課程、己世課程。統整的功夫端賴教師的巧奪天工，善加演練。

推展新課程，教師不免會有一些茫茫然不知如何因應。大學師資培育中心、教師研習機構、教育行政機關與學校均有責任協助教師進修。學校更應落實以學校為本位的教師進修，邀請學者、專家與富有實際經驗的教師，現身說法，協助教師進行課程統整，可先從簡單、小範圍的學科統整做起，然後逐漸擴展至其他較大領域的統整。有了充分的準備與配套措施，課程改革才能成功。

問題與討論：

　　從上述的實例中，你認為課程統整與統整課程有何不同？課程統整是誰的職責？課程如何統整？請提出三種不同的模式或方式。

解析

　　課程統整與統整課程最大不同在於前者偏重過程，後者注重結果。統整課程是教育行政主管機關應該負責的工作，但課程統整是任課教師應該盡到的職責。課程統整可先從簡單、小範圍的學科統整做起，然後逐漸擴展至其他較大領域的統整。教師可先從科際間統整，然後多科統整，再跨領域統整。

教師檢定（國家教育研究院，2016，2017，2019，2020）

(　　) 1. 光明國中國文、自然與生活科技以及數學學習領域的教師一起為八年級學生規劃並實施一套名為「花落誰家」的課程。這群教師所採用的是何種教學方法？　(A) 探究教學法　(B) 協同教學法　(C) 合作學習教學法　(D) 創造思考教學法。

（2016 年中等學校課程與教學）

(　　) 2. 在西洋的萬聖節前，春水國中教師所共同規劃的課程，由英文介紹萬聖節的來源，藝術與人文設計萬聖節的裝扮，自然與生活科技探討南瓜的特性，國文閱讀萬聖節的小說。此為何種類型的課程設計？　(A) 融合課程　(B) 社會重建課程　(C) 學生中心課程　(D) 主題統整課程。　　　　　　（2017 年中等學校課程與教學）

3. 黎明國中裡有一片櫻花林，學校擬發展以「櫻花」為主題的統整課程。請編寫此統整課程的教學目標（至少兩條），並依據此教學目標規劃教學時間及其教學活動流程。　　　　　　（2019 年 -1中等學校課程與教學）

(　　) 4. 信義高中在發展學校本位課程時，歷史科教師邀請地區耆老提供昔時聚落與街道影像資料及人物故事給學生進行探究；地理與商科老師則請學生透過該聚落與街道影像資料來分析當時的聚落型態，並訪問當地文史團體有關地區農業與商業街的起源及發展。該課程結

合了校內多個學科的教師，設計了一整學期兩學分的社區文史課程。此課程組織方式最接近下列哪一個課程統整模式？ (A) 學科內課程統整 (B) 多學科課程統整 (C) 超學科課程統整 (D) 科際整合課程統整。 （2020 年中等學校課程與教學）

參考答案

1.(B) 2.(D) 3.略 4.(D)

第八章

課程組織與設計

　　課程有如人體組織，它是有血有肉的有機體，透過靈活的組織與設計，才能發揮課程的功能。本章就課程組織的架構、向度、方式、設計取向、實例與教師檢定，分別敘述如後。

第一節 課程組織的架構

　　課程組織存在於兩個基本組織架構：縱向組織或垂直式組織（vertical organization）與橫向組織次或水平式組織（horizontal organization）。縱向組織著重課程呈現的順序與連續（如圖 8.1）。課程的安排採縱向排列，譬如小學社會科教材先教家庭，再教社區，然後依照地區、國家與世界。此種組織頗類似 Bruner 的螺旋課程（spiral curriculum）。橫向組織則指教材同時以併排方式呈現，著重課程的範圍與統整（如圖 8.2）。譬如美國學校教導學生當代的問題，把同年級有關的學科歷史、人類學與社會學等學科同時併排呈現（Ornstein & Hunkins, 2004: 240）。

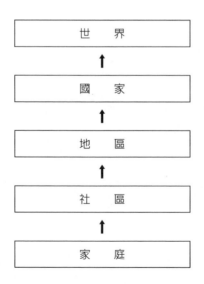

圖 8.1　課程的縱向組織

圖 8.2　課程的橫向組織

第二節　課程組織的向度

Ornstein 與 Hunkins（2004: 241）指出課程組織包含範圍（scope）、順序（sequence）、連續（continuity）、統整（integration）、銜接（articulation）與平衡（balance）等六個向度，今略述如下（張清濱，2020）：

一、範圍

課程的範圍係指廣度與深度。Tyler（1949）在其著作中指出範圍包含所有教學的內容、主題與學習經驗。範圍不僅指認知的學習，也指情意的學習，有些包含心靈的學習。範圍有時不甚廣泛，僅一些重要的主題與活動。在知識爆炸（knowledge explosion）的時代，有些課程範圍應有盡有，而體會到課程的範圍過於廣泛。有些教師顧此失彼，忽略某些教材，沒有把新的資料放進教學活動中。

在考慮課程的範圍時，教師應注意認知領域、情意領域與技能領域的學習，以免淪為智育掛帥或五育不全的弊病。尤其道德或心靈的陶冶更是不可或缺。情意領域涉及情緒管理、價值觀念與態度；技能領域涉及技巧與肢體動作的協調，都是在教材的範圍之內。

二、順序

課程的順序通常指教師按部就班、依學生身心發展的順序呈現教材。教師必須決定何種教材先出現與何種教材重複出現，以增強學習的聯結並充實學生的經驗。教材的順序究竟探論理組織或心理組織，一向是爭議的話題。Piaget 的認知理論提供了順序的架構。教師擬定教學目標、組織教

材大都會考慮學生的心智發展階段。

Smith、Stanley 與 Shores（1957）指出教材呈現順序的四個原則：簡單到複雜、舊經驗到新經驗、整體到部分、依時間的先後順序與地點的近遠順序。今說明如下：

㈠簡單到複雜：教材先從簡單的、具體的部分開始，然後再到複雜的、抽象的部分，學生較能接受。總之，教材要由淺入深、由簡入難、由具體到抽象。

㈡舊經驗到新經驗：學生學習新經驗之前必先具備若干的舊經驗。譬如，學生學習數學乘法之前，必先學會加法與減法。沒有先備知識很難學習新知識。

㈢整體到部分：這是指學生先了解一個概況，然後再了解細節。譬如小朋友對於人體部位的了解，先有一些概念如人有頭、手與腳；然後再說出頭部有眼睛、眉毛、耳朵、鼻子、嘴巴與頭髮等。

㈣時間的先後順序：通常歷史、政治與世界事件有先後順序。譬如，朝代的更易有時間先後，政治事件有時間先後，世界時事也有先後。發生在先的朝代、事件、時事先呈現；發生在後的朝代、事件、時事，呈現在後。

㈤地點的近遠順序：地理位置有遠近之分，教材組織應該由近及遠。近的地方先教，再逐步擴大範圍至遠的地方，譬如先教本國地理，再教外國地理。

三、連續

連續係指縱向的操作或課程要素的重複出現。譬如閱讀技巧是重要的教學目標，那麼就要看看練習閱讀技巧的機會與重複出現的次數是否很多。教材的連續性說明了某種主要理念的重複出現，以加深知識的廣度與深度。譬如，要成為有技巧的讀者必須遭遇許多各種體裁的文章。在 Bruner 的螺旋課程中，學生最能體會教材的連續性。譬如小學生要學歷史，國中生也要學歷史，高中生還要學歷史，這是教材的連續性，由淺入深，逐漸增加廣度與深度。

四、統整

統整係指各類型知識與經驗的連結。把零星的片斷的教材統整爲密切的關係，使學生容易了解。它是完整的概念或知識，而不是支離破碎的知識。它強調各學科間橫向的關係。許多課程專家主張統整課程（integrated curriculum），主要是課程內容不被課程綱要所限定。有些情況，課程統整（curriculum integration）不只是設計的向度而已，它也是思考學校教育目的、課程來源與知識的本質與使用的一種方式。統整課程強調結果，課程統整注重過程；前者通常是教育行政主管機關的責任，後者則是教師應承擔的工作。

五、銜接

銜接係指課程各方面之間的上下、左右的相互關係。這種關係可能是縱向的或橫向的關係。縱向的銜接描述課程順序的某些部分與後面課程順序的關係。這是上下不同年級的關係。譬如，教師設計七年級的代數，代數的概念與其後九年級幾何課程的主要概念有密切關係。從縱向的觀點來看，教材的銜接是指相同的科目、不同的年級，即某一年級與另一年級教材出現順序的聯結。橫向的銜接則指不同的科目在相同的年級，教材或要素之間左右同時發生聯結。譬如，課程設計者試圖把八年級的社會科與八年級的英語科發生聯結關係，就屬於橫向的銜接。

六、平衡

設計課程的時候，設計者關心的是適當比重的問題，以免遭受曲解。在平衡的課程中，學生有機會學會教材，達到德、智、體、群、美的均衡發展。教材的平衡性說比做更容易，蓋因今日被認爲平衡，明日可能就不平衡，例如高中國文教材文言文與白話文的比重問題。學校教育的重點隨時空而改變。教材的平衡性有時要顧及本土化、國際化與個別化；因此平衡性的問題取決於學生的需求、個別的興趣與共同必須學習的教材。

第三節 課程組織的方式

　　課程與教材的組織方式各分為兩大類別。課程的組織方式可分為螺旋課程（spiral curriculum）與直筒課程（linear curriculum）；教材的組織則分為論理組織（logical organization）與心理組織（psychological organization）。今分述如下（張清濱，2020）：

一、螺旋課程

　　螺旋課程係 Bruner 提出的理念。螺旋課程像倒金字塔，逐級而升（如圖 8.3）。

<pre>
AAAAAAAAAAAAA
AAAAAAAAAAA
AAAAAAAAA
AAAAAAA
AAAAA
AAA
A
</pre>

圖 8.3　螺旋課程

　　譬如，各級學校都有英語（文）課程，小學階段的英語，先從簡單日常生活用語開始；國中階段則應擴展生活用語並加一些簡短文章供學生閱讀；高中階段英文範圍更廣，難度更深；大學階段英文則更深入。從小學階段到大學階段，英語（文）課程的範圍逐漸加廣，難度也逐漸加深。

二、直筒課程

　　直筒課程依年級排序加深課程內容，譬如小學數學先從個位數加減，再逐年增加乘除，然後小數、分數……（如圖 8.4）。

七年級數學
六年級數學
五年級數學
四年級數學
三年級數學
二年級數學
一年級數學

圖 8.4　直筒課程

三、論理組織

　　論理組織係指教材的呈現依邏輯順序排列。譬如，教材組織按教材的難易度排序，簡單的教材先教，然後逐漸增加難度。地理教材由近及遠，從社區開始，逐漸擴展範圍至鄉村、縣市、省市、國家、世界等。歷史教材的組織則由古到今，從古代到當代，發生在前的事件先呈現。年級越高，教材組織更需要採取論理組織方式。

四、心理組織

　　心理組織係指教材的呈現依學生的心理發展階段排序。譬如，三、四歲幼兒的骨骼正在成長，不宜教幼兒寫字。小學低年級學生的心智發展尚未達形式運思期，不能了解抽象的概念，不宜教學童抽象的教材。另一方面，心理組織也重視學生的興趣與經驗。兒童美語教材的選擇宜考慮兒童的興趣與經驗。年級越低、年紀越小的學生，教材更要重視心理組織。

第四節 課程設計的取向

　　大部分的課程設計可分為三種基本類型：一、學科中心設計（subject-centered designs），亦稱學科取向；二、學生中心設計（learner-centered designs），亦稱學生取向；與三、問題中心設計（problem-centered designs），亦稱社會取向。學科中心設計包括科目設計、學科設計、廣域設計、相關設計與歷程設計。學生中心設計包括兒童中心設計、經驗中心設計、浪漫（激進）式設計與人本設計。問題中心設計包括生活情境設計、核心設計、社會問題設計或重建主義設計（Ornstein & Hunkins, 2004: 245）。今分述如下：

一、學科中心設計

　　學科中心設計是最受歡迎、最普遍使用的課程設計。學校一向傳授知識而教材也反映出內容的組織。學科中心設計的類型最多。茲列述如下：

㈠科目設計（subject design）

　　科目設計是最古老而且最熟悉的設計，因為教師都是這種方式教出來的。同時教科書也是以科目的方式編印的。Hutchins（1936）主張學校的科目應包括：語文（閱讀、寫作、文法、文學）、數學、科學、歷史、外國語言等。

　　在科目設計方面，教材是按照科目的重要知識發展出來。例如歷史科依文化史、經濟史與地理史分別設計。英文科可以分為文學、寫作、演說、閱讀、語言學與文法。

　　科目內容的組織最好採綱舉目張的方式。教師承擔主動的角色。演講、背誦與大班級討論是主要的教學技術，強調口語的表達，因為知識和理念最能以口語的方式溝通與儲存。許多的教育家一致同意學習主要是口語表達的活動。此種設計的最大優點是介紹學生重要的知識，而且簡易可行。惟論者批評此種設計阻礙學生個別化的發展，也抹煞選擇教材的權利。教材內容沒有考慮情境的因素，過分強調科目內容也就相對地忽略社

會的、心理的與生理的發展；另一個缺點是學習傾向於支離破碎的、零星式的方式，過分強調記憶術。一個嚴重的問題是強調內容而忽略學生的需求、興趣與經驗。學生的學習也趨於被動。

㈡學科設計（discipline design）

學科設計係從分科設計演變而來，出現在第二次世界大戰之後。此種設計在 1950 年代快速發展，到了 1960 年代達到高峰。學科設計與科目設計一樣，都以固有的教材內容為基礎，但學科設計注重學術性的學科。

學術性的學科具有特定的知識。它具有下列重要的特徵：一群人組成的社群、人類想像力的表達、一種領域、一種傳統、一種探究的模式、一種概念的結構、一種專門化的語言、一種文學的遺產、一種溝通的網路、一種價值與情意的態度，與一種教學性質的社群（King & Brownell, 1966）。

主張學科設計者認為學校是知識世界的縮影，而學科反映了這個世界。學生學習學科的內容就好像學者研究學術的方法一樣。學生上歷史課就像歷史學家鑽研歷史；生物課的學生要像生物學家依循既定的程序步驟，探討生物的主題。

在學科設計裡，學生體驗到學術的訓練，因而他（她）們能理解並把它概念化；但在科目設計裡，如果學生獲得知識與資訊，就視為已經學會這個科目。有時後，在一個班級裡很難判定究竟是科目設計或學科設計。主要的辨別特徵似乎是學生能否真正地使用學術的方法去處理資訊。

在學科設計裡，教師鼓勵學生認清每一門學科的基本邏輯或結構——關鍵的關係、概念與原則——就是 Joseph Schwab 所謂的「實質的結構」（substantive structure）與 Philip Phenix 所謂的「意義的範疇」（realm of meaning）。

學科設計強調學術訓練與結構終於導致 Bruner（1960）的經典之作，《教育歷程》（*The Process of Education*）。它的書名顯示教育應該強調歷程或程序的知識（procedural knowledge）。他提出最吸引人的一個學科概念：「任何科目都可以任何形式教導任何年齡的任何兒童」（p.33）。他

相信任何年齡的學生能夠理解任何科目的基本原理。因此，任何年齡的兒童可以了解學科的結構，不必等到青春期或成人期。

　　Bruner 把學生當作學者的論點遭受到批評。發展論者不同意他的觀點——「知識活動到處都是相同的」。彼等認為，幼兒的發展歷程在種類與程度方面有別於青少年與成人的思考歷程。就以兒童如何處理認知資訊而言，低年級兒童也有性別差異。

　　學科設計被攻擊的地方，是它假設所有學生只有共同或至少有一個相似的學習型態；而最大的缺點是它導致學校忽視一些不屬於學科知識的龐大資訊，諸如美學、人本思想、個人與社會的生活與職業教育，很難歸類為學科。

㈢廣域設計（broad fields design）

　　廣域設計又稱為科際整合設計（interdisciplinary design），是學科中心設計的變異體。它是要矯正零星式科目設計的缺失，協助學生發展對學科內容的全盤了解。因此，分離的社會科學——地理、經濟學、政治學、人類學、社會學與歷史整合成為社會學科；語言學、文法、文學、作文與拼字合併成語文學科；生物、化學與物理統整為普通科學。這種把兩科或以上的科目整合成單一而廣泛的課程設計屬於廣域設計。它是從永恆主義與精粹主義的傳統科目類型演變而成。雖然此種設計在二十世紀初葉在大學階段盛行一時，時至今日，中小學課程仍普遍使用。

　　廣域設計讓學生領悟不同課程內容之間的關係，並體會整體的意義。此種設計將是未來的潮流。雖然傳統的學科界線仍然存在，它將更增加學科的材料。知識不再是破碎或直線式，而是多種學科且多面向的。它將會有相關概念群集（conceptual clusters）構成的廣域課程。這些群集可由某些主題加以連結，組成「統整主題單元」（integrated thematic units），也稱為「整體課程」（holistic curriculum）。譬如以「地震」為主題，可把相關的概念群集如地球科學的「地震原因」、地理的「地震帶分布」、健康教育的「地震的安全防護」、輔導活動的「地震心理輔導」等概念組成統整主題單元。

如同其他設計，廣域設計也有它的問題。首先是深度與廣度的問題。如果要學生花一年的時間學習社會科，應教他（她）們更廣泛的社會科學概念，而不是花一年的時間來學歷史。但是這樣有必要嗎？深度與廣度無法兼顧，要回答這個問題取決於設計者的哲學立場。

㈣ 相關設計（correlation design）

相關設計居於分離學科與內容完全統整間的中點，試圖確認學科與其他學科相關的途徑，但仍維持其學科的認同。譬如，學生上歷史課「三國時期」，國文課也上同一時期的文章〈出師表〉。在小學階段採包班制，很少教師運用相關設計，他（她）們少有時間實施協同教學。在中學階段採分科制，更助長學科的孤立性。要實施相關設計，學校排課要採模組課表（modular scheduling）與彈性課表（flexible scheduling），但少有學校這樣安排。

㈤ 歷程設計（process design）

學科設計的提倡者重視學生的學習歷程，另有些學者強調一般程序的學習。一般歷程不是針對任何特定的學科，它可應用於各領域。教導批判性思考的無數課程就是程序設計的例證（Shepherd & Ragan, 1992）。

歷程設計著重在培養學生學習如何提出問題，經由特殊的問題策略去建構意義。這樣的策略對學生在挑戰、建構、解構與再建構知識而言是很重要的，使學生在這資訊時代中，有效率地獲得意義的本質。

電腦程式設計是一個很好的歷程設計例子。它是一個主動的心智運作，可培養批判思考、理性思考與問題解決的技能。寫程式與排除程式中的病毒可使學生具邏輯思考，而且仔細思考學科內容。此外，學生可以學習模板（templates）的指令表。模板可比喻為教師的認知基模──教師處理資訊的方法。當學生熟悉電腦程式設計時，教師可使用不同的方式教學，學生可以多元的方式思考。

二、學生中心設計

學生是教學的對象，以學生為焦點。進步主義者提倡學生中心的設

計，尤其在小學與幼兒教育階段。學生中心設計又可分為下列四種設計：

㈠兒童中心設計（**child-centered design**）

教學設計應該根據學生的生活、需求與興趣。知識是個人與其現實互動的結果。知識不只是被動地接受資訊的摹本。兒童中心設計能夠使學生創造知識，而不只是吸收知識。

兒童中心設計有部分原因受到 Rousseau（1762）的名著《愛彌兒》（*Emile*）自然主義哲學的影響。Rousseau 相信：兒童應該在自然環境的脈絡中受教育。Pestalozzi 與 Froebel 亦主張兒童經由社會的參與將可達到自我實現。

兒童中心設計常追溯到 Dewey 的進步主義理念，但經由 Parker 成形。他認為教師要運用兒童天生的傾向轉變成為從事他（她）們有趣的事。兒童中心設計以「生活需求」、「生活適應」、「永續的生活情況」、「共同學習」與「核心」的方法來組織知識內容與教材。

㈡經驗中心設計（**experience-centered design**）

經驗中心設計與兒童中心設計頗相類似，都以兒童為中心。二者不同處在於其主張，兒童的興趣與需求不能預知，一種課程架構不能適用於所有兒童。

Dewey（1938）在《經驗與教育》（*Experience and Education*）一書中提到，教育應該始於學習者進入學校之前就已擁有經驗，經驗本質上是所有進一步學習的起點。兒童的經驗是充滿活力而且流動的，是動態而不是靜止的。因此，經驗課程將隨著學生的需求而改變。

㈢浪漫（激進）式設計（**romantic design**）

激進的教育改革者引進 J. Habermas 與 P. Freire 的觀點，強烈支持學習者中心的課程設計。Freire（1970）認為：教育的目的乃是使群眾對於他們喪失其權利的現況獲得啟示，所設計的情境使他們認識自身生存的狀態，並對此情境感到不滿意，最後使他們獲得矯正一些不平等狀況的技能與能力。Habermas 強調解放乃教育的目的。解放係指個人獲得掌控他們

生活的知覺、能力與態度，不再受他人的控制，也不必盲目地遵循社會的規範。

激進式的課程設計主張個人必須學習批判知識的方法。學習是反省的；不是有權力者從外在強迫給予的。教育是導向自由與解放。學習是人與人互動的結果。

Hunkins 提出課程設計的焦點在於讓學生能夠看見動態內容的展現，並使學生參與建構他們真實知識的歷程。

㈣人本設計（humanistic design）

人本設計的基礎與第三勢力心理學或人本心理學有密切關係，強調人類的行為不只是對刺激的反應，意義比方法更重要。課程設計應注重人類的潛能，並使學生參與生成（becoming）的歷程。

人本設計的理念主要來自 Maslow 的自我實現（self-actualization）的概念與 Rogers 的自我導向學習（self-directed learning）概念。在 1970 年代，人本教育吸收合流（confluence）的概念，把情意領域（如感覺、態度、價值觀）與認知領域（如學術知識與問題解決能力）二者合而為一。

人本教育論者認為認知、情意與技能等三個學習領域是相互關聯的。課程設計應兼顧這三個學習領域。此外，社會化與精神性也應列入。

三、問題中心設計

問題中心設計以生活問題為焦點，強調文化傳統，著重當前社區與社會的需求，也考慮個人的問題。它有一些不同的設計類型存在。有些注重長久的生活情境，有些關注當代的社會問題，其他的強調生活領域，有些甚至關心社會的再建構。這些不同類型最主要的區別在於關心社會需求或個人需求之相對程度（Mancall, Lodish, & Springer, 1992: 526）。問題中心設計的主要類型列述如下：

㈠生活情境設計（life-situations design）

生活情境設計強調生活功能與生活情境，可追溯到十九世紀英國 Spencer「何種知識最有價值」的理念。他認為最有價值的課程活動是：1.

維持生命；2. 提升生活；3. 養兒育女；4. 維持個人的社會與政治關係；5. 豐富休閒、事業與感情（Spencer, 1860）。

　　生活情境設計基於三個假定：第一個假定是永續的生活情境對社會成功的運作，並賦予教育的意義來組織課程至爲重要。第二個假定是如果課程的組織環繞社區生活的層面，學生將會發現他們學習的內容與生活有直接的關聯。第三個假定是讓學生學習社會或生活情境，他們不只學習改善社會的方式，而且會直接參與這些改進（Ornstein & Hunkins, 2004）。

　　Stratemeyer 等人（1947: 300）在其《發展現代生活的課程》指出，完全成熟的工業時代改變所有生活層面的傳統型態：經濟的、社會的、心理的，甚至與健康有關的生理的層面。課程設計必須使學生在這新世界上有效地發揮功能。

　　生活情境設計打破壁壘分明的學科限制，強調與社會生活相關的活動，以一種統整的形式呈現教材。它以社會問題與個人關注事項爲中心，鼓勵學生去學習及應用解決問題的程序，將學科內容與事實生活情境結合，增加了生活的關聯性。

㈡核心設計（core design）

　　核心設計有時稱爲「社會功能」的核心設計。它以普通教育爲中心，以生活經驗爲焦點，而非以學習者爲中心。此種設計在學生到校之前就已仔細規劃，但須隨時注意有無修正的必要。課程安排通常要以大時段的方式實施，透過兩節或較多的節數，教導共同計畫的核心內容。一位教師擔任此時段的教學責任，也扮演諮商的角色。雖然內容是設計的一部分，但共同的需求、問題，與學習者有關的都是主要的焦點。

　　核心設計的優點是統整課程內容，提供學生相關的教材，鼓勵學生主動地處理資訊，培養學生的內在動機。但此種設計也有它的缺點，即脫離傳統課程太遠，忽視基本知識能力的培養。此外，此種設計需要額外的教師，且要精通教材，具有解決問題的技能與一般知識（Ornstein & Hunkins, 2004）。

㈢社會問題與重建主義設計（**social problems and reconstructionist designs**）

重建主義的主張最早出現於 1920 與 1930 年代，以 G. Counts 為代表。他相信社會為了大眾的利益，必須完成全新的組織，需要一個新的社會秩序。他發表演說主題：「進步主義的教育真的是進步嗎？」指控進步主義只主張繼續維持中產階級與其特權主導的課程（Counts, 1932a）。他在其經典《學校敢於建立一個新社會秩序嗎？》一書中，闡述重建社會的主張。他認為如果教育人員要接受挑戰，他們就要使學生涉入重建課程，讓他們參與更公平與均等的社會（Counts, 1932b）。

T. Brameld（1956）在 1950 年代成為重建主義的發言人。他認為重建主義者致力於促進新文化的萌生。這個時代需要新的社會秩序；目前社會顯示腐敗的跡象：貧窮、犯罪、種族衝突、失業、政治壓迫與環境耗竭。

社會重建主義課程的目的，乃在促使學生去分析人類面臨的許多嚴重問題。然而，明確的內容與目標則由實際創造此課程者來決定。課程旨在使學生參與地方、國家與國際社區的批判分析。M. Apple（1991）認為，重建主義課程設計應考量種族、性別與貧窮的議題。他主張設計課程議題來防止社會不平等的再生。

第五節 實例與教師檢定

本節包括實例與教師檢定。前者著重理論與實際的結合，後者係近年來中小學教師檢定試題，分別列示如後：

實例

　　明禮國民中學進行防震教育，教務處決定以「地震」為主題，把有關地震的學科合成廣域課程，進行廣域設計，讓學生領悟不同課程內容之間的關係並體會整體的意義。這些課程包括地球科學、地理、健康教育、英語與輔導活動等科，組成「統整主題單元」（integrated thematic units），亦稱為「整體課程」（holistic curriculum）。學校透過這些學科的「概念群集」（conceptual clusters），以九年級學生為對象，進行防震教育。地球科學老師講解「地震原因」，地理老師說明「地震帶分布」，健康教育老師安排「地震的安全防護」，英語科老師教導學生一些有關地震搜救隊的英語，輔導活動老師進行「地震心理輔導」等活動。防震教育結束，學生對於地震有更深入的認識，地震發生時不再聞震色變，萬一地震造成傷害也能進行簡單的急救，對於外國搜救人員更能用英語溝通。透過防震演練，學生學習到有關地震的知識技能，而且可以學以致用，獲益匪淺。

問題與討論：

　　從上述的實例中，學校把有關課程透過概念群集，進行廣域設計。你認為廣域課程的教學設計是誰的責任？廣域設計與課程統整有何關聯？

解析

　　廣域課程的教學設計是教師的責任，教務處不宜越俎代庖。學校校長與教務處主任都是課程與教學領導人（instructional leader），應該扮演教學領導的角色。廣域設計與課程統整具有密切的關係，廣域設計通常是達成課程統整的方法之一。

教師檢定（國家教育研究院，2014，2016，2017，2019，2020）

( ) 1. 有一天小明把獨角仙帶到學校來，在班上引起一陣騷動。小朋友好奇不已，王老師藉機引導學生進行主題學習。這種以興趣和實際生活經驗為主的課程取向，屬於下列何者？ (A) 社會中心 (B) 學生中心 (C) 學科中心 (D) 教師中心。（2014 年小學課程與教學）

( ) 2. 近來媒體報導細懸浮微粒（PM 2.5）造成空氣汙染，危害身體健康，健康國中教師因而在環境保護課程中增加空汙議題的探討，教導學生如何測量空氣汙染並判斷該升何種空汙旗、何時該戴口罩。此屬於何種課程設計取向？ (A) 學科取向 (B) 學生取向 (C) 科技取向 (D) 社會取向。 （2016 年中等學校課程與教學）

( ) 3. 姚老師在進行「牡丹社事件」的教學時，先講述當時事件發生的情況，再讓學生依自訂主題去圖書館蒐集該事件的相關資料，而不是從歷史發展的脈絡去講述該事件。他認為如此較能引發學生的學習動機，學生的學習成效也會較佳。姚老師的作法屬於哪一種組織教材原則？ (A) 心理組織原則 (B) 論理組織原則 (C) 社會組織原則 (D) 共同組織原則。 （2017 年中等學校課程與教學）

( ) 4. 在西洋的萬聖節前，春水國中教師所共同規劃的課程，由英文介紹萬聖節的來源，藝術與人文設計萬聖節的裝扮，自然與生活科技探討南瓜的特性，國文閱讀萬聖節的小說。此為何種類型的課程設計？ (A) 融合課程 (B) 社會重建課程 (C) 學生中心課程 (D) 主題統整課程。 （2017 年中等學校課程與教學）

( ) 5. 潘老師在設計八年級人權教育融入相關學習領域的課程時，將期望學生所要學習的人權教育理論與實務內容，與其所任教學習領域既有的認知、情意、技能等內涵組織在一起。此種作法符合課程組織的哪一規準？ (A) 繼續性 (B) 程序性 (C) 統整性 (D) 聯結性。 （2017 年中等學校課程與教學）

6. 高老師常引用新聞時事作為思辨的主題，鼓勵學生從不同角度分析問題，積極參與公共議題，提出改善的作法並加以實踐。請指出高老師的課程設計理論取向，並說明該理論取向的特色，至少四項。

（2017 年中等學校課程與教學）

（　）　7. 在課程組織型態中對於「經驗課程」概念的敘述，下列何者較不適切？　(A) 重視學生親身耕種與收割稻子的體驗　(B) 運用植物學概念來探討稻子的成長歷程　(C) 依據學生飼養雞隻的興趣來安排教學活動　(D) 引導學生探究實際養雞過程中所發生的問題。

（2017 年小學課程與教學）

（　）　8. 李老師有鑑於學生對學習內容與概念不感興趣，乃從學生切身有關且感興趣的素材設計教案，以提高學生的學習動機及成效。李老師組織教材的方式較符合下列何者？　(A) 心理組織法　(B) 論理組織法　(C) 構念組織法　(D) 階層組織法。

（2019 年 -1 中等學校課程與教學）

（　）　9. 某校依柯爾布（D. Kolb）體驗學習模式，設計環保體驗活動。下列活動何者不屬於該模式的主張？　(A) 活動當天進行「愛地球」闖關活動並到海邊淨灘　(B) 活動後，以學習單加強環保意識並為活動做總結　(C) 活動後，讓學生省思體驗活動的意義並發表心得　(D) 活動後，學校進行方案評鑑並提出下次改進意見。

（2019 年 -1 中等學校課程與教學）

（　）　10. 四位老師針對「能源」主題課程的設計，發表以下的觀點：趙老師：「要重視教師指導，讓課程能提高學生的基本學科能力與心智成長。」錢老師：「應提供能源在實際生活中應用的經驗，使學生習得解決問題的能力。」孫老師：「以師生對話探究當前能源政策的政治影響，並對意識形態進行批判。」李老師：「安排學生參訪當地的火力發電廠，調查當地空氣品質，引導學生省思能源與環境的關係，並提出改善策略。」下列有關四位老師的課程設計觀點敘述，何者正確？　(A) 趙老師屬於進步主義　(B) 錢老師屬於社會重建主義　(C) 孫老師屬於概念重建主義　(D) 李老師屬於社會行為主義。　（2019 年 -1 小學課程與教學）

（　）　11. 「同一週的教學活動安排，應考量各學習領域之間教學內容的關聯性。」此符合課程組織的哪一項原則？　(A) 順序性　(B) 繼續性　(C) 統整性　(D) 平衡性。　（2019 年 -2 小學課程與教學）

（　）　12. 下列有關螺旋式課程設計的敘述，何者較不適切？　(A) 合乎學科

知識結構　(B) 循序提升學生認知能力　(C) 概念要隨著年級加深加廣　(D) 強調在地課程素材的轉化與發展。

（2019 年 -2 小學課程與教學）

(　) 13. 下列何者屬於多元文化「附加取向」的課程設計模式？　(A) 在婦幼節時，介紹各族群傑出婦女的生平事蹟　(B) 在社會課中，引導學生從不同族群觀點探討臺灣的開發問題　(C) 引導學生討論報紙對族群報導的偏失，並寫信給報社要求改進　(D) 在藝術與人文課程中搭配多元文化週活動，讓學生欣賞各種族群服飾。

（2019 年 -2 小學課程與教學）

(　) 14. 菁莪高中在討論素養導向的校訂課程時，期望能培養學生「系統思考與解決問題」的核心素養。下列哪一種課程設計較為適當？　(A) 探究社區環境及善用資源，以規劃並執行社會行動方案　(B) 推動跨領域的閱讀教學活動，以解決閱讀能力低落問題　(C) 鼓勵自然科學實驗社團的學生，參觀全國性科學博覽會　(D) 為了解決資源浪費的問題，舉辦全校環保歌曲創作比賽。

（2019 年 -2 中等學校課程與教學）

(　) 15. 教師手冊的教材地位分析大多會標示學生先前學過什麼、現在要學什麼、未來要學什麼。各單元的內容雖然部分相似、部分重複，不過範圍逐漸擴大，難度漸次提高。這屬於下列何種課程類型？
(A) 融合課程　(B) 螺旋課程　(C) 相關課程　(D) 核心課程。

（2019 年 -2 中等學校課程與教學）

(　) 16. 中學的國文課程改革，常因文言文和白話文的比例高低而有所爭議；社會領域則因不同史觀而對專有名詞的使用，產生爭論。對此現象的解釋，何者錯誤？　(A) 就寫實模式而言，這是課程設計的自然現象　(B) 就課程選擇而言，這是政治勢力的角逐現象
(C) 就課程組織而言，這是屬於核心課程的類型　(D) 就課程設計過程而言，這是意識形態的影響。

（2019 年 -2 中等學校課程與教學）

(　) 17. 陸老師在教導七年級數學「質因數分解」主題之前，先喚起學生在國小時學習因數的舊經驗後，再進行該主題的教學活動。此種教學

方式符合下列哪一項學習原則？　(A) 自動原則　(B) 準備原則
(C) 熟練原則　(D) 時近原則。　　(2020 年中等學校課程與教學)

(　　) 18. 方老師這學期想嘗試讓學生有更多「做中學」的體驗。下列有關
「做中學」的目的，何者較不適切？　(A) 提高學生的外在學習動
機　(B) 提供學生活用知識的機會　(C) 增加知識、技能與態度並
重的學習情境　(D) 改善教學內容與學生生活經驗脫節的問題。
(2020 年中等學校課程與教學)

(　　) 19. 下列何者是較偏重學生為中心的教學策略？甲、體驗學習；乙、翻
轉教室；丙、協同教學；丁、講述教學。　(A) 甲乙　(B) 甲丙　(C)
乙丁　(D) 丙丁。　　(2020 年中等學校課程與教學)

(　　) 20. 王老師在公民課引導學生了解社區的農村人口變遷現象，進而請學
生著手調查社區人口年齡分布與產業狀況，並提出「青農返鄉」的
專題報告，且向鄉長提出書面建議。這種課程設計取向最接近下列
何者？　(A) 學科取向　(B) 社會取向　(C) 科技取向　(D) 專業取
向。　　(2020 年中等學校課程與教學)

(　　) 21. 教師自編教材時，有關難易度的考量，下列何者有誤？　(A) 教材
文本應該減少圖表或例子，以降低閱讀量　(B) 國小學生多處於具
體運思期，教材編寫應與實際生活關聯　(C) 教學目標或主題數量
應加以控制，避免超過學生的認知負荷　(D) 教材內容不能一味追
求簡化，仍然應該具備一定程度的挑戰性。
(2020 年小學課程與教學)

22. 林老師服務於一所山區原住民偏鄉小學，其教授的四年級社會教科書第二單
元內容如下：第二單元家鄉的風貌，第一課三合院和廟宇，第二課捷運和高
鐵。試說明林老師進行此單元的教學時，可能會遭遇什麼問題（2 分）？為
解決此問題，請依據上述第二單元內容，分別由課程調適觀、締造觀，提出
課程設計的作法（8 分）。　　(2020 年小學課程與教學)

参考答案

1.(B)　2.(D)　3.(A)　4.(D)　5.(C)　6.略　7.(B)　8.(A)　9.(D)　10.(C)
11.(C)　12.(D)　13.(D)　14.(A)　15.(B)　16.(C)　17.(D)　18.(A)　19.(A)　20.(B)
21.(A)　22.略

第三篇

教學理論篇

第九章

行為學派

　　教學理論主要來自學習心理學。從歷史的觀點言之，學習心理學可分成三種學派：一、行為學派（behaviorism）或聯結理論（association theories）；它是最古老的理論，討論各種刺激—反應的聯結或強化物（reinforcers）。二、認知學派（cognitivism）或資訊處理理論（information processing theories）；它以學習者對於整體環境的關係並且思考學習者應用資訊的方式。三、人本學派（humanism）或現象學理論（phenomenological theories）；它看待整個兒童，包括生理的、心理的、社會的與認知的發展。

　　行為學派心理學家以 E. L. Thorndike（1874-1949）、I. Pavlov（1849-1936）、J. B. Watson（1878-1958）、B. F. Skinner（1904-1990）與 R. M. Gagné（1916-2002）為代表。他們的學習理論影響教育至為深遠，今分別敘述如後（張清濱，2020）。

第一節　Thorndike 的聯結理論

　　依據 Thorndike 的觀點，學習是刺激（stimulus）與反應（response）之間的聯結，透過獎賞與懲罰，行為會有增強與減弱的情形（Mayer, 2003: 132）。他的理念是建立在一系列的小雞、貓與狗等動物實驗的基礎上。例如：他把飢餓的貓放在迷宮的箱子裡——一個密閉的木箱含有木門與逃生門。為了能逃出箱外吃旁邊的食物，貓必須表現簡單的動作如拉開門的環狀線。一旦貓拉開環狀線，門就打開，貓即跳出去吃到食物。然後，整個程序日後就會重複出現。

一、嘗試與錯誤（trial and error）

　　Thorndike 小心翼翼地觀察這些貓，記錄貓所表現的行為與逃出門所需的時間。他發現第一天貓需要較長的時間解決問題，其後每次需要較少時間。他用 Y 軸代表逃出門所需的時間，X 軸代表嘗試的次數函數。他首次以量數分析動物的學習，曲線普遍下滑顯示動物學習的情形。此外，他發現在第一次試驗中，貓重複地做出不相干的動作如爪子往門閂衝、大

叫，並且衝撞，最後終於抓到環狀線並且把它拉下。其後的試驗，他發現不相干的動作減少，有效的、成功的行為有增加的傾向。從這些試驗，Thorndike 下定結論：動物的學習是經由嘗試與錯誤與偶然的成功得來的（Thorndike, 1898, 1911; Mayer, 2003: 132）。

二、學習定律

Thorndike 的動物實驗計畫不僅幫助我們了解更多的學習知識，而且是劃時代的動物智慧的研究。他從動物的學習推論人類的學習是一種養成的習慣（a habit of formation）。他提出三大學習定律：準備律（the law of readiness）、練習律（the law of exercise）與效果律（the law of effect）。

㈠準備律

當神經傳導單位準備啟動的時候，去做是滿意的；不去做是惱人的。換言之，當個體心理準備去做一件事情時，較能夠成功；如果個體心理沒有準備去做一件事情時，較不易成功。中國有句話說：「凡事豫則立，不豫則廢」，就是這個道理。

㈡練習律

當練習的次數增加，聯結就增強；練習的次數減少，聯結就減弱。譬如學習英文單字，練習很多遍，就記得牢；不練習就會忘記。

練習律並非完美無缺，也曾經遭受批評。依據他的練習律，練習的次數增加，聯結就增強。但是如果練習的次數過多，反而會造成心厭現象。譬如某生作文寫錯一個字，老師卻要罰他寫 20 遍或 50 遍。此種「過度學習」（overlearning）反而無效，甚至引起學生懷恨教師，破壞師生和諧關係。

㈢效果律

當反應伴隨著滿意的感覺，就會增強聯結；相反地，反應伴隨著不愉快的感覺，就會把聯結減弱。譬如學習英文時，受到教師的獎賞，學習就更起勁、更有效果；反之，如果學習英文時，受到教師的責罵或懲罰，學

習就更意興闌珊、更沒有效果。

　　但是效果律提出後的三十多年，Thorndike（1932: 276）修正了他的理論。他認為懲罰不如獎賞有效；事實上，懲罰根本不可能導致學習。獎賞重於懲罰對於教育有重大的影響，有助於消除懲罰的作法。

　　這三大學習定律稱為聯結理論（connectionism），不僅形成美國心理學行為學派運動的基礎，甚至今日的學習理論也像聯結理論的認知模式一樣多元。

三、學習遷移（transfer of learning）

　　在二十世紀之初，形式訓練（formal discipline）──學校某些學科有助於改善學生心靈的說法甚囂塵上。這種觀點激化了拉丁學校運動，一直成為美國教育的一部分。譬如根據形式訓練的說法，學習語言（如拉丁文與希臘文）與數學（如幾何與邏輯）可以產生適當的心靈習性（Rippa, 1980）。拉丁文與其他古典學科的訓練價值，就在於幫助學生改善心靈的訓練與系統的思維。

　　但是 Thorndike 等人（1901）首度使用科學的方法檢驗此種爆發性的問題。Thorndike 發現，唯有在兩種的技巧中有很多共同的元素存在時，某一認知技巧的改善才會造成另外不同認知技巧的改善。根據這些研究的成果，Thorndike 提出基於共同元素的學習遷移理論：「一種心理功能或活動改善了別的功能或活動係因為它們有部分的元素相符」（Thorndike, 1906: 243）。譬如學會拉丁文可以增進學習法文的能力，因為兩者有許多共同的元素。

第二節　Pavlov 的古典制約理論

　　Pavlov 的古典制約實驗舉世有名。在他的實驗中，鈴聲伴隨食物同時出現，狗聽到鈴聲就會流唾液。鈴聲是中性的或不充分的刺激，食物則是非中性的或充分的刺激。狗把這兩種刺激如此緊密地聯結起來，因而鈴聲

取代食物，狗聽到鈴聲自然而然也會流唾液。

一、理論概述

古典制約是一種學習的類型，個體學會把刺激聯結。在古典制約中，中性刺激（如看見人）與有意義的刺激（如食物）發生聯結並且獲得能力引起類似反應。Pavlov（1927）的古典制約理論有兩種類型的刺激與兩種類型的反應：非制約刺激（unconditioned stimulus, US）、非制約反應（unconditioned response, UR）、制約刺激（conditioned stimulus, CS）與制約反應（conditioned response, CR）（如表 9.1）。

表 9.1　古典制約方式

制約反應前	制約反應中	制約反應後
US → UR	中性刺激＋ US → UR	CS → CR
食物 → 狗分泌唾液	鈴聲＋食物 → 狗分泌唾液	鈴聲 → 狗分泌唾液

資料來源：改編自 Santrock, 2001, p.241

非制約刺激係指沒有先前的學習，自動會產生反應例如食物。非制約反應係指由非制約刺激自動引起的未經學習的反應，例如狗看見食物，分泌唾液。制約刺激係指先前中性的刺激與非制約刺激聯結，最後引起制約反應，例如狗吃食物的時候伴隨鈴聲。制約反應係指是經過學習的反應，例如狗聽見鈴聲就分泌唾液。

表 9.1 顯示在制約反應前，狗看見食物就會分泌唾液；在制約反應中，狗看見食物並聽見鈴聲會分泌唾液；在制約反應後，鈴聲取代食物，狗聽見鈴聲也會分泌唾液。

在教室裡，古典制約理論呈現正面與負面的行為反應。有些學生考試焦慮的情緒會反應在古典制約理論。譬如學生考試不及格遭受責罵，產生焦慮狀態。於是學生把考試與焦慮聯結在一起，考試就成為焦慮的制約刺激（CS）。

兒童的身心健康也會涉及古典制約理論。兒童訴說一些疾病如氣喘、

頭痛、胃潰瘍、高血壓等大部分可能是古典制約所引起。我們通常說這些疾病是壓力造成的。其實，這些疾病是某些刺激所造成，譬如父母或師長過分嚴厲，經常責備就成為這些疾病的制約刺激（CS）。日積月累，積重難返，這些心理學反應會成為健康的問題。教師經常責罵學生，會引起學生頭痛、肌肉緊張。這些情況若與教師相聯結，課堂練習與家庭作業可能會觸動學生的緊張情緒，日後造成胃潰瘍或其他心理學的反應（Santrock, 2001: 242）。

二、類化作用、區別作用與消失現象

在研究狗對各種刺激的反應中，Pavlov 在給狗食物之前搖鈴。鈴聲與食物同時出現，鈴聲就成為制約刺激，引發狗分泌唾液的反應。其後，Pavlov 發現狗對於其他的聲音的刺激也會反應，譬如口哨。越像鈴聲，狗的反應越強。此種情形會產生類化作用（generalization）。在古典制約中，類化作用涉及一種新刺激的傾向，類似原有制約刺激而產生類似的反應。譬如學生受責備的考試科目是生物學。當學生開始準備化學考試時，他也會很緊張，因為這兩科有密切關係，都是科學。因此學生的焦慮從一科（生物）的考試，到另一科（化學）的考試，形成類化作用（Santrock, 2001: 242）。學生不僅對生物科考試感到焦慮，其他類似科目的考試，也會感到焦慮。

當個體只對某些刺激，非其他刺激，而反應時，區別作用（discrimination）就會產生。為了產生區別作用，Pavlov 只在鈴聲響之後才給狗食物，其他聲響之後不給狗食物。其後，狗只有對鈴聲反應，其他聲響則無反應。此種情況區別作用於是產生。譬如學生參加英語科考試會緊張，對其他不同科目的考試，他就不會像英語科考試那樣緊張，因為他會區別這些科目很不一樣。

然而，當缺乏非制約刺激，制約反應減弱時，消失（extinction）現象就會產生。譬如，Pavlov 在做實驗時，他不斷反覆搖鈴，但都不給狗食物。於是，狗就停止分泌唾液。同樣地，對於考試會緊張的學生而言，如

果題目簡單些，學生考得好，焦慮就會逐漸消失。

三、系統減敏法

古典制約理論可應用於情緒的制約反應。產生情緒制約的可靠方法是系統減敏法（systematic desensitization），它常用於患有耗弱恐懼症（debilitating fear）的個體（Wolpe, 1958）。減敏法的實施包含三個階段，分別敘述如下（Schunk, 2012: 83）。

在第一階段，治療師與當事人共同發展焦慮階層，擬定當事人產生的焦慮由低階到高階的狀態。以考試而焦慮的學生為例，低度焦慮的情境可能安排在教室聽取考試宣布，並且共同蒐集學習資料。中度焦慮的情境可能是考試前一天晚上念書並在考試當天走進教室。高度焦慮的情境可能包含在教室領取一份沒有答案的試題。

在第二階段，當事人想像快樂的情景，學習鬆弛（例如：躺在海邊）並放鬆心情，說出「放鬆」。

在第三階段，當事人一邊放鬆一邊想像最低度的焦慮情景。這個動作可以反覆幾次，然後當事人想像下一個情景。處理程序逐級而上直到當事人可以毫無焦慮想像產生最高度焦慮的情景。如果當事人正在想像某一情景而表示有焦慮，就退回不產生焦慮的情景。處理需要一些時間。

減敏法是反制約的歷程。當事人想像的放鬆情景（非制約刺激）產生放鬆（非制約反應）。產生焦慮的暗示（制約刺激）與放鬆情景成對出現。放鬆與焦慮不能共存。最初低度的焦慮暗示與放鬆成對出現，然後慢慢地往高度焦慮階層移動，所有產生焦慮的暗示最後都引發放鬆的情緒。

減敏法是有效的程序，可在治療師或諮商人員辦公室完成。當事人不須表演各階層的活動。唯一的要求是當事人必須能夠想像焦慮的情景。每個人形成心理想像的能力迥然不同。減敏法也要有合格的治療師或諮商人員才能執行。

第三節 Skinner 的操作制約理論

Skinner 以老鼠與鴿子做實驗，建立他的理論，試圖應用他的理論於教室的情境。他區別了兩種反應：引出（elicited）的反應，係伴隨著明確的刺激；與引發（emitted）的反應，係明顯地與確認的刺激無關。當反應被引出的時候，這種反應稱為感應性（respondent）。當反應被引發的時候，這種反應稱為操作性（operant）——也就是說，沒有可觀察的或可測量的刺激來解釋反應的出現（Skinner, 1953）。在操作制約中，刺激的角色是比較不明確的；引發的行為往往不能與具體的刺激相聯結。

一、增強作用

Skinner 認為行為的改變係透過增強（強化）作用（reinforcement）而引起的行為反應。增強作用的刺激物稱為增強物（reinforcer）。增強物大致可分為兩大類：主增強物與次增強物。主增強物滿足人類的基本需求，例如：食物、水、安全、溫情與性的需求等；次增強物則指與主增強物結合而獲得的價值，例如：金錢對幼童沒有價值，直到長大之後曉得金錢可用來買東西（Ornstein & Hunkins, 2004: 103）。次增強物又分為四類：1. 社會型增強物（social reinforcers），例如：讚美、微笑、擁抱或關注等；2. 活動型增強物（activity reinforcers），例如：給予玩具、遊戲、有趣活動等；3. 符號型增強物（tangible reinforcers），例如：獎品、獎金、獎牌、獎狀、分數等；4. 代幣型增強物 (token reinforcers)，例如：打星星五顆星記號或點數等（Abbeduto, 2006: 186; Slavin, 2012: 120）。活動型增強物可把兩種活動（喜歡與不喜歡）同時呈現以刺激學生的行為改變，Premack（1965）稱為「普墨克原理」，也稱為「老祖母規則」（Grandma's Rule），例如：孫子不喜歡吃蔬菜但喜愛玩耍，祖母就對孫子說：「吃蔬菜，然後你就可以玩耍。」此種不喜歡的活動與喜歡的活動結合在一起，把喜歡的活動當作增強物，就可以改變兒童的行為。普墨克原理可以應用到班級經營，譬如導師發現學生不打掃教室或廁所，急著想去看棒球比賽，導師就向學生說：「趕快打掃教室，打掃完畢就可以去看棒球比賽了。」學生果然很快

去打掃教室。

　　有時候，人們很樂意去做事情而不計酬勞代價，此種由內在動機而激發個體行動的增強物，稱為內在增強物（intrinsic reinforcer），例如：學生自動自發喜歡繪畫、閱讀、唱歌、遊戲、登山、游泳等。相對於內在動機，由外在動機而激發個體行動的增強物，稱為外在增強物（extrinsic reinforcer），例如：學生受到鼓勵、讚美或獎賞而更加努力用功（Slavin, 2012: 122）。

　　Skinner 又把增強物分為兩類：積極（正）增強物（positive reinforcer）與消極（負）增強物（negative reinforcer）。積極增強物係指強化的刺激出現。當學生接到考卷打 A 等的成績或紙上寫著：「繼續保持好成績」的時候，他就受到積極的強化。當教師向班上學生大喊「保持肅靜」時，學生就靜下來，這是消極強化。學生的安靜強化了教師喊叫的行為。懲罰與消極增強物不能混為一談，它需要不愉快或有害的刺激或消除積極增強物，但並不總是消極增強物（Skinner, 1978）。雖然 Skinner 提出這兩種增強物，他反對懲罰因為懲罰阻礙學習（Skinner, 1954: 86）。

二、類化作用、區別作用與消失現象

　　古典制約理論談到類化作用、區別作用與消失現象；同樣地，操作制約理論也有類化作用、區別作用與消失現象。古典制約的類化作用是，類似制約刺激的刺激傾向於產生類似制約反應的反應。操作制約的類化作用是對於類似的刺激給予相同的反應，尤其有趣的是從某一情境到另一情境，行為類化作用的程度。例如：如果教師在上課時對學生的稱讚讓學生更加努力用功，則此稱讚將會類化到其他科目，讓學生也更加努力寫作業（Santrock, 2001: 246）。

　　古典制約的區別作用，係指針對某些特定的刺激反應而非對其他的刺激反應。操作制約的區別作用涉及在許多的刺激或環境事件中，個體做出區別，例如：教師講桌上的置物盤標示著「數學」，她以為是放今天數學作業的地方，而另一個置物盤標示著「英語」，是放今天英語作業的地方。這聽起來很簡單，但學生的世界充滿區別性的刺激（Santrock, 2001: 246）。

操作制約的消失現象發生於先前增強的反應不再受增強，而且反應減弱、消失。在課堂裡最普遍的消失現象是教師對學生的不良行為，故意視若無睹、無動於衷，學生的不良行為就會消失，譬如上課時學生捏另一位學生的耳朵，教師就立刻找這位惡作劇的學生講話。長此以往，這位惡作劇的學生就會認為這是引起教師注意的好辦法。如果教師改變一個方式，假裝沒看見，置之不顧，這位學生捏同學的舉動就會消失，操作行為沒有獲得增強將會停止（Santrock, 2001: 246）。

三、行為改變技術（behavior modification）

Skinner 的增強作用原理可用於教學與學習的歷程。增強作用促使人類的行為改變是可能的。個人的行為可以塑造或改變，也可以把複雜的概念教給學生。透過不斷的增強與逐步引起行為的改變，新的行為就塑造而成。這就是「行為改變技術」（behavior modification）。

依照 Skinner 的觀點，行為改變技術始於四個步驟：1. 辨認所要改變的行為；2. 記錄這種行為發生的次數及在何種狀態下發生這種行為；3. 以積極增強物（獎賞）增強所要的行為，引起行為的改變；4. 選擇積極增強物的類型——如活動型增強物：打電動遊戲或布置教室；社會型增強物：口頭贊賞或握手；符號型增強物：給數字（100 分）或符號（A+）分數；觸知型增強物：給糖果或頒發獎狀證書；或代幣型增強物：給 5 顆星或積點累積可換獎品等（Skinner, 1968）。

此種技術可用於個別化教學與班級經營。譬如小明不愛念書，上課愛講話，不寫作業卻喜歡塗鴉、繪畫。教師要改變他的不良行為，不妨教到什麼，就教他畫什麼。上語文課時，教師教到「動物園」，就讓小明畫動物或動物園。結果小明畫了一隻大象，教師隨即口頭贊賞他：「你畫得真好！」然後教師要他說一說為何要畫大象。他就很用心地說出他的想法。教師一直誇獎他說得真棒。於是小明更專注於語文課。此種技術無形中矯正他愛講話的習慣，變成有意義的說話課。教師善用增強作用原理不斷地施以強化，逐步引導學生改變不良的行為或習慣，最後終能塑造良好的行為。

四、教學機原理

Skinner（1983: 64）發現學校教育的方法與行為不相一致。教師違背教學的基本原理：教師沒有立刻告知學生的作業是對或錯，也不管他們的準備度或能力，都以同一步調施教。對於 Skinner 而言，解決之道就在於技術的協助——以教學機（teaching machines）與編序教學（programmed instruction）的形式協助解決。

教學機只是一種教學設計，安排增強的偶然性（contingencies）。它是傳送編序教學的一項設計。為使學習加速，教學機是一種使教學快速、澈底而加速的工具，它本身不會教學。它的設計原理是：1. 題目與答案分開設計，介紹課程內容；2. 要求學生回憶並建構答案，不是只認清與選擇答案；3. 呈現答案，立即回饋（Morris, 2003: 240）。

五、編序教學原理

編序教學的目的之一是個別化的學習，學生可以依照自己學習的速度進行學習教材。至於編序教學的方法，兼具結構性與功能性。從結構性言之，教材分成更小的步驟，並依順序呈現。從功能性言之，編序教學增強學生的反應。學生答對了，立即增強反應；然而增強之前，必先反應。編序是困難的，它牽涉到複雜而微妙的互動——編序人員、方案與學生以三個層次——文化的（教育）、人際的（教學）與個人的（學習）互動。在個人的層次方面，學習需要：1. 先學會目前的教材，才能往前繼續學習；2. 唯有準備就緒時，才能呈現新教材；3. 透過技術，誘導正確答案；4. 透過立即回饋及增強，引起動機。在人際關係的層次方面，教學需要：1. 界定教學的內容；2. 按順序編排；3. 在刺激的控制下，帶動學生反應；4. 遷移並增加控制；5. 統整以前資料與新資料以維持行為強度；6. 教材編序以便 95% 的正確反應；7. 少於 95% 的正確反應，應負起責任。在文化的層次方面，教育需要：1. 編序人員帶領學生把握編序人員的要點；2. 學生帶領編序人員把握學習的要點。這樣可以確保知識得以保存在文化中，也可以有效地分析（Morris, 2003: 241）。

第四節　Gagné 的學習理論

Gagné 的學習理論主要包括學習結果的分類、學習階層的概念、教學事件與學習條件的概念。今分別敘述如下：

一、學習結果的分類

Gagné 不是第一位強調教學目標的教育心理學家。他在《教學目標與學習領域》（Gagné, 1965a）一文中強調教學目標的重要性。目標的細目化可使設計者分辨不同的目標以推論先前行為如何改變。

由此目標的細目化與分類，設計者可以決定內在與外在的學習條件，以促進學習。Gagné 以不同的方式把學習結果的類型分為五類：1. 態度、2. 動覺技能、3. 語文資訊、4. 知識技能，與 5. 認知策略（如表 9.2）。這五種類型的學習由另外五個次級類型組成：1. 區別能力、2. 具體的概念、3. 界定的概念、4. 規則學習，與 5. 問題解決（Gagné, 1965b）（如圖 9.1）。

Gagné 的學習結果分類是環繞在學習條件的本質上。每一種類型的行為對於學習的條件都有不同的涵義。Gagné 推測每一類型獲得結果所需的

表 9.2　Gagné 的學習領域

學習類型	定　義	例　子
態度	• 影響個人的行動抉擇 • 個人的感覺或信念	• 選擇回收報紙 • 欲想盡其所能
動覺技能	• 使學習者能夠表現動作 • 生理的能力	• 騎腳踏車 • 打汽油
語文資訊	• 使學習者能夠溝通名稱、事實 • 陳述性的知識	• 說出科羅拉多州首都名字 • 寫出一個理論的定義
知識技能	• 使學習者能夠區別、辨認與把概念分類、應用並衍生規則 • 程序性的知識	• 分辨狗與貓 • 衍生預測雨量的規則 • 遵循製作義大利麵的步驟
認知策略	• 使學習者能夠組織並監控認知歷程 • 自我調適歷程	• 創造讀書的策略 • 承認理解力的欠缺

資料來源：Ertmer, Driscoll, & Wager, 2003, p.316

心理活動型態在品質方面與其他類型的心理活動不同。因此，界定學習目標至為重要，因為它可使設計者依教材難易度順序施教，先教低層次的技能再教高層次的技巧。而且，在目標分類後，有關如何教導每一類型，設計者也可做出重要的決定。

二、學習階層的概念

Gagné 在 1968 年提出「累積學習理論」（the theory of cumulative learning）。這個理論的前提是新的學習主要有賴於綜合以前習得與記得的實體，並有賴於學習遷移的潛能（Gagné, 1968）。依據 Gagné 的說法，「每一個新的學習都有具體的最起碼的先備條件。除非學習者能夠回憶這個先備能力，否則他無法學習新的工作。」（p.29）這個理論植基於 Gagné 垂直的學習遷移研究，而且與智能階層的觀念並行不悖（如圖9.1）。這個學習階層顯示何種類型的技能是其他何種類型技能的先備條件（Ertmer, Driscoll, & Wager, 2003: 311-313）。

智能階層的第一個類型技能是知覺的區別能力，讓學習者辨別環境的刺激。區別能力包括視覺、聽覺、觸覺，甚至味覺與嗅覺能力。部分區

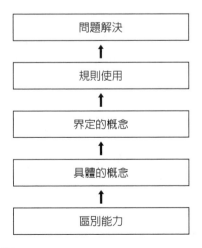

圖 9.1　Gagné 的智能階層

資料來源：Ertmer, Driscoll, & Wager, 2003, p.312

別能力的技能有賴於身體的能力，諸如辨別色彩的能力。色盲的人不可能有辨別色彩學習概念的先備能力，不可能應用有關這些概念的規則，去解決需要色彩區別能力的問題。然而，身體的能力是必要但不是區別力技巧的充分條件。個體可以透過練習與回饋的歷程，學會更好的區別能力。Gagné 把這一類型的能力稱為「區別的能力」（ability to discriminate）。

　　第二層級的技能是具體概念學習。Gagné 把概念學習分為兩類：具體的概念與界定的概念。具體的概念係指透過物理屬性把物體歸類的能力。因此，如果兒童看到一隻從未見過的狗，看到的時候會叫牠為狗；兒童即顯示具體觀念的行為。這個兒童曾經學會規則，縱然不甚明確，由於物理的屬性把某些場合的動物歸類為狗。你可能會問：「這個兒童必須具有何種先備區別能力？」這個兒童必須能夠看出這隻動物的體型類似狗的動物，但有別於其他類似貓、馬、鳥等動物。如果這個兒童不能做這些辨別，他可能沒學會狗的概念。Gagné 把這一類型的能力稱為「辨認的能力」（ability to identify）。

　　第三層級的技能是界定的概念。界定的概念也許有或沒有物理的事物。譬如，座位的概念。比椅子、沙發、板凳更廣泛的概念都是座位的例子。如果物體適合這個定義：「設計出來可供人坐在上面」，它就可歸為「座位」類。我們看到座位，因為它具有物理屬性，但它不是正當分類必要的特定物理屬性。而是這物件是否適合分類的規準：「設計出來的東西適合某人坐下嗎？」並非所有界定的概念都有明顯的物理事物。我們可能辨認某人的政治立場為「保守派」。這是一種概念，我們可以寫出一條把人分為自由派與保守派的分類規則，但他們也許不能僅以物理的屬性予以分類。相反地，個體可用動詞的敘述、意見或他們表達的行為並適合相關的類別描述，予以分類。這種人為的分類法仍有物理的特徵並需要區別的技巧，但這種連結不像具體的概念那樣清晰。這個界定的概念學來的能力動詞是「分類」（classify）。

　　第四個層級的技能是規則的使用。規則是概念與概念、概念與規則、規則與規則之間正式的關係。例如：熟悉的拼字規則，"i before e except after c, and when sounded like a, as in neighbor and weigh."「i 在 e 之前除在 c

之後，聽起來像 a，有如 neighbor 及 weigh 等字」。我們把這些概念 "be-fore"，"except"，及 "sounded" 放到陳述句，引導拼字的行為。Gagné 把這些原則界定為一種規則的形式。所以，像「更厚的空氣往更稀薄的空氣流動」是一項規則——一種概念之間的關係。當教導規則如動詞命題，個體學會一項規則就是他們可用某種方式應用這個規則。因此，學來的能力動詞是「展示」（demonstrate）。

最高層級的智能階層，是較高層次與問題解決的技能。Gagné 交互使用這兩個術語。問題就是學習者沒有準備的規則可用於解決的一種情境。如果他們有規則可循，那就是規則的使用。Gagné 把問題的解決描述為衍生性的學習歷程。所衍生的東西就是新的規則或程序，以解決問題。而所學到的東西，是如何建立規則並綜合舊規則；先備技能是別的規則與概念。譬如「學生將衍生一種預測股票市場是否興衰」。學來的能力動詞是「衍生」（generate）。

三、教學事件與學習條件的概念

在 1960 年代，Gagné 興趣於數學與科學新課程的研究發展，首度出版《學習的條件》（*The Conditions of Learning*）一書（Gagné, 1965b）。從 1970 年代，Gagné 著重教學的研究，發展他的學習能力（learning capabilities）的理念與學習能力的內在、外在條件。他特別有志於智能學習結果與概念學習的研究。他也強調學習結果作為教學設計、教學評量與形成性評量基礎的重要性。他與 L. J. Briggs 合著《教學設計原理》（*Principles of Instructional Design*），把學習的研究應用於教學設計，提供有系統的教學歷程（Gagné, 1989）。

在 1970 年代與 1980 年代，Gagné 的研究漸漸反映出認知資訊處理理論（cognitive information processing theory）。《學習的條件》（1977）第三版對於資訊處理理論有具體的描述，並且把九大教學事件連結到內在的認知歷程。Gagné 把基模（schema）的觀念融入思考與著作之中（Gagné, 1977）。《學習的條件》（1985）第四版專章提出教學的統整理論（integrative theory of instruction），而他的《教學設計原理》第四版提供了完整

的課程設計模式。

　　Gagné 相信，雖然一般的學習原理諸如聯續性（continuity）、重複（repetition）與增強作用（reinforcement）皆由當時的學習理論家所強調，在大部分的學習類型中占有重要的角色，但是除了這些適合學習概念、原則與規則以外，仍有特定的條件。他把教學條件稱為普遍化的教學事件與特定的學習條件。依據 Gagné（1989）的說法，每一特殊的學習類型的外在條件構成教學的基礎。內在條件保存於學生先前學習已養成的學習能力中。

　　Gagné 指出，一旦我們知道一個人將要學習一種概念，我們就會知道某些條件必須存在於學習者與外在的環境裡，才會產生學習。這些必要的學習條件並沒有因人或學科而改變。換言之，學習數學概念的心理條件與學習文法概念所需的心理條件是並行不悖的。

㈠ 內部事件（internal events）

　　在教學目標界定並分類後，要討論的問題是「涉及教學目標的行為，要把最佳的學習條件具體化的條件是什麼？」（Gagné, 1989: 266）他就每一類的目標以行為的階層思考答案，他認為，學習每一類行為最重要的條件是為學習者預先設定較低層次的行為目標。這意味著教學應循序漸進。學習者先前獲得的能力對於教學效果尤其重要。

㈡ 外部事件（external events）

　　Gagné 認為，獲得較高階層的學習有賴於次級階層的學習。然而，他也指出，預先設定行為的條件是需要的，但不是充分的條件。針對先備知識的必要性，他提出「教學」的需求。這就是 1962 年「教學事件」（events of instruction）的起源（Gagné, 1962）。

　　所謂「教學事件」係指包含在「教」與「學」情境中的教學特徵，如教學目標的敘述、必要的先備知識、提供教學的回饋等。Gagné 認為這些教學事件應視為提供內部學習的外部協助。這些事件可作為一項主要的工具，把學習的條件融入教學的情境中並且當作教學設計的架構。這些事件是基於教學程序的實證觀察，以及人類學習與記憶的資訊處理模式而建立

的。它們融合行為的與認知的元素，包括（Ertmer et al., 2003）：

　　1. 專心一致；

　　2. 告知學習目標；

　　3. 引起先前學習的回憶；

　　4. 提示刺激；

　　5. 提供輔導；

　　6. 引導表現；

　　7. 給予資訊回饋；

　　8. 評量表現；

　　9. 增進學習保存率與遷移（p.318）。

　　這九項事件依循典型的直接教學的順序，而有效教學也包含九項事件。然而，任何事件中的教學特質可能期待有所不同，端視習得能力的類別如同學習的結果一樣。例如：學習動覺技能將需要不同的事件設計，有別於需要學習語文資訊的技能或學習知識的技能。

第五節 實例與教師檢定

　　本節包括實例與教師檢定。前者著重理論與實際的結合，後者係近年來中小學教師檢定試題，分別列示如後：

實例

　　正心國民中學熊老師批改學生作文，　旦發現學生寫錯字，一定要求他每一個錯字要更正並且罰寫 20 遍。依照 Thorndike 的學習理論，練習的次數越多，連結力就越強，學習效果也就越好。你是否也有類似的經驗？現在請你仔細思考下列問題。

問題與討論：

從學習心理學行為學派的觀點言之，學生寫錯一個字，要罰寫 20 遍。此種處理方式符合教學原理嗎？為什麼？請提出你的看法。

解析

練習確實可以強化連結力，增強記憶力，提高學習力。學生寫錯字，教師要求他更正，無可厚非。但是，更正錯字不宜當作處罰的工具，更不可以太超過，反其道而行，否則會產生心厭現象（fatigue），造成「過度學習」（overlearning），有違教學原理。

教師檢定（國家教育研究院2015，2016，2017，2019，2020）

( ) 1.「能正確讀出 1～100 的數字」，此屬於蓋聶（R. Gagné）主張的哪一類學習結果？ (A) 認知策略 (B) 心智技能 (C) 語文訊息 (D) 動作技能。 （2015 年小學課程與教學）

( ) 2. 數學老師發現，當他要求學生做練習時，同學們都提不勁來寫，於是他告訴全班同學說：「如果你們能在下課前 10 分鐘寫完練習題，我就讓你們提早下課，無論是去打球或是看小說都可以。」下列哪一個概念較能說明老師使用的策略？ (A) 延宕滿足（delay of gratification） (B) 替代增強（vicarious reinforcement） (C) 內在增強物（intrinsic reinforcer） (D) 普墨克原則（Premack principle）。 （2016 年中等學校青少年發展與輔導）

( ) 3.「能正確比較十萬以內兩數的大小」，此較屬於蓋聶（R. Gagné）主張的哪一類學習結果？ (A) 心智技能 (B) 動作技能 (C) 語文訊息 (D) 認知策略。 （2016 年小學課程與教學）

( ) 4. 李老師在數學課以實例陳述正數與負數的加法，並示範計算過程。其目的是希望學生能學到蓋聶（R. Gagné）所主張的哪一種心智技能？ (A) 辨別 (B) 原則 (C) 具體概念 (D) 定義概念。 （2017 年中等學校課程與教學）

(　　) 5. 森森對人群有嚴重的焦慮感，李老師想透過系統減敏法降低他的焦慮感，請選出正確的實施順序：甲、實施放鬆訓練；乙、確定焦慮階層；丙、在想像中試驗；丁、在現實中驗證。　(A) 甲→乙→丙→丁　(B) 乙→甲→丙→丁　(C) 丙→丁→乙→甲　(D) 丁→乙→丙→甲。　　　　　　　　（2017 年中等學校青少年發展與輔導）

(　　) 6. 教師經常使用行為改變技術來塑造學生行為。對於正增強、負增強與懲罰三者的敘述，何者正確？　(A) 懲罰可以強化學生的正向行為　(B) 負增強意在停止學生負向行為　(C) 正增強和懲罰使用頻率儘量相當　(D) 正增強和負增強意在強化學生的正向行為。
　　　　　　　　　　　　　　　　　　　　　（2017 年小學課程與教學）

(　　) 7. 曾老師將「二元一次聯立方程式」單元設計成一連串的小單元，再據以編製測驗題目。實施時，學生各自作答後，立即檢核對錯，以逐步完成全部教材的學習。曾老師的教學法較接近下列何者？
　　(A) 微型教學　(B) 編序教學　(C) 闡釋型教學　(D) 建構式教學。
　　　　　　　　　　　　　　　　　（2019 年 -2 中等學校課程與教學）

(　　) 8. 小悠在十年級時，國文老師推薦他參加小說創作比賽。他得到首獎後，開始對文學相關科系產生興趣。根據學習理論的觀點，此一生涯選擇的影響因素與下列何者最有關聯？　(A) 古典制約學習　(B) 操作制約學習　(C) 聯結學習經驗　(D) 替代學習經驗。
　　　　　　　　　　　　　　　（2019 年 -2 中等學校青少年發展與輔導）

(　　) 9. 依照蓋聶（R. Gagné）的學習條件論，下列有關內在學習歷程的敘述，何者正確？　(A) 教師提醒學生注意本課各種修辭法及其差異，此為「期望」　(B) 教師請學生回想過去所學的各種修辭法並加以比較，此為「選擇知覺」　(C) 教師請學生將課文中各種修辭法整理成表格以比較並釐清其差異，此為「語意性編碼」　(D) 教師問學生本課文中各種譬喻法的差異，並針對其回答給予回饋與鼓勵，此為「類化」。　　　　　　（2020 年中等學校課程與教學）

(　　) 10. 下列何者屬於社會性獎賞？甲、觀賞影片；乙、自由時間；丙、口頭讚美；丁、全班鼓掌；戊、文具禮品；己、獎卡積點。　(A) 甲乙　(B) 丙丁　(C) 丁己　(D) 戊己。　（2020 年小學課程與教學）

（　　）11. 有關教師的處置方式，下列何者較屬於負增強？　(A) 學生在上課玩橡皮筋，老師將他的橡皮筋沒收　(B) 兩位學生在課堂上相互推擠，老師把兩位學生的座位分開　(C) 學生未完成老師交代的回家作業，老師要求學生利用下課時間完成　(D) 老師讓生字作業寫漂亮且正確的同學，下次生字從一行減少為半行。

（2020 年小學課程與教學）

（　　）12. 張老師跟學生說：「如果你們表現良好，午休時間就可以自由閱讀或做自己的事，作為獎勵。」這樣的策略較屬於下列何者？　(A) 強亨利效應　(B) 老祖母規則　(C) 比馬龍效應　(D) 破唱片原則。

（2020 年小學課程與教學）

（　　）13. 班級進行清掃活動時，林老師看到小旭認真地在清理責任區的樹葉。依據欣賞式稱讚原則，有關林老師稱讚小旭表現的敘述，下列何者較適切？　(A) 你這麼認真打掃，老師好高興！　(B) 你掃得這麼乾淨，真是謝謝你！　(C) 你很有責任感，把地掃得真乾淨！　(D) 你每個角落都有掃到，掃得很乾淨！

（2020 年小學課程與教學）

參考答案

1.(A)　2.(D)　3.(C)　4.(B)　5.(B)　6.(D)　7.(B)　8.(B)　9.(C)　10.(B)
11.(D)　12.(B)　13.(D)

第十章

認知學派

認知學派的學習理論，著重在人們獲取新知識與技能時所使用的心理歷程。不像行為學派的學習理論著重在可觀察的行為，認知學派的理論注重不可觀察的心理歷程與腦儲存的訊息。個體的思考、創造是重要的學習來源。然而，行為學派的學習是藉外界力量的反應。

認知學派的學習理論以 J. Piaget（1896-1980）、J. Bruner（1915-2016）、L. Vygotsky（1896-1934）與 A. Bandura（1925-）等人為代表人物。本章分別敘述他們的學習理論（張清濱，2020）。

第一節　Piaget 的認知發展階段理論

Piaget 是有名的認知發展心理學家，他的認知發展理論激起幼兒學校與小學課程的變革。他的兒童認知發展階段理論影響教育最為深遠，常與 Rousseau 的自然主義學習理論相提並論。本節就認知發展階段與認知發展理論分別敘述如後。

一、認知發展階段

依據 Piaget（1948, 1970）的認知發展理論，每個人都有四種不同的認知發展階段（stages of cognitive development）：感官動作期（sensorimotor thought）、前運思期（preoperational thought）、具體運思期（concrete operational thought）與形式運思期（formal operational thought）（如表 10.1），今說明如下：

表 10.1　Piaget 的認知發展階段

發展階段	行為表現
感官動作期（0-2 歲）	符號思考開始出現 物體恆久概念開始發展
前運思期（2-7 歲）	語言、藝術、戲劇等心理表徵開始發展
具體運思期（7-11 歲）	邏輯思考更客觀
形式運思期（11 歲以後）	假設─演繹、推理與抽象思考開始發展

資料來源：Buckler & Castle, 2014, p.118

㈠感官動作期

嬰兒（0-2 歲）屬於感官動作期（sensorimotor level）。嬰兒出生從反射動作發展到複雜的感官動作。兒童漸漸體會到物體有永恆性，會再找得到。例如一個剛滿 1 歲或以上的嬰孩想要得到面前地毯上的玩具，但玩具離他（她）太遠，拿不到。他（她）會拉著地毯，終於拿到了玩具。嬰孩使用中介物，取得標的物的工具。感覺動作期大都依賴動作、移動與沒有語言的察覺。這些動作以相當穩定的方式，相互協調，稱為動作的「基模」（schemata）。這些基模可以類化並應用於新的情境中。譬如拉地毯以取得玩具就構成一個基模，可以類化到其他的情境。換言之，一個基模會把新的情境融入以往的基模，產生同化作用（Marlowe & Canestrari, 2006: 100）。

㈡前運思期

幼兒園到小學一年級（2-7 歲）屬於前運思期（preoperational level）。在此階段，物體開始具有符號的意義。譬如，椅子是要給人坐的；衣服是要給人穿的。兒童漸漸有能力從經驗中學習更複雜的概念。在此階段，運思係指現實的轉型（the transformation of reality）。轉型未必是整體，永恆的東西總是不變型。如果你從一個杯子的水倒進另一個杯子，就有轉型；液體改變了形式，但液體的屬性仍然不變。所以在前運思期層次，從智力操作的觀點，兒童仍然還沒有守恆概念（conservation）的知識。譬如在液體的案例中，當兒童把一個杯子的水倒進另一個杯子的時候，他（她）就想到杯子裡水的數量已經改變。但如果你問他（她）杯子裡的水量增加是從何而來，他（她）不知道如何回答（Marlowe & Canestrari, 2006: 103）。

㈢具體運思期

小學二年級到五年級（7-11 歲）屬於具體運思期（concrete-operational level）。兒童開始會把資料組成邏輯的關係並能輕易地操弄解決問題情境的資料。然而，此種學習情境只有在具體的物體情境中發生。兒童能夠判斷正反面與相互關係，譬如左、右關係。兒童能夠具體運思，按照相似與

差異的觀點，把東西分類。這種分類，起初似乎很簡單，卻不容易學會，一直到大約七、八歲左右。在前運思期，如果你拿一束花給兒童看，其中一半是菊花，另一半是別的花。你可以問兒童在這一束花中，菊花較多或別的花較多？你會碰到這樣的答案，似乎頗為奇特：兒童無法告訴你是否菊花較多，因為兒童是根據整體或部分來推理的（Marlowe & Canestrari, 2006: 104）。

㈣形式運思期

小學六年級（11 歲後）屬於形式運思期（formal-operational level）。這個階段的特色是形式與抽象觀念的發展。青少年能夠分析理念並能理解空間與時間的關係。青年人可以邏輯思考有關抽象的資料，依可接受的準則評鑑資料，擬定假設，從假設中推論可能的後果，建構理論並獲致結論（Ornstein & Hunkins, 2004: 109）。譬如根據命題的推理與具體實物的推理就有所差異。Burt 曾經要求不同年齡的兒童去比較三個女孩的頭髮顏色：Edith 的頭髮比 Susan 的頭髮更白，Edith 的頭髮比 Lilly 的頭髮更黑。這三個女孩中，誰的頭髮最黑？這個問題是有一系列的比較，不是具體實物的比較，而是更複雜的心理操弄。這種問題在 12 歲以前的，很少能解答。這是屬於形式運思期（Marlowe & Canestrari, 2006: 105）。

二、認知發展理論

雖然遺傳與環境因素可能加速或減緩認知的發展，但這些因素並不改變發展的階段或順序。環境的因素乃是 Piaget 理論的關鍵。正如同環境的因素也是 Dewey 學習原理的核心一樣。三個基本的認知歷程構成 Piaget 與 Dewey 環境論的基礎。依據 Piaget 的觀點，同化（assimilation）是新經驗融入現有的經驗；它代表兒童的經驗與其環境的調合。但是，只有同化沒有能力處理新的情境與新的問題。兒童必須組織並發展新的認知結構，即兒童如何思考。這就是調適（accommodation），兒童現有的認知結構予以改變並調整以符應其環境。均衡（equilibration）是第三個基礎。它是獲得先前了解的東西與即將了解的東西之間平衡的歷程。均衡係指一個人的環境同化與調適的雙軌歷程（Piaget, 1932）。

　　Piaget 的認知發展理論幾乎完全環繞在兒童學習具體運思觀念的能力，尤其是「守恆概念」（conservation concepts）。他的認知發展論受到束縛的觀點主要有五個原則。第一，兒童的學習受限於「當時發展階段的一般束縛」；例如要知道兒童可能學習的方向，必先知道兒童的發展階段。第二，發展階段的約束意思是，兒童所能學到有關本階段的概念將會顯著改變，成為兒童初步認知階段的功能。第三，學習的要素是教導兒童把已經發展的認知結構應用於新的學習內容當中。第四，由於兒童明顯地不能學會尚未具備的認知結構，教師不宜教導兒童一些與其本階段有關的概念。譬如蝴蝶還是幼蟲時，不能學會飛，因為蝴蝶必要的翅膀結構尚未長成。兒童也是一樣，當他的骨骼尚未發展到適當的階段時，不宜教導寫字。正如孟子所說教導兒童不能「揠苗助長」。第五，兒童的學習經驗，如果明顯地超出本階段的認知發展，將會徒勞無功、無濟於事。例如前運思期的兒童不能真正地學會運思期的結構（Morris, 2003: 260）。

　　圖 10.1 所示具體的概念是數目、數量與長度的守恆概念。在每一個情況中，使用三個步驟來評量這種概念。第一，顯示給兒童兩件東西（兩片餅乾、兩瓶果汁、兩根線）與標的物的屬性（餅乾數目、果汁數量、線

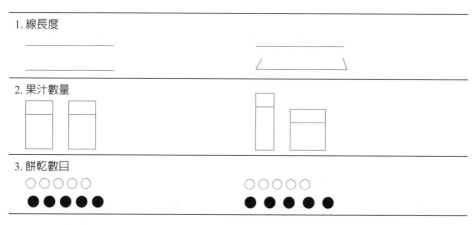

圖 10.1　守恆概念的三種類型（上方是長度概念，中間是面積概念，下方是數目概念）

資料來源：Morris, 2003, p.263

長度）明顯相等，因爲看起來相像。第二，一旦兒童認爲兩樣東西屬性相等時，把其中之一變個樣子（如一片粗些、一瓶多些、一線長些）。第三、問兒童看起來不同的東西是否仍然與數量的屬性相等。正確的答案應該是（守恆概念的反應），但幼兒通常會說不是（非守恆概念的反應）。從各種實驗的發現得到相同的結論：兒童學習守恆概念是訓練的結果，並沒有受到認知發展層次強烈的束縛（Morris, 2003: 261-269）。

第二節　Bruner 的認知發展理論

　　Bruner 的認知發展理論在他的《教育歷程》（*The Process of Education*）一書中有句名言——「任何科目都可以任何形式教導任何年齡的任何兒童」可以看出端倪（Bruner, 1960）。他的認知發展理論以三種表徵模式爲特徵：動作表徵（enactive representation）、影像表徵（iconic representation）與符號表徵（symbolic representation）（Bruner, 1960）。後面的模式有賴於前面的模式，但它們並不是發展的階段，因爲前者形成意義與解碼的方式並未消失，而成人具有這三種系統的彈性。依此看法，幼童使用動作來表示世界；意象是後來加上的；最後，獨斷的符號系統諸如語言與數學符號加諸於表徵的系列。這就是爲什麼任何科目可以教給任何年齡兒童的原因：它只是以發展的表徵模式呈現概念給兒童而已。例如，Bruner 協助數學家 Z. P. Dienes 使用天平的秤桿與積木教導一群 8 歲兒童的二次方程式。他們的教學順序融入有趣的動作（讓天平的秤桿平衡）、意象（利用積木使成等量的正方形）與符號（發展標記法去描述秤桿與積木的意象）。在他們的教學順序中，不同表徵系統的分離並不像系統的統整那樣明顯。如果沒有動作表徵與影像表徵的支持，8 歲兒童不可能以有意義的方式學會二次方程式，極爲明顯（Lutkehaus & Greenfield, 2003: 416）。

　　他的認知發展結構深受 Piaget 的認知發展理論的影響。的確，Piaget 是心理學領域主要的結構主義代表人物。Bruner 在他的《教育歷程》一書中，呈現教育結構論的兩大支柱：外部的學科結構與內部的認知結構。以他的觀點，學會了結構就是學會了事情的關聯性（Bruner, 1960: 7）。

Bruner 認為學習的行為是由三個相關聯的歷程組成，頗類似 Piaget 的認知歷程（Ornstein & Hunkins, 2004: 111）：

一、獲得（acquisition）就是抓住新的資訊；它與 Piaget 的「同化」相呼應。此類資訊可能對某人的資料儲存而言是「新的」；它也可以取代先前獲得的資訊，或只是去蕪存菁或進一步改進先前資訊的品質。

二、轉化（transformation）就是個體處理新資訊的能力以便超越。處理新資訊的方法是外插法（extrapolation）、內插法（interpolation）或轉換（translation）成另一形式。這個歷程與 Piaget 的「調適」大部分重疊。

三、評鑑（evaluation）就是判斷資訊是否以合適的方式處理特殊的任務或問題。它與 Piaget 的「均衡」密切呼應。

第三節　Vygotsky 的文化－歷史發展理論

Vygotsky 的理論強調人際關係、文化－歷史與個人的因素在發展上的相互關係。然而，在北美洲，他的理論複雜性卻大部分受到忽視，僅支持信賴單一的概念──近側發展區（the zone of proximal development, ZPD）（如圖 10.2）：兒童實際的心理年齡與其受到協助之下所能達到的水準之間的差距（Bigge & Shermis, 2004: 130）。尤有甚者，這個概念本身常常以相當有限的方式被視為強調人際關係，犧牲個人與文化－歷史的層次。這個概念似乎是「鷹架」（scaffolding）的同義詞，有些學者著重在更有能力的角色，另有些學者尤其教師，他的角色是在兒童思考的進程前，提供協助（Stone, 1993: 169-183）。因此，這個概念已經等同於敏感的教師可能提供兒童協助，而喪失 Vygotsky 的理論大部分的複雜性──兒童帶來的人際互動與文化－歷史互動更寬廣的場合。這種解讀完全迷失 Vygotsky 的立場。他認為兒童一生的發展類似社會的歷史發展，很像 Marx 的理論。人類具有未開發的潛能，唯有在社會的組織結構重整之後才能釋放出來（Tudge & Scrimsher, 2003: 212）。

在人際關係方面，Vygotsky（1934/1987）認為近側發展區對於知識發展的動力與教學的成功比真實的發展層次更具有意義。他說：「當教與

學走在發展的前端時，教與學才有用」（p.212）。「教與學的重要特徵就是創造近側發展區；也就是說，教與學喚醒各式各樣的發展歷程，這些歷程只有當兒童與周遭的人互動並與同儕合作的時候，才能操弄」（Vygotsky, 1935/1987: 90）。

在文化─歷史方面，我們必須強調這個事實，Vygotsky 的理論可適當地稱之為文化─歷史的理論，這是他的學習理論的焦點所在。他把文化的世界視為高等心理功能發展的來源。歷史可視為與物種的發展有關，而文化的群體也可視為個體遺傳基因與微觀基因的發展（Scribner, 1985: 119-145）。

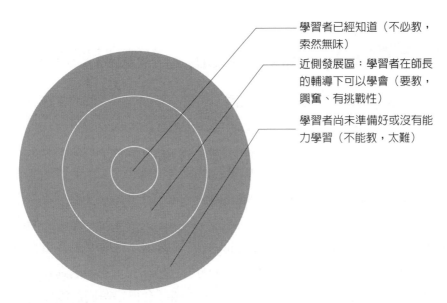

學習者已經知道（不必教，索然無味）

近側發展區：學習者在師長的輔導下可以學會（要教，興奮、有挑戰性）

學習者尚未準備好或沒有能力學習（不能教，太難）

圖 10.2　近側發展區

資料來源：改編自 Woolfolk, 2011, p.64

Vygotsky（1987）相信文化工具包括技術工具（technical tools）像今日的手機、電腦、網路，與心理工具（psychological tools）像符號系統、數字系統、盲點字、手語、語言等在認知發展上扮演重要的角色。譬如語言與數字系統協助學習與認知發展，改變思考歷程。此種符號系統透過正式

與非正式互動與教學，由成人傳給兒童，或由兒童傳給兒童。

Vygotsky（1987: 86）認為在發展階段的每一個定點，兒童都有一些處於解決邊緣的問題。兒童僅需要某些協助，譬如記住細節或步驟、提醒、鼓勵嘗試、提供線索等等。當然有些難題超出兒童的能力範圍。近側發展區乃是兒童目前發展的層次「獨立的問題解決」與兒童可能發展的層次「透過成人的指導或與同儕合作」之間的區域。近側發展區是動態的、會變動的區塊。當學生與教師互動，產生了解時，它就會隨之改變。這是教學可以成功的區域。成人與教師常常使用語言提示協助兒童解決問題或完成工作。此種協助支持的型態稱之為「鷹架」理論。隨著兒童接受師長的教導，此種協助可能逐漸減少。

學校與學校教育在決定我們的思考方式方面扮演重要的角色。然而，學校的重要性遠不如兒童受到鷹架理論支持的情境，兒童受到鼓舞成為「有意識地覺察」自己、語言與所處的環境。意識覺察（conscious aware-ness）的問題是他思考的核心：它是使人成為社會人，或人之所以為人的地方。歷史與文化的連結至為明顯。

Vygotsky（1930/1987: 164）把近側發展區內的互動與社會發展的脈絡連結起來。他界定「社會的」（social）一詞為「更廣泛的文化的東西。文化乃是人類的社會生活與公共的活動。」參與社會文化的世界就是使兒童成為人，確保兒童發展高度的心理歷程。高度的心智功能乃因集體行為而引起，與周遭的人合作而產生，並從社會的經驗而發生。他認為近側發展區不只是在學校情境中師生互動所發生的事情，也觸及新型式的意識發展，尤其當社會發展新的社會組織，諸如學校制度。

在個人方面，由於 Vygotsky（1935/1987: 351）主張社會的世界是發展的來源，許多學者乃把他的理論引申為文化的觀點與單一的方向使個體行動。這種解讀是不正確的。顯然 Vygotsky 不相信社會力量能完全地解釋兒童發展的說法。他了解到兒童發展的複雜性，蒐集兒童發展資料的方法必定是發展性的，要用縱向的研究方法而不使用橫向的研究方法。依照他的說法，研究者不需要強調某一個時間點的發展，而要強調連續的時間系列發展，以「揭示具體的動態歷程」（p.288）。

　　人類具有心理的功能，有別於動物的心理歷程。此種差異乃因人類的心理歷程是文化的沉思、歷史的發展，並從實際的活動衍生而來。人類在演變中的社會場合，由於社會學習的結果，就具有獨特的心理活動。質言之，人類的心理發展是個體透過「對話」與「遊戲」與文化互動的社會基因發展歷程（socio-genetic process）。個體存在於兩種世界：自然的世界與人爲的世界。動物僅存在於自然的世界。人爲的世界，一種文化的創造，塑造人類心理功能的結構。此種結構在動物裡就不曾發生（Ornstein & Hunkins, 2004: 112）。

　　Vygotsky 認爲文化與思考需要技巧的使用工具。他認定幾種有助於人類文化的工具類型：語言、各種計算系統、文書、藝術品、機械繪圖與記憶術。尤其語言是人類發明的主要工具，可使思考有條理、有組織。如果人類沒有語言，他們就沒有思想。

　　Vygotsky 的著作主要針對社會的起源與個體發展的文化基礎加以論述。他與 Piaget 的理論同屬認知發展理論，但二者對於認知發展的歷程採取不同的看法。Piaget 認爲兒童必須進入某一階段才能完成特殊的認知活動；Vygotsky 則持相反的觀點。他相信兒童在某一發展階段之前，由於與社會互動的結果常常能夠表現某種認知的動作。譬如，在達到某一特殊發展階段之前，兒童即開始弄通語言。Piaget 認爲階段的發展是在語言發展之前；Vygotsky 則認爲學習是在階段發展之前（Ornstein & Hunkins, 2004: 112）。換言之，Piaget 認爲學習總在發展之後；Vygotsky 則認爲學習常在發展之前。

第四節 Bandura 的社會學習理論

　　Bandura 致力研究學生如何透過觀察與模仿（modeling）學習。他發現學生可從觀看成人在實際的情境與電視、卡通片的侵略性動作學會攻擊性的行爲。透過觀察與模仿，學生可以學會如何以高明的成就水準表現行爲。強化與獎賞雖有其價值，學生的學習最重要的是專心一致，並且透過觀察，獲得必要的反應，然後模仿其行爲（Bandura, 1977）。

Bandura 進行自我調適（self-regulation）與自我效能（self-efficacy）的研究。在他的著作《社會學習理論》（*Social Learning Theory*）一書中，他以三個互惠的因果關係，分析人類的學習與自我調適（Bandura, 1977）。這三個互惠的因果關係涉及個人的（認知—情意）、行為的與環境的決定因素之間複雜的交互作用。

依據 Bandura 的觀點，人們思考、相信與感覺的東西都會影響他們的言行舉止。自然的、外在的行為影響大部分決定了思考的類型與情意的反應（Bandura, 1986: 25）。在這個互惠式因果關係的模式中，人們是環境條件的製造者也是環境條件的產物。這種觀點避免古典認知方法的陷阱（Sampson, 1981），降低行為與社會環境因素對人類思考的互動影響至最低的限度。

在 1980 年代，Bandura 漸漸轉移注意研究自我效能信念在新的功能領域的影響。他與學生 Dale Schunk 探討個人目標設定在數學能力的自我調適效果。他們發現設定個人目標的學生比沒有設定目標的學生，發展較高的自我效能、內在興趣與能力（Bandura & Schunk, 1981）。Bandura 把研究方案轉移至自我效能信念系統：起源、結構與功能。他把知覺的效能視為人類動機與行為的基礎。

一、自我調適歷程

這項自我調適歷程的研究，如目標設定與自我效能信念，引導 Bandura 統整他的早期與後期的研究。在他的《思想與行動的社會基礎》（*Social Foundations of Thought and Action*）一書中，他重新標示他的理論為社會認知論，因為理論與研究的廣度遠超出學習的範圍。這個理論越來越關心人類行為的動機與調適。他以社會認知的觀點，提出人類思想與行動的根源，和自我參照歷程在動機、情意與行動方面的角色。他認為人是自我組織、自動自發與自我反省的，而非只是被動地針對社會的環境與內部的因素反應（Bandura, 1986）。

從歷史的觀點，教育家們一直把學生無法自我調適學習的能力歸咎於意志力的薄弱。於是，教師們勸導學生更加努力用功，抗拒電視、電動

遊戲與網際網路聊天的誘惑。這些勸導非但無效，而且也有一些反效果。
Bandura（1986）即認為過度依賴意志力而成功的學生往往會有自我軟弱的
屬性，尤其如果他們把「意志力」視為他們所欠缺的特質。無法學習將會
導致學生把它歸因於與生俱來的、人格的缺陷，因而沒有學習動機並且自
暴自棄。

　　意志力理論在教學輔導方面，少有助益。二元論把身心視為分離的實
體，對於心不在焉的學生無法啟發學生的學習。相對之下，Bandura 的三
位一體因果關係模式，主張學習涉及個人的（認知—情意）、行為的與環
境的決定因素之間的相互作用（如圖 10.3）。透過思想與行動，人們可以
行使自我調適，以控制功能的水準。

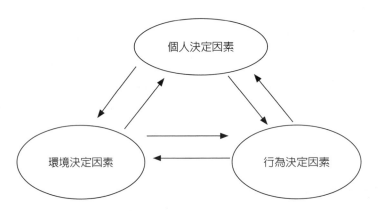

圖 10.3　Bandura 的三個互惠的因果關係

資料來源：Zimmerman & Schunk, 2003, p.438

　　Bandura（1986）建議教師要善用自我管理的歷程教導學生調適個人
的、行為的與環境的情境。這三個主要的自我管理歷程是：自我觀察、判
斷歷程與自我反應。自我觀察係指監控自己的表現，譬如自己記錄解決
問題的品質。判斷歷程係指評估自己的表現是否符合自己的標準與個人
的價值觀。自我反應則指個人對於表現評估引起的認知、情意與可觸知的
反應。

二、自我效能信念

自我效能信念涉及人們在特殊領域的表現能力之自我判斷，非指人格特質或自我概念的自我判斷。例如：教師要求學生判斷某些班級的數學演算能力，而非數學的觀念。學生的自我效能信念有別於各領域的學術功能如語言學、數學與科學等學科。

Bandura（1997: 241）曾分析兒童的知覺效能、教師的教學效能信念與學校的集體效能意識何以有助於提升學業成就。許多教育人員一直受到研究顯示教師自我效能信念的重要性所迷惑。例如：Bandura 發現，具有高度教學效能的教師比低度教學效能的教師花費更多的時間於學生的課業活動，提供學業有困難的學生更多的輔導活動，並更常獎勵學生的優異表現。他認為，強烈地相信自己有能力去改進學習的教師會為學生創造精熟學習的經驗，但是對於教學效能自我懷疑的教師卻可能建構有害於學生能力判斷與認知發展的教室環境。教師的知覺效能也會影響他們遭受壓力與倦怠的容忍度與對教育奉獻的向心力（Zimmerman & Schunk, 2003: 447）。

第五節 實例與教師檢定

本節包括實例與教師檢定。前者著重理論與實際的結合，後者係近年來中小學教師檢定試題，分別列示如後：

實例

J. Piaget 的認知發展階段理論與 L. Vygotsky 的文化—歷史發展理論同屬認知學派。但兩者對於發展與學習有不同的見解。Piaget 認為兒童的心智發展要達到某一個階段的水準之後才能學習。譬如幼兒的骨骼尚未長成，不能學習寫字，否則會揠苗助長，未受其利反受其害；Vygotsky 則認為由於社會的互動，兒童的學習總在心智發展之前。譬如，兒童學習數學加、減、乘、除，不懂方法學不會，但經師長、同儕的指點與協助，果然恍然大悟。換言之，Piaget 認為學習在發展之後，Vygotsky 則認為學習常在發展之前。

問題與討論：

　　從 J. Piaget 與 L. Vygotsky 的認知發展理論，你發現學習與發展有何不同？你認為學習影響發展，或發展影響學習，或學習與發展互為因果？請提出你的看法。

解析

　　J. Piaget 與 L. Vygotsky 的認知發展理論，雖然見解不同，但都有其立論的根據。事實上，成長乃學習所必需，人類的學習必須以心智發展為基礎，但學生有個別差異，學習容易受到環境的影響。因此學習會影響發展，發展也會影響學習，學習與發展是互為因果的。

教師檢定 （國家教育研究院，2015，2016，2017，2019，2020）

(　　) 1. 下列何者屬於操作制約學習？　(A) 小華害怕蟑螂，因為每次蟑螂出現他的媽媽就會大聲尖叫　(B) 阿宏知道走哪一條路可以最快到達學校，因為他熟悉附近環境　(C) 莉莉不在課堂上講話，因為她看到班上同學講話會被老師責罵　(D) 小銘會以哭來引起父母的注意，因為他一哭就會得到父母的關注。

(2015 年中小學教育原理與制度)

閱讀下文後，回答 2-3 問題。

張老師安排四至五個學生為一組，並且各組均有高中低程度的學生；上課時老師先說明基本概念，再提供學習任務由小組共同討論，然後各組分享討論的結果。

(　　) 2. 張老師運用此一教學設計最主要的用意為何？　(A) 改善班級常規管理　(B) 提供學生前導組體　(C) 增加學生學習精熟　(D) 提供鷹架增進學習。

(　　) 3. 此一教學設計最強調的學習觀點為何？　(A) 學習是訊息處理策略的應用　(B) 學習是需要經過練習而精熟　(C) 學習是教師專業知識的傳授　(D) 學習是透過社會互動而建構。

(2015 年中等學校課程與教學)

（　　）　4. 「學生之所以會不斷出現校園霸凌的行為，最主要是因為媒體不斷的報導，讓學生有樣學樣的結果。」這樣的說法較偏向於下列哪一學派的觀點？　(A) 行為主義論　(B) 社會文化論　(C) 社會學習論　(D) 認知發展論。　　　　　　　　　　（2015 年中小學教育原理與制度）

（　　）　5. 老師將杯子中的水倒入水桶中，小宇始終堅持原本的杯子裡的水比水桶中的水還要多。根據皮亞傑（J. Piaget）的認知發展論，小宇的思考模式具有哪一個發展階段的特色？　　(A) 形式運思期的組合推理　(B) 前運思期的知覺集中傾向　(C) 感覺動作期的缺乏物體恆存性　(D) 具體運思期的去知覺集中傾向。

（2015 年中小學教育原理與制度）

（　　）　6. 關於青少年形式運思能力的敘述，下列何者較不適當？　(A) 此能力為人際知覺的基礎　(B) 此能力在各種認知範疇平行發展　(C) 此能力與其解決問題的能力有關　(D) 此能力與道德推理為必要非充分的關係　　　　　（2015 年中等學校青少年發展與輔導）

（　　）　7. 「能正確讀出 1～100 的數字」，此屬於蓋聶（R. Gagné）主張的哪一類學習結果？　(A) 認知策略　(B) 心智技能　(C) 語文訊息　(D) 動作技能。　　　　　　　　　　　　（2015 年小學課程與教學）

（　　）　8. 學生根據過去的成敗經驗，評估自己在接受新任務時，可以更加面臨挑戰。這較屬於班度拉（A.Bandura）所提出的下列何種概念？　(A) 自我增能　(B) 自我效能　(C) 自我要求　(D) 自我參照效應。

（2016 年中小學教育原理與制度）

（　　）　9. 數學老師發現，當他要求學生做練習時，同學們都提不勁來寫，於是他告訴全班同學說：「如果你們能在下課前 10 分鐘寫完練習題，我就讓你們提早下課，無論是去打球或是看小說都可以。」下列哪一個概念較能說明老師使用的策略？　(A) 延宕滿足（delay of gratification）　(B) 替代增強（vicarious reinforcement）　(C) 內在增強物（intrinsic reinforcer）　(D) 普墨克原則（Premack principle）。

（2016 年中小學青少年發展與輔導）

（　　）　10. 身為教師，下列教學信念何者最為合理？　(A) 我自己不能犯任何錯誤　(B) 我在教學上必須跟其他老師競爭　(C) 學生問的問題，

我都要無所不知　(D) 我應該對學生學習成就負起責任。

（2016 年小學課程與教學）

(　) 11. 小花在家中備受爺爺和奶奶疼愛，因此認為所有的老人都是和藹可親。此現象最符合皮亞傑（J. Piaget）理論中的哪一個機制？　(A) 同化　(B) 平衡　(C) 組織　(D) 調適。

（2016 年小學兒童發展與輔導）

(　) 12.「能正確比較十萬以內兩數的大小」，此較屬於蓋聶（R. Gagné）主張的哪一類學習結果？　(A) 心智技能　(B) 動作技能　(C) 語文訊息　(D) 認知策略。　　（2016 年小學課程與教學）

(　) 13. 李老師在數學課以實例陳述正數與負數的加法，並示範計算過程。其目的是希望學生能學到蓋聶（R. Gagné）所主張的哪一種心智技能？　(A) 辨別　(B) 原則　(C) 具體概念　(D) 定義概念。

（2017 年中等學校課程與教學）

(　) 14. 李老師在歷史課上，除講授內容外，會教導學生一些記憶的策略，他認為適當的策略對學生習得學科內容有正面的效益。李老師的教學理念與作法，較屬於哪一個學習理論的觀點？　(A) 行為主義取向　(B) 認知主義取向　(C) 人本主義取向　(D) 建構主義取向。

（2017 年中小學教育原理與制度）

(　) 15. 根據皮亞傑（J. Piaget）認知發展理論，下列哪一項不是青少年在形式運思期的思考特徵？　(A) 能理解「白馬非馬」的邏輯詭論　(B) 認為水從方瓶倒進圓桶時，體積及重量也隨之改變　(C) 可以想像數線上任意兩點間，可無限分割成更小的部分　(D) 知道當「若 A 則 B」成立，可以推論出「若非 B 則非 A」。

（2017 年中等學校青少年發展與輔導）

(　) 16. 根據皮亞傑（J. Piaget）的認知發展理論，兒童在哪一個發展階段具備「遞移推理」（transitive inference）的概念？　(A) 前運思期　(B) 感覺動作期　(C) 具體運思期　(D) 形式運思期。

（2017 年小學兒童發展與輔導）

註：遞移推理即 A > B　B > C　C > D　∴ A > B > C > D

(　) 17. 下列何者較符合維高斯基（L. Vygotsky）「近側發展區」概念在教

學上的應用？ (A) 教師提供公式，請學生計算出圓面積的大小
(B) 教師請學生自行找出計算圓面積的方法，並加以讚美 (C) 教師將學生進行同質性編組，請他們找出計算圓面積的方法 (D) 教師提供生活情境，引導學生將圓面積的計算方法應用到生活中。

（2017 年小學課程與教學）

( ) 18. 小評和同學談話時，會開玩笑地談論社會事件，也會用假設方式發表自己對事件的看法。根據皮亞傑（J. Piaget）的理論，小評的認知思考方式較屬於下列哪一個階段？ (A) 形式運思期 (B) 具體運思期 (C) 可逆思考期 (D) 感覺動作期。

（2019 年 -1 中等學校青少年發展與輔導）

( ) 19. 媽媽給小靖一片餅乾。小靖說想多吃一點，媽媽便將餅乾剝成兩半後，小靖就覺得他的餅乾變多了。根據皮亞傑（J. Piaget）的觀點，小靖的認知能力正處於哪一個階段？ (A) 感覺動作期 (B) 前運思期 (C) 具體運思期 (D) 形式運思期。

（2019 年 -1 中小學教育原理與制度）

( ) 20. 曾老師將「二元一次聯立方程式」單元設計成一連串的小單元，再據以編製測驗題目。實施時，學生各自作答後，立即檢核對錯，以逐步完成全部教材的學習。曾老師的教學法較接近下列何者？
(A) 微型教學 (B) 編序教學 (C) 闡釋型教學 (D) 建構式教學。

（2019 年 -2 中等學校課程與教學）

( ) 21. 再過兩個星期，加華就要面臨重要的升學考試。他平日成績不差，但是對這次考試卻沒有信心得到好成績。此現象顯示他較缺乏下列何者？ (A) 認知能力 (B) 成就動機 (C) 自我效能 (D) 精熟水準。 （2019 年 -2 中等學校青少年發展與輔導）

( ) 22. 大明能夠說明如何解答一元二次方程式（如：$x^2 - 3x + 2 = 0$）的題目。根據皮亞傑（J. Piaget）認知發展理論，大明的認知發展到達哪一階段？ (A) 形式運思期 (B) 具體運思期 (C) 感覺動作期 (D) 前運思期。 （2019 年 -2 中等學校青少年發展與輔導）

( ) 23. 小悠在十年級時，國文老師推薦他參加小說創作比賽。他得到首獎後，開始對文學相關科系產生興趣。根據學習理論的觀點，此一生

涯選擇的影響因素與下列何者最有關聯？　(A) 古典制約學習　(B) 操作制約學習　(C) 聯結學習經驗　(D) 替代學習經驗。

（2019 年 -2 中等學校青少年發展與輔導）

(　) 24. 下列何種作法較不符合維高斯基（L. Vygotsky）的認知發展論？ (A) 鼓勵學生的私自話語（private speech）　(B) 提供學生學習的鷹架（scaffolding）　(C) 重視學生在他人協助下最大的可能表現　(D) 強調學生動手操作，從經驗中學習新知識。

（2019 年 -2 中小學教育原理與制度）

(　) 25. 餐桌上有 2 杯一樣多的蘋果汁，媽媽將其中一杯蘋果汁倒入另一個比原來高且瘦的長頸鹿杯子中，這時小明搶著要喝長頸鹿杯子的蘋果汁，小玲覺得沒關係，反正 2 杯蘋果汁一樣多。根據皮亞傑（J. Piaget）的理論，小玲的反應顯示她已經具備下列何者？　(A) 類包含（class inclusion）　(B) 守恆概念（conservation）　(C) 知覺集中（perceptual centration）　(D) 命題推理（propositional reasoning）。

（2019 年 -2 中小學教育原理與制度）

(　) 26. 下列哪一項不屬於社會學習理論中的模仿行為？　(A) 看到老師天天中午刷牙，欣美也帶牙刷到學校跟著一起刷牙　(B) 看到正泰字寫漂亮被老師口頭讚美，榮華也努力把字寫好看　(C) 仁美看到同學們都很早到學校，於是也跟著早一點起床上學　(D) 老師說抽菸對身體不好，忠明爸爸接受忠明的勸告開始戒菸。

（2020 年小學課程與教學）

(　) 27. 何老師講述、解釋與圖示日蝕現象時，同學們似懂非懂。於是老師利用虛擬實境，讓同學觀察日蝕的變化過程並加以解釋。此種方式較屬於哪一種學習理論的應用？　(A) 頓悟學習理論　(B) 同步學習理論　(C) 情境學習理論　(D) 意義學習理論。

（2020 年小學課程與教學）

(　) 28. 張老師在黑板寫出「財」、「賄」、「費」、「販」等字，要學生找出這些字的共通點。學生說出每個字都有「貝」，於是再引導學生歸納出貨幣是從貝殼演變而來。此一教學策略較屬於下列何種理論的應用？　(A) 迦納（H. Gardner）多元智能　(B) 布魯納（J.

Bruner）發現教學　　(C) 史金納（B. Skinner）操作制約　　(D) 奧蘇
貝爾（D. Ausubel）前導組體。　　　　　　　（2020 年小學課程與教學）

参考答案

1.(D)　　2.(D)　　3.(D)　　4.(C)　　5.(B)　　6.(B)　　7.(C)　　8.(B)　　9.(D)　　10.(D)

11.(A)　12.(A)　13.(B)　14.(B)　15.(B)　16.(D)　17.(D)　18.(A)　19.(B)　20.(B)

21.(C)　22.(A)　23.(B)　24.(D)　25.(B)　26.(D)　27.(C)　28.(B)

第十一章

人本學派

　　心理學家不承認現象學（phenomenology）或人本心理學是心理學的一個學派，而視為心理學的一種形式。他們的論點是大多數的心理學家屬於人文主義者，因為他們關心人類並且關心改善社會。更進一步說，人文主義（humanism）的標籤不該當作普遍化的面具使用。然而，許多觀察家視現象學——有時稱人本心理學為第三勢力的學習理論——在行為學派與認知學派之後。現象學有時視為認知理論，因為它強調完整的個體或全人。認知領域與情意領域學習的分野把兩種領域截然劃分為二（Ornstein & Hunkins, 2004: 124）。

　　現象學乃在研究當前立即的經驗，植基於存在主義哲學。大部分的現象學理念來自現場的情境；然而，教育家們漸漸體會到現象學對於課堂的教學有重要的意涵。現象學家指出我們觀看自己的方式是了解自己行為的根本所在。我們所作所為，甚至我們所學都是由我們自己的概念所決定（Combs, 1982）。假使有人認為他（她）是拿破崙，他（她）的行為舉止就像拿破崙，或至少傳達他（她）的拿破崙概念。如果某人認為他（她）自己是傻瓜，他（她）的認知表現將受自我概念的影響（Ornstein & Hunkins, 2004: 124）。

　　現象學源自於早期的場地理論（field theories），視整個有機體對環境（或場地）的關係，與學習者的感受和在固定環境中個人的意義。學習必須以問題的完整性來說明。人類不對孤立的刺激反應，而對有機體或刺激的類型反應。

　　場地理論來自於 1930 年代與 1940 年代的格式塔心理學（Gestalt psychology）或稱「完形心理學」。格式塔（Gestalt）一詞係德文，隱含形狀、形式與完形之意。在此背景中，各種刺激的感受係在場地裡對別人或東西的關係而定。個人所感受到的將決定他（她）給場地給予的意義。同樣地，個人對其他問題的解決方案端視他（她）對個人的刺激與整體之間關係的認同來決定。這就是場地關係（field-ground relationship）。個人如何感受這種關係決定了行為。只有感受並不是學習的重要因素；重要因素是要建構並重新建構場地關係以形成演變的類型（Ornstein & Hunkins, 2004: 125）。它的公式是：B = f(P.E.)，B = Behavior（行為），f = function（函

數），P = Person（個人），E = Environment（環境）；它的意義是「行為是個人與環境交互影響的函數」。例如：在一個人的面前，擺了美味可口的食物。如果他（她）肚子很餓，他（她）就很想吃它；反之，如果他（她）已經填飽肚子，縱然美味可口食物在前，他（她）依然無動於衷。這就是說：（她）的行為（B）（吃或不吃的行為）是受到他（她）自己（P）（飢餓與否）與環境（E）（美食）的交互影響而產生變化。若把這個理論用到英語教學，教師可以問學生：「學習英語重要嗎？」學生可能有各種不同的答案。想要出國的人、想要在外國公司工作的人，或想要環遊世界的人會認為英語很重要，而想學英語。但對於只想待在家、不想出國，或不跟外國人來往的人可能認為英語沒那麼重要，不想學英語。

　　基於這個理論，學習是複雜而抽象的。當學習者面對學習的情境，他（她）要分析問題、分辨重要與不重要的資料，並察覺其關係。這個環境不斷在改變之中，因此學習者不斷重組他（她）的感受。就以教學而論，學習可視為學生選擇的歷程。課程專家必須了解到學習者將感受到某種事對整體的關係；他（她）所感受的與如何感受是與其先前的經驗有關（Ornstein & Hunkins, 2004: 125）。現象學或人本學派的心理學是以 A. Maslow 的需求階層理論（need hierarchy theory）與 C. Rogers 的治療學習理論為代表。茲將其學習理論列述於後（張清濱，2020）。

第一節　Maslow 的需求階層理論

　　Maslow 是一位有名的現象學家，揭示人類需求的理論，稱為需求階層理論。依據 Maslow（1954）的研究，人類的需求可分為五種層級：生理需求（physiological）、安全需求（safety）、社會需求（social）、自尊需求（estccm）與自我實現（self-actualization）（如圖 11.1）。

　　一、生理需求：人類最基本的需求是生理或生存需求，包括充足的飲食、喝水、住居與性的滿足。

　　二、安全需求：第二個層次的需求是安全需求，包括生理與心理上能獲得安全感，身體沒有危險的顧慮，生理的需求不被剝奪。

三、社會需求：第三個層次是社會需求或隸屬需求，包括愛人、被愛、被接納與有隸屬感的需求。

四、自尊需求：第四個需求是自尊需求，包括受他人肯定、讚美、認可、自尊與尊人的需求。

五、自我實現需求：第五個也是最高層次的需求是要充分發展自己的潛能。一個人想當什麼，他（她）就能當什麼。自我實現就是成為一個人所能夠成就的慾望。

圖 11.1　Maslow 的需求階層
資料來源：改編自 Parkay, Anctil, & Hass, 2014, p.133

　　無可懷疑地，生理的需求是人類最具優勢的需求。缺乏食物、安全、愛與自尊的人渴求食物遠比其他需求更為強烈。如果所有的需求沒有獲得滿足，個體就會受到生理需求的支配，而其他的需求淪為不重要。潛意識幾乎完全被飢餓占據。人類的生理需求滿足後，才會考慮安全的需求、愛與歸屬、自尊等需求。

　　這些需求對於教學與學習具有重大的涵義。沒有愛與自尊等基本需求的兒童將無志於獲得世界的知識。兒童想要滿足愛與自尊的目標遠比學習與引導行為的方向優先。Maslow 的理念與 Pestalozzi、Froebel 重視愛與人類的情緒，殊無二致，相互輝映。

Maslow 創用「人本心理學」（humanistic psychology）一詞，強調三個主要的原則：1. 專注於體驗的人，因此體驗是學習的主要現象；2. 重視人類的本質如抉擇、創造性、價值觀與自我實現；3. 對於人類的尊嚴與價值顯示終極關懷並對於心理發展與學習者個人的潛能感到興趣（Maslow, 1970）。

教師與課程設計者的角色是把學生視為完整的人（a whole person）。學生是積極、有意、活潑並參與生活的經驗，不是行為學派的刺激—反應，或認知學派的認知經驗而已。學習是終身教育的歷程。學習是實驗性的，它的精髓是自由而其結果是人類潛能的充分發展與社會的改革（Ornstein & Hunkins, 2004: 125）。

根據 Maslow（1971）的觀點，教育的目的是培養健康而快樂的學生，能夠完成、成長、實現他（她）自己的心願。自我實現與實踐的臨場感乃是學生所應努力的，也是教師在課堂上所應重視的。自我實現的人是心理健康並且成熟的人。Maslow 舉出他（她）們的特徵是：1. 有效的感受到現實；2. 對自己、對別人隨遇而安；3. 不受罪惡、羞辱或焦慮所壓倒；4. 比較自發自動；5. 以問題為中心，不是以自我為中心。

第二節 Rogers 的治療學習理論

Rogers 也許是最著名的現象學家。他曾建立一套有助於學習的諮商程序與方法。他的理念植基於早期的場地理論；現實是建立在個別的學習者所感受的基礎上。「人是靠知覺『圖』而活，知覺圖不是現實本身」（"Man lives by a perceptual 'map' which is not reality itself."）（Rogers, 1951: 485）。

此種現實的概念，應該會讓教師體察到兒童對於特殊經驗的反應層級與種類各不相同。兒童的感受是相當個別化的，它影響兒童的學習與行為。Rogers 視治療為一種學習的方法。他相信積極的人類關係可以使人成長。因此學習者的人際關係如同認知成績一樣重要（Rogers, 1981）。教師的角色是督促的角色，一如存在主義的教師對於學生，有著密切的專

業關係，引導學習者成長與發展。教師協助學習者探討有關生活、學校課業、人際關係與社會互動的新理念。諮商的方法假設學生願意為自己的行為與學習負責，他們能夠做出聰明的抉擇，他們能與教師分享理念且能誠實地溝通正如人們碰到有關自己與人生的抉擇一樣（Ornstein & Hunkins, 2004: 126）。

　　依照 Rogers 的看法，課程強調歷程，不是結果；注重個別的需求，不是學科教材；著重心理的意義，不是認知的分數；並注意改變時空的環境，不是預定的環境。因此，學習要給予學生很大的自由，不要限制或事先規劃的活動。心理的與社會的情況往往限制或增進個人的領域或生活空間。心理的領域或生活的空間在課程設計方面是必要的考量（Ornstein & Hunkins, 2004: 126）。

第三節　實例與教師檢定

　　本節包括實例與教師檢定。前者著重理論與實際的結合，後者係近年來中小學教師檢定試題，分別列示如後：

實例

　　依據 Maslow 的需求階層理論，人類最基本的需求是生理的需求，其次是安全的需求。通常校園應該是最安全的地方，但是，由於社會變遷迅速，社會產生一些亂象，校園未必是最安全的場所。數年前，歹徒闖進北部某一所學校，躲在女生的廁所。下課時，女生正要上廁所，不幸遭受歹徒殺害。學校竟然變成兇案現場，怎麼會這樣？

問題與討論：

(　　)　　假設你是學校的教師，上課的時候，學生向教師表示要上廁所方便。你會如何處理？下列哪一位教師的作法較為正確？　(A) 黃老師：「剛才下課時，妳怎麼不上廁所？」　(B) 白老師：「要上廁所，趕快去呀！」　(C) 藍老師：「不行！下課時再上廁所！」

(D) 洪老師：「真的嗎？欣欣陪妳去！」

解析

　　這些老師具有獨特的管教型態。黃老師是權威型、白老師是放任型、藍老師是獨裁型、洪老師是民主型。權威型與獨裁型都不重視學生的生理需求，放任型不重視學生的安全需求，實不足取。民主型的教師兼顧學生的生理需求與安全需求，較為正確。

教師檢定 （國家教育研究院，2019）

(　　　) 1. 下列有關動機的描述，何者符合馬斯洛（A. Maslow）的動機理論？
(A) 認知衝突與認知失衡讓人有學習動機　(B) 人有避罰及避免失敗的驅力而投入努力　(C) 要先適度滿足匱乏需求，學生才有成長需求　(D) 給予挑戰性任務，讓學習者覺得有成就感，可促進學習動機。　　　　　　　　　　　　　（2019 年 -1 中小學教育原理與制度）

參考答案
1.(C)

第十二章

其他學派

　　前述各節論述行為學派、認知學派與文本學派的學習理論。本節探討介於各學派之間的理論包括建構主義、多元智能、情緒智商與學習型態等理論，分別敘述如後（張清濱，2020）。

第一節　建構主義理論

　　建構主義（constructivism）本是理性主義（rationalism）哲學中的一種教育哲學。理性主義的特徵是，相信理性是知識的主要來源，現實是建構而來非發現而來（Smith & Ragan, 1999: 14）。依其學理，它是綜合哲學的實用主義與經驗主義、社會學的知識社會學、心理學的認知論與科學的哲學等學說，個體以自己的經驗主動建構知識為其核心理念的一種觀點（黃光雄、楊龍立，2004: 138）。Piaget（1970）是最具有影響力的建構主義的理論家。建構主義的概念大概源自於他的建構主義觀與 Bruner 的發現學習建構主義觀。它的理論是建立在這個假定：「知識不是傳輸而是建構」（Smith & Ragan, 1999: 15）。知識是由學習者建構而來，讓自己的經驗有意義。因此，學習者不是等待裝滿的空容器，而是積極尋求意義的有機體（Driscoll, 2000: 375-376）。

　　自從 1980 年代，一些教育研究人員企圖辨認學習者如何建構新教材的了解。因此，建構主義的學習觀點著重在學習者如何使新資訊產生意義——他們如何依據所知道的東西建構意義。這種看法大部分可以追溯到格式塔的學習觀點，學習者尋求組織新資訊成為有意義的整體。

　　依據建構主義的觀點，「學生透過主動的建構歷程發展新的知識。」「他們不是只有被動地接受或從教師或教科書依樣劃葫蘆。相反地，他們主動促成設法使之具有意義並且與主題所學過、已經知道的東西發生關聯。」（Good & Brophy, 1997: 398）建構主義取向的課程與教學策略著重在學生對教材的思考，透過深思熟慮與質問，使學生能夠更深入地了解新教材。建構主義課程與教學的共同元素，有下列七點（Parkay & Hass, 2000）：

一、課程旨在充實學生的知識、技能、價值觀與陶冶性情。

二、教學目標強調發展學生的專才、學以致用，並注重知識概念的
了解。

三、課程以有限的教材注重廣度與深度的平衡。

四、教材的組織環繞在有限的理念。

五、教師的角色不只呈現教材也要協助學生學習。

六、學生的角色不只專心上課，也要建構意義。

七、學生的先前知識作爲教學的起點，教學建立在先前知識的基礎上
（p.168）。

建構主義課程與教學設計的共同元素是「鷹架」的概念。它是在早
期學習的階段，提供學生更大的協助與支持。鷹架概念是俄羅斯心理學家
Vygotsky 近側發展區的理念。依照他的觀點，有效的教學不能超越學生
現有的了解能力水準，也不能低估學生的學習能力（Parkay & Hass, 2000:
169）。

以一種不分好壞的方式去擁抱建構主義，它的危險性是過分簡化建構
主義的概念。我們往往僅從一個角度去看「建構主義的世界」，因此迷失
了重要概念的了解。我們可能誤導別人一味追求建構主義的課程與教學。
基本上，建構主義的論點至屬正確，只是教師在教學的過程中無法掌握它
的精髓，以致效果不彰，甚至變質。

建構主義（constructivism）在二十世紀頗爲盛行。追本溯源，它植基
於心理學與哲學的理念。Piaget、Bruner 與 Vygotsky 是建構主義的先驅。
Piaget 的認知發展理論、Bruner 的社會互動理論與 Vygotsky 的社會文化理
論影響建構主義至爲深遠。另一方面，建構主義者承認 Dewey（1933）、
Goodman（1984）的哲學思想與 Gibson（1977）的生態心理學概念對於建
構理論有重大的影響。Ernst von Glaserfeld（1984）對於建構主義數學與科
學具有相當的影響力。Kuhn 的科學革命與派典（paradigms）等理念也對
於建構主義發生某種程度的影響（Driscoll, 2000: 375; Phillips, 1995: 6）。

建構主義的根源，部分來自格式塔心理學的觀點，認爲學習者尋求把
資訊組成有意義的整體。根據格式塔心理學的學習理論，整體大於部分之
合（The whole is greater than the sum of its parts）。譬如，體驗一場動感的

交響樂比聽個別的音樂曲子感受更多；觀賞一場電影遠比觀看數以千計的靜止電影照片收穫還多。整體的特質決定部分的意義，而個別的感受決定意義（Parkay, Anctil, & Hass, 2014: 229）。

　　總而言之，建構主義的教學觀，教師扮演促進者（facilitator）的角色，不只呈現教材，也要協助學生學習。學生的角色不只專心上課，也要建構意義。學生的先前知識作為教學的起點，教學建立在先前知識的基礎上。學習是學生主動建構知識，不是被動地吸收資訊。小組合作學習可以促進學生的學習，讓學生主動建構知識，獲得意義。

第二節 多元智能理論

　　正當許多的學習理論家相信智能是學習的普通能力時候，有些心理學家認為智能是多面向的。這些不同面向的智能不是由任何單一的普通能力所囊括（Sternberg, 1966: 11）。Gardner（1983）在其《心靈的架構：多元智能理論》（*Frames of Mind: The Theory of Multiple Intelligences*）一書中指出人類的智能至少有七種：邏輯—數學的（logical-mathematical）、語文的（linguistic）、音樂的（musical）、空間的（spatial）、肢體—動覺的（bodily-kinesthetic）、知己的（intrapersonal）與知人的（interpersonal）智能。他在 1995 年又提出第八種智能——自然觀察的智能（the naturalistic）（Gardner, 1995）。這些智能包括下列能力：

一、邏輯—數學的智能：有效地運用數字與推理的能力。

二、語文的智能：有效地運用語言或書寫文字的能力。

三、音樂的智能：察覺、辨別、改變與表達音樂的能力。

四、空間的智能：準確地感覺、視覺空間，並把所知覺到的表現出來。

五、肢體—動覺的智能：善於運用整個身體來表達想法和感覺，與運用雙手靈巧地生產或改造事物。

六、知己的（內省）智能：有自知之明，並做出適當行為的能力。

七、知人的（人際）智能：察覺並區分他人的情緒、意向、動機與感

覺的能力。

八、自然觀察的智能：界定人類對有生物的分辨觀察能力，對自然景物敏銳的注意力，與對各種模式的辨別力。

Gardner 認為智能（intelligence）是「人類解決問題的能力或處事的能力」（Marlowe & Canestrari, 2006: 171）。他指出每個人都具有這些智能，只是某些智能很發達，某些智能一般發達，其餘的較不發達。事實上，大多數人的智能可以發展到充分勝任的水準。他認為每種智能實際上是虛擬的，在生活中沒有任何智能是獨立存在的。而且，每一種智能裡都有許多表現的方法（李平譯，2000）。

Weatherley（2000: 36-37）綜合 Gardner 的多元智能理論，提出三項結論，有助於教學、學校課程與班級經營：

一、每一種智能在人生歷程中都可透過合適的學習經驗發展出來。

二、在各種智能中，每一個人都會就他（她）的優點與缺點成為一種不同的組合。

三、了解是透過積極主動地表現出來。此種表現起初是透過最強勢的智能開展出來。

Gardner 的多元智能理論給學校教育人員一個重要啟示：3R's 教學，或核心課程雖有一席之地，藝能科目諸如音樂、美術、體育與群育發展諸如交友與人際關係仍不可偏廢。人生中有許多的機遇與機會。擅長跳舞、唱歌、打球的人可以登上世界的舞臺，揚眉吐氣。學校中途輟學的學生如果能受到鼓勵並給予機會，照樣會有揮灑的空間。因此，教育人員必須擴大他們的視野，把握五育均衡發展的目標，孕育學生各種智能，貢獻於社會。

第三節　情緒智商理論

情緒（emotion）涉及一個人的喜、怒、哀、樂、愛、惡、懼等表情。情緒包含影響動作的力量，它與生活息息相關。人類的行為都隨著情緒的高低而起伏。情緒是行為的氣壓計，自不待言。晴時、多雲、偶陣雨都會

影響到生活的每一層面。茲列舉數端，分述如下：

一、情緒與五育發展

　　如果學生的情緒不穩定，心浮氣躁，經常勃然大怒、出手打人，則其德育必然不佳；也不易與人和諧相處，獨來獨往，缺乏群性；更無閒情逸致，欣賞自然之美，缺乏美感。一個情緒緊張的學生容易患得患失。考試時容易遺忘，但等考完走出試場，情緒恢復平靜，卻又想起了答案。這是因為情緒過度緊張，造成心智的僵固（mental rigidity）。情緒焦慮、恐懼、不安也會影響身心的健康。此類學生常有胃病、腹瀉、頭痛、失眠、血壓上升等現象。嚴重者尚有精神疾病的症狀。情緒不佳的學生，五育發展都會受到嚴重的影響。

二、情緒與犯罪

　　臺灣地區的犯罪率居高不下，顯示人們的情緒大有問題。犯罪者大都缺乏理性與感性，一旦與人衝突，即怒不可抑。於是，鬥毆、縱火、殺人等暴力行為隨之發生。就以某地 PUB 遭人縱火案為例，嫌犯被警方逮獲後自稱喝酒後才脾氣暴躁。另一方面，氣候炎熱也會影響情緒，夏天的意外事故較多，顯然情緒與犯罪具有密切關係。

三、情緒與婚姻

　　男女之間的感情常受情緒左右。有人因情投意合而締結良緣；也有人因緋聞而丟官；更有人因爭風吃醋而殺死情敵。夫妻之間也常因暴力相向而演變勞燕分飛，造成分居或離婚的悲劇。良好的情緒管理乃是美滿姻緣的觸媒劑。

四、情緒與事業

　　一般人以為高智商就可大展鴻圖，成大功、立大業。殊不知許多聰明人反被聰明誤。高智商者未必有高度的挫折容忍度、堅定不移的毅力與接

納別人的雅量，往往無法處理複雜的人際關係與情緒問題。因此情緒智商大師 Goleman 說：E. Q. 的影響力比 I. Q. 大兩倍（中時晚報，1998.3.22）。

Goleman（1995）是美國哈佛大學心理學教授兼紐約時報科學專欄作家，他在《情緒智商：為什麼它會比智商更重要》（*Emotional Intelligence: Why It Can Matter More Than I. Q.*）一書中指出孩童認知自己的情感，與同儕感同身受，並有處理危機的能力——亦即情緒商數，簡稱 E. Q.——影響人的一生就如同天生智力一樣。

Goleman 認為 E. Q. 其實就是人類某種範疇的能力。這些能力包括：

㈠ 自我察覺的能力；

㈡ 處理感情的能力；

㈢ 自我調理情緒的能力；

㈣ 激勵自己的能力；

㈤ 惻隱之心，能為別人著想，傾聽別人的意見，願意與別人合作、交往（中時晚報，1998.3.23）。

這五個領域不是絕對的。但我們可以肯定所有的人都有這些或類似的能力並且每個人各有不同的能力。Goleman 強調：E. Q. 不一定是與生俱來的，大部分是經過後天的環境互動與經驗的累積得來，可塑性極高。每個人從小就可培養調節情緒的技巧與習慣。

Goleman 指出：曾經有一項長期的追蹤研究，把一群 5 歲的兒童集中在房間裡。每人面前都有一顆糖果。主持人告訴他（她）們，他要出去一會兒。只要在這段期間，沒有把糖果吃掉的，就可以得到兩顆。然後到隔壁房間透過閉路電視觀看這些兒童的反應。結果有些小孩一口氣就吃掉糖果，有些則是想吃又不敢吃，來來回回幾次，約有三分之一的小孩非常堅定地不吃就是不吃。18 年後的追蹤研究發現：這三分之一「懂得等待、懂得控制自己」的小孩有更好的人際關係，更好的學業成績，更明確的人生目標，與更圓滿的人生（中時晚報，1998.3.22）。

第四節 學習型態理論

　　學習型態係指學生學習偏好的各種方式，也可以界定為「個人認識與處理資訊的形式」（Kellough & Kellough, 2003: 29）。譬如有些學生在團體中學習，效果最好；另有些學生單獨學習，效果更佳。然而，學習型態不是智力的指標，而是學生如何學習的指標。Kolb（1984）認為學生如何學習有兩項主要的差別：他們如何察覺情境與他們如何處理資訊。基於如何察覺與如何處資訊的基礎，Jung（1927）指出人們的察覺方式（感觀與直觀）、做決定的方式（邏輯的思考與想像的感覺），與互動時的反應方式（外向與內向）幾乎迥然不同。其後，一些研究者雖以不同的方式闡述學習型態的理論。但大體上，學習型態也具有兩個共同點（Silver, Strong, & Perini, 1997）：

　　一、著重歷程：學習型態理論傾向於學習的歷程——個體如何吸收資訊，如何思考所蒐集的資訊與如何評鑑其結果。

　　二、強調個人：學習型態理論家一般都相信學習乃是個人、個別思考與感覺的結果。

　　依據 Silver、Strong 與 Perini（1997）的研究，學習型態可依具體與抽象的程度，分為下列四種模式：

　　一、精通型（the mastery style learner）：以具體的方式吸收資訊；按部就班處理資訊；以價值澄清與務實方式判斷學習的價值。

　　二、了解型（the understanding style learner）：較著重理念與抽象；透過發問、推理與驗證等方式學習；以邏輯的標準與證據評量學習。

　　三、自我表現型（the self-expressive style learner）：尋找隱含在學習中的意象；以感覺與情緒去建構新的理念與成果；依據創意、美學與喜好，判斷學習的歷程。

　　四、交際型（the interpersonal style learner）：如同精通型，著重具體、明確的資訊；喜愛透過社交來學習；以協助別人的潛在使用性衡量學習的價值。

　　McCarthy（1997: 47-51）也指出學習型態有下列四種：今列述如下：

一、想像型（imaginative learner）：想像型的學習者以完整的方式察覺資訊並以反省的方式處理。此種類型的學習者擅長傾聽並與人分享，能把別人的理念與自己的經驗加以統整。此類學習者往往不能適應於傳統的教學。

二、分析型（analytic learner）：分析型的學習者以抽象的方式察覺資訊並且以反省的方式處理。分析型的學習者偏向序列思考與細節。此類學習者在傳統的教學中，最能得心應手。

三、常識型（common sense learner）：常識型的學習者以抽象的方式察覺資訊並且以生動的方式處理。常識型的學習者注重實用並且偏愛講義式學習。此類學習者有時發現課業產生挫折。此類學習者在傳統的教學中，很有可能是處在輟學邊緣的學生。

四、動態型（dynamic learner）：動態型的學習者以具體的方式察覺資訊並且以生動的方式處理資訊。動態型的學習者偏愛講義式學習並且對於新的事物感到興奮。此類學習者喜歡冒險，也會產生學習的挫折，如果教材枯燥無味。在傳統的教學中，此類學習者也有可能是處在危機邊緣的學生。

Riessman（1966）則從感官的觀點，研究學生的學習型態。他發現每位學生都有不同的學習型態，正如同人格一樣。有些學生善於閱讀，有些學生長於傾聽，另有些學生敏於操作。職是之故，他把學習型態分為三種類型：

一、視覺型（reading）：此類學生視覺反應靈活，一目十行，過目不忘；閱讀速度特別快，喜歡閱讀書刊、報章、雜誌等。

二、聽覺型（listening）：此類學生聽覺反應靈敏，輕聲細語、風吹草動，都可聽得一清二楚；喜歡聽廣播節目、錄音帶、演講與別人說故事等。

三、動作型（doing）：此類學生手、腳動作特別靈巧；喜歡打球、運動、吹奏樂器、打電腦、電動遊戲、做實驗與操作機械等。

許多的學習研究以學生的學習型態為焦點，也就是說，何種學習的方法最有效果。學習型態描述個人處理資訊與尋求意義的方式。這些不

同的方式也稱之為「學習模式」（learning modes）、「學習型態偏好」（learning style preferences）或「認知型態」（cognitive styles）（Parkay & Hass, 2000: 169）。

學生偏好的學習型態取決於遺傳與環境因素。有些學生吸收知識快速；有些學生單獨學習成效最好。有些學生在正式的場合學得最好；另有些學生喜歡在非正式、輕鬆的場合學習。有些學生靠直觀學習，另有些學生需要按部就班的學習。

學習型態是一種新興的觀念，沒有單一正確的學習型態觀點引導課程與教學。學習型態的文化差異是很微妙的，難以辨認。譬如，沒有任何特殊種族或文化群體偏好單一的學習型態。

教學是涉及教師、學生、教材、環境與時間等五要素的一種行動。因此，把學習型態當作影響教師行動唯一或主要的元素是不恰當的。教師必須牢記在心，時空的情境、學校的設備、教材的本質與學生的個別差異也要全盤考量。此外，教師應該體會到這五種要素的互動關係是不斷在改變之中。他們不該相信今天學生的學習型態就是下週的學習型態。學生的學習型態是會隨著環境的因素而改變的。教師應該採取多面向的角度看待學習型態。因此教師要使用非正式的途徑去判斷學習型態。此種途徑係透過學生的回饋與敏銳的觀察，不必等待正式的診斷，教師就學習型態可輕易地下操作型的定義（Hyman & Rosoff, 2000: 193）。

第五節 實例與教師檢定

本節包括實例與教師檢定。前者著重理論與實際的結合，後者係近年來中小學教師檢定試題，分別列示如後：

實例

茲以發掘學生的潛能與師生的情緒管理為例，說明如後（張清濱，2020）：

一、發掘學生的潛能

小雄從小對於功課沒有興趣，教師要他念書卻意興闌珊，家長也認為他不是讀書的料子。但是，每當放學回家，他又像一隻生龍活虎，充滿活力，就往附近社區籃球場打籃球，而且持之有恆，數年如一日，果然打得津津有味。國民中學畢業後，他就讀高中體育班。高中教師發現他精力充沛，擅長打籃球，是可造之材，如能戮力以赴，將來可能成為籃球明星，揚名國際。

問題與討論：

1. 根據小雄的個案描述，從多元智能的觀點，小雄擅長哪一種智能？
2. 教師發現小雄擅長打籃球，應該採用何種學習型態，協助小雄發展他的潛能？

解析

從多元智能的觀點，小雄擅長肢體一動覺智能；教師應多採用動作型的學習型態，譬如球類運動、跆拳道、機械操作等，發展小雄的潛能。

二、師生的情緒管理

李生是樹人國民中學三年級學生。他剛從一所私立中學國中部轉進來。有一天，他的數學教師林老師向班上學生說：「下星期一連續放假，大家不要玩過頭，千萬要記得寫家庭作業。下次上課，老師要檢查作業。」隔了一週，開始上課的時候，林老師果然要檢查作業。他要求學生把作業拿出來放在書桌上，一一檢視。正當林老師走到李生的座位旁，要檢查李生作業的時候，李生突然站起來，不讓林老師檢查。於是，林老師勃然大怒，要檢查李生的作業是否放在書包裡。但李生不讓林老師檢查，反而從書包拿出鈍器敲林老師的腦袋。林老師防不勝防，不支倒地，經檢查有腦震盪現象。

問題與討論：

如果你是林老師，面對師生衝突的情境，你將如何處理？

解析

從上述的案例中，我們發現當事者（師生）的情緒管理出了問題。面對此種情境，處理方式如下：

第一，教師應該先了解該生的背景。原來該生是某私立學校的退學生，在校成績不佳、操性不良，是典型的「高風險群」人物。教師面對此類學生，應該格外小心、謹慎。

第二，教師應該找輔導教師與班導師甚至家長共同研商輔導對策，切勿單獨採取行動。

第三，教師平常應與學生維持和諧的師生關係，化解敵對的立場。師生對立狀態通常是師生衝突的導火線。

第四，教師與學生需要學習情緒管理，切勿動輒發怒。師生要有良好的情緒智商，調理自己的情緒。

第五，教師給學生的作業不宜全班都相同，宜按照學生的能力，給予個別的、適當的作業，使其有成功的滿足。

第六，教師應了解學生有無學業方面或生活方面的困擾。學業有困難的學生，常常會有情緒困擾，有時還會有攻擊的行為。

教師檢定 （國家教育研究院，2015，2017，2019，2020）

（　　）1. 小琪擅於在腦中想像及操弄物體的視覺影像。依據迦納（H. Gard-ner）的多元智能觀，她在哪一項智慧上可能有較獨特的能力？ (A) 空間智能（spatial intelligence）　(B) 自然智能（naturalist intel-ligence）　(C) 內省智能（intrapersonal intelligence）　(D) 邏輯數學智能（logical-mathematical intelligence）。
（2015 年中小學教育原理與制度）

（　　）2. 根據迦納（H. Gardner）的多元智力理論，下列何者與青少年自我概念的發展最有相關？　(A) 內省智力　(B) 空間智力　(C) 存在智力　(D) 人際智力。　　（2015 年中等學校青少年發展與輔導）

（　　）3.「大抵童子之情，樂嬉遊而憚拘檢。如草木之始萌芽，舒暢之則條達，摧撓之則衰痿。今教童子必使其趨向鼓舞，中心喜悅，則其進自不能已。」明代王陽明的這段話含有何種兒童教育理念？　(A) 教育兒童應重視音樂舞蹈，以舒展其身心　(B) 教育應傳授廣博知識，使學生享受知識的喜悅　(C) 教育應注重兒童心理和興趣，使其在快樂中學習　(D) 兒童教育應在大自然中進行，以開發其天生的感官能力。　　　　　　　　　（2015 年中小學教育原理與制度）

（　　）4. 下列哪一項是兒童至青少年情緒發展的特徵？　(A) 情緒掩飾的能力由強轉弱　(B) 情緒的表達由間接轉為直接　(C) 情緒波動的原因由抽象轉為具體　(D) 情緒原因的覺察由外在轉為內在。
（2015 年青少年發展與輔導）

5. 九年級的學生面臨升學、同儕交往不順等壓力，而產生多種負面情緒。請舉出負面情緒可能造成的五項不利影響。　（2017年中小學青少年發展與輔導）

（　　）6. 森森對人群有嚴重的焦慮感，李老師想透過系統減敏法降低他的焦慮感，請選出正確的實施順序：甲、實施放鬆訓練；乙、確定焦慮階層；丙、在想像中試驗；丁、在現實中驗證。
(A) 甲→乙→丙→丁　(B) 乙→甲→丙→丁　(C) 丙→丁→乙→甲 (D) 丁→乙→丙→甲。　　（2017 年中等學校青少年發展與輔導）

（　　）7. 鄒老師運用多元化的教學方法，啟發學生的多元智能。他讓學生針對歷年氣候變遷趨勢進行小組討論，製作趨勢分析圖並上臺報告。

鄒老師的教學涵蓋了下列哪些方面的智能？　(A) 語文、內省、空間　(B) 人際、空間、肢體／動覺　(C) 人際、語文、邏輯／數學　(D) 自然、肢體／動覺、邏輯／數學。

（2019 年 -2 中等學校課程與教學）

(　　) 8. 王老師認為「孩子的知識是透過主動學習而來，藉由主動的組織與選擇經驗，逐步發展形成自己的知識。孩子的認知學習具有主動性和差異性，對事物的知識也具有個別性和適應性。」王老師的觀點與下述何種理念較為相近？　(A) 經驗主義　(B) 觀念主義　(C) 重建主義　(D) 建構主義。　　（2019 年 -2 中小學教育原理與制度）

(　　) 9. 小美能夠運用各式的工具，做出精細的手工藝品，然而，在國、英、數這幾科的學習表現，卻讓老師大為搖頭。小美說：「上課時雖然老師講解得很清楚，我卻無法完全了解老師的說明，但是只要老師有提供教具讓我們操作，我就能夠完全了解。」根據迦納（H. Gardner）的多元智能理論，下列何者可能為小美的優勢智能？　(A) 人際智能（interpersonal intelligence）　(B) 數理邏輯智能（logical-mathematical intelligence）　(C) 視覺—空間智能（visual-spatial intelligence）　(D) 肢體—動覺智能（bodily-kinesthetic intelligence）。　　（2020 年中小學教育原理與制度）

參考答案

1.(A)　　2.(A)　　3.(C)　　4.(D)　　5.略　　6.(B)　　7.(C)　　8.(D)　　9.(D)

第四篇

教學實務篇

第十三章

教學設計

　　課程與教學的理論提供教學設計的藍圖，課程組織與設計也引導教學設計的方向。教學的要素包括教師、學生、教學目標、教材、教法與評量。教師進行教學設計時，都要詳加考量。本章就教學設計的涵義、要素、模式、教案、實例與教師檢定，分別敘述如後。

第一節　教學設計的涵義

　　設計（design）一詞普遍用在各行各業中，譬如，工業設計、內部設計、服裝設計與建築設計等。設計隱含在執行某項計畫之前，為求順利完成、解決問題，事先進行有系統的規劃。基本上，設計是解決問題的一種方式。但是，設計不同於一般的教學規劃，因為設計需要高度的精確度、細心與專業水準。設計者察覺到如果設計不良，差之毫釐，失之千里，後果就不堪設想。具體地說，教學設計者擔心教學設計不良將會導致無效的教學，浪費許多資源。不良的後果影響極為深遠。因此，有經驗的設計者特別注重精確度與專業度（張清濱，2020: 175）。

　　課程設計（curriculum design）與教學設計（instructional design）並不相互排斥而有共通性。Ornstein 與 Hunkins（2004: 235）認為「設計」一詞，如果當作名詞，係指「某些課程要素的安排」；如果當作動詞，則指「將要素予以特別的組織，以創造課程或教學計畫的實際歷程」。課程發展、課程設計與教學設計等術語頗多雷同，殊無二致。彼等指出「課程設計裡的要素是 1. 宗旨、目的，和目標；2. 教材；3. 學習經驗；4. 評量方法」。這些要素的本質與在課程計畫裡的組織方式就構成所謂的「課程設計」。雖然大部分的課程計畫在設計裡都有這四個基本要素，但它們往往並不等量齊觀，比重各不相同。內容或教材常常列為首要重點。但有時後，學校創造一些設計，強調目標與評量方法。另有些設計則強調學習經驗或活動。

　　事實上，Ornstein 與 Hunkins 的觀點接近於 Tyler 的主張。他認為課程與教學是通用的術語。Tyler（1949）在《課程與教學的基本原理》（*Basic Principles of Curriculum and Instruction*）一書中指出課程與教學設計包含四

項基本原理，這就是有名的泰勒基本原理（Tyler Rationale）。這四項原理是：

1. 學校應該尋求獲得何種教育目的？
2. 學校應該提供何種教育經驗以達成這些目的？
3. 這些教育經驗如何有效地組織？
4. 我們如何判斷這些目的是否達成？（p.1）

　　Tyler 的基本原理實際上包含四項教學原素：教學目標、教材、教學方法與學習評量。他的基本原理一直當作課程與教學計畫的指導原則。然而，論者批評他的基本原理是直線式、手段─目的的模式，過度簡化課程與教學計畫的複雜性。彼等認為 Tyler 的基本原理採取直截了當、按部就班的歷程，實際上，是難以遵循的。儘管遭受批評，他的設計原理仍然普遍行之於美國各校（Hukins & Hammill, 1994: 7）。

　　Tyler 的目標模式代表現代課程與教學設計的觀點。依照他的說法，課程與教學計畫需要一種機械式、合理的途徑，在任何情境、任何學生族群都可以有系統地實施。然而時至今日，後現代論者的觀點領導課程設計，是基於多元的觀點。誠如 Hukins 與 Hammill（1994: 7）指出：「生活是有機體的，不是機械式的；宇宙是動態的，不是靜態的；課程發展的歷程不是被動的接受，是從行動而演變的。」

　　另一種界定教學設計的方式就是描述系統化的教學規劃歷程。Mager（1984）指出教學設計者必須回答下列三個問題：

　　一、我們將要去哪裡？（教學的目標是什麼？）

　　二、我們怎樣去那裡？（教學方法策略與教學媒體是什麼？）

　　三、當我們到達的時候，我們怎麼知道？（我們的測驗應該像什麼？我們怎樣評量與修改教材？）

　　上述三個問題點出教學設計的三個部分──教學目標、教學方法策略與學習評量。這三個部分乃是教學設計的歷程，構成教學設計的基礎。

　　綜上所述，教學設計乃是教學規劃的歷程，它是目標導向，透過教學

目標的研擬、教學方法策略的運用與教學評量的實施，完成教學的活動。

第二節 教學設計的要素

教學設計關心四個基本要素的特質與安排。這些部分植基於 Giles 等人（1942）的《八年研究》（*The Eight-Year Study*）的報告。他使用「要素」（components）一詞以表示其關係並把學習經驗包含在「方法與組織」底下（如圖 13.1）：

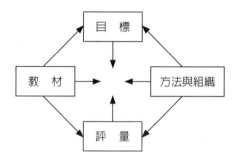

圖 13.1 教學設計的要素

資料來源：Giles, 1942, p.2; Ornstein & Hunkins, 2004, p.236

　　教學設計的四個要素顯示四項問題：要做什麼事？包括什麼教材？使用何種教學策略、資源與活動？與使用何種方法與工具以評量其結果？依據 Giles（1942）的觀點，這四個基本要素交互影響，一個要素的決定有賴其他要素的決定。這個典範很類似 Tyler（1949）的基本原理模式。然而，Tyler 的模式是直線模式，專注於課程的基本要素。Giles 的典範則顯示各要素之間不斷地交互作用（Ornstein & Hunkins, 2004: 236）。課程設計牽涉到各種哲學的或理論的問題，與實際的問題。一個人的哲學立場會影響他（她）對於目標的解讀與選擇，影響教材的選擇與組織，影響教學方法與如何評量的判斷。

　　Morrison、Ross 與 Kemp 等人（2001: 5）認為教師教學設計時，要先回答下列四個問題：

一、教學爲何人而教？（學生的特性）

二、你要學習者學到什麼？（教材與目標）

三、學習者如何學會教材？（教學方法策略）

四、你如何判斷學習者獲得哪些學習？（學習評量）

事實上，這四個問題指出教學設計時，教師應考慮教學的基本要素包括學生的特性、教材媒體的運用、教學目標的訂定、教學方法的選用與教學評量的進行，形成系統化教學計畫的架構。這些要素相互關聯，組成完整的教學設計。譬如教師選用教學方法時，要考慮：何種教學方法適合於這些學生？本課教材應該使用何種教學方法？使用何種教學媒體設備？要達成教學目標應該採用何種學方法？採用此種教學方法，如何進行學習評量？

課程設計、教學設計與教學計畫的要素是否雷同？Kellough 與 Kellough（2003: 123）認爲教學計畫（instructional plan）的要素包括六部分：原理原則、目的與目標、銜接、學習活動、教學資源與學習評量。然而，依據 Doll（1996）的觀點，課程設計是教學設計的源頭，也就是說，課程是整體的計畫，配置四個課程的要素：目標、教材內容、學習經驗與評量工具等。教學設計雖也包含這四個基本要素，但目標與教材都已明確顯示在課程設計中，教學設計不針對目標及教材，而特別針對教學方法與活動以技術性的方式計畫出來，使學生參與學習課程的內容。在教學設計中，教師可以提出下列問題，諸如：教師可以使用何種教法與教材以促進學生學習？教師如何讓學生參與活動？

綜上以觀，課程設計與教學設計的要素是有連帶的關係。課程設計注重整體的教學歷程，而教學設計強調方法與策略。課程設計是上游的階段，教學設計是中游的階段，教師如何展現實際的教學活動則是下游的階段。課程設計屬於巨觀的層次，而教學設計傾向於微觀的層次。

第三節　教學設計的模式

大部分有系統的教學設計模式都有類似的元素，但在細部設計可能

有很大的差異。最基本的設計模式包括五個階段或元素，包括分析（analysis）、設計（design）、發展（development）、執行（implementation）與評鑑（evaluation），稱爲 ADDIE 的設計模式，（Gagné, Wager, Golas, & Keller, 2005: 21）。這五個元素代表五個階段，每個階段如有缺失可以修正，循序漸進，循環不已。設計模式（如圖 13.2）與模式摘要（如表 13.1）分別列示於後。

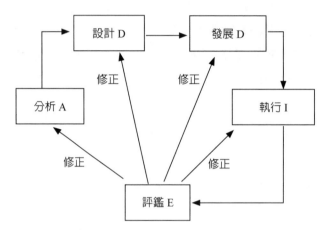

圖 13.2　ADDIE 的教學設計模式

資料來源：Gagné, Wager, Golas, & Keller, 2005, p.21

表 13.1　ADDIE 教學設計模式摘要

1. 分析（analysis）
   A. 先判斷教學的需求
   B. 進行教學分析，以判定認知、情意與技能的教學目標
   C. 判定學生期望獲得的技能
   D. 分析上課需要多少時間
2. 設計（design）
   A. 把目標轉化為單元目標與行為目標
   B. 判定教學的主題或範圍與時間
   C. 依教學目標安排先後順序
   D. 辨認每一單元的主要目標
   E. 界定每一單元的學習活動
   F. 發展評量的細節

---

3. 發展（development）
  A. 有關學習活動類型做出決定
  B. 擬定草案
  C. 嘗試教材與活動
  D. 修正、改進教材與活動
  E. 辦理教師訓練
4. 執行（implementation）
  A. 行銷教材
  B. 必要時提供協助
5. 評鑑（evaluation）
  A. 執行學習評量計畫
  B. 執行方案評鑑計畫
  C. 執行課程維護計畫

資料來源：Gagné, Wager, Golas, & Keller, 2005, p.22

第四節 教學計畫的擬定

　　教學設計的最後一個步驟是教學計畫，擬定教案（lesson plan）。教案對於教師尤其是實習教師、初為人師與缺乏教學經驗的教師特別重要。基本上，精心設計的教案可供學生、教師與學校行政人員了解教師教什麼與如何教。書面的教案提供一份重要的安全感，對於初任教師至為有用，猶如航行的指針，教學時不致徬徨失措、掛一漏萬。它可協助教師成為具有反省思考能力的決定者。沒有書面的教案，教學完畢難以分析教學的設計與執行。書面教案也可當作下次教學的重要資源。萬一教師請假，代課教師可以很快進入狀況，不必暗中摸索（Kellough & Kellough, 2003）。

　　教案沒有固定的格式，通常包含七項基本要素：一、敘述性的課程資料，二、目的與目標，三、基本原則，四、教學程序，五、指定作業，六、教材與教學資源，七、學習評量（如圖 13.3）。

　　這七項要素不一定在書面的教案中呈現，也不一定依順序呈現。它們未必包羅所有的項目。教師可選用或另外附加一些項目。今分別列述如下（Kellough & Kellough, 2003: 197）：

一、敘述性課程資料
　　教師：＿＿＿＿＿　班級：＿＿＿＿＿　日期：＿＿＿＿＿　時間：＿＿＿＿＿
　　教室：＿＿＿＿＿　節次：＿＿＿＿＿　教學單元：＿＿＿＿＿＿＿＿＿
　　課別：＿＿＿＿＿　教學主題：＿＿＿＿＿＿＿＿＿＿＿＿＿＿＿＿
二、目的與目標
　　一般教學目標：＿＿＿＿＿＿＿＿＿＿＿＿＿＿＿＿＿＿＿＿＿＿＿
　　具體行為目標：
　　認知領域：＿＿＿＿＿＿＿＿＿＿＿＿＿＿＿＿＿＿＿＿＿＿＿
　　　　　　　＿＿＿＿＿＿＿＿＿＿＿＿＿＿＿＿＿＿＿＿＿＿＿
　　情意領域：＿＿＿＿＿＿＿＿＿＿＿＿＿＿＿＿＿＿＿＿＿＿＿
　　　　　　　＿＿＿＿＿＿＿＿＿＿＿＿＿＿＿＿＿＿＿＿＿＿＿
　　技能領域：＿＿＿＿＿＿＿＿＿＿＿＿＿＿＿＿＿＿＿＿＿＿＿
　　　　　　　＿＿＿＿＿＿＿＿＿＿＿＿＿＿＿＿＿＿＿＿＿＿＿
三、基本原則
　　＿＿＿＿＿＿＿＿＿＿＿＿＿＿＿＿＿＿＿＿＿＿＿＿＿＿＿＿＿
　　＿＿＿＿＿＿＿＿＿＿＿＿＿＿＿＿＿＿＿＿＿＿＿＿＿＿＿＿＿
四、教學程序
　　內容：＿＿＿＿＿＿＿＿＿＿＿＿＿＿＿＿＿＿＿＿＿＿＿＿＿＿
　　　　　＿＿＿＿＿＿＿＿＿＿＿＿＿＿＿＿＿＿＿＿＿＿＿＿＿＿
　　活動 1：＿＿＿＿＿＿＿＿＿＿＿＿＿＿＿＿＿＿＿＿＿＿＿＿＿
　　活動 2：＿＿＿＿＿＿＿＿＿＿＿＿＿＿＿＿＿＿＿＿＿＿＿＿＿
　　活動 3：＿＿＿＿＿＿＿＿＿＿＿＿＿＿＿＿＿＿＿＿＿＿＿＿＿
五、指定作業
　　＿＿＿＿＿＿＿＿＿＿＿＿＿＿＿＿＿＿＿＿＿＿＿＿＿＿＿＿＿
　　＿＿＿＿＿＿＿＿＿＿＿＿＿＿＿＿＿＿＿＿＿＿＿＿＿＿＿＿＿
六、教材與教學資源
　　教學媒體：＿＿＿＿＿＿＿＿＿＿＿＿＿＿＿＿＿＿＿＿＿＿＿
　　其　　他：＿＿＿＿＿＿＿＿＿＿＿＿＿＿＿＿＿＿＿＿＿＿＿
七、學習評量
　　學生學習評量：＿＿＿＿＿＿＿＿＿＿＿＿＿＿＿＿＿＿＿＿＿＿
　　心得感想：＿＿＿＿＿＿＿＿＿＿＿＿＿＿＿＿＿＿＿＿＿＿＿

圖 13.3　教案格式

資料來源：Kellough & Kellough, 2003, pp.195-196

一、敘述性資料

　　敘述性的資料包括教師姓名、任教班級、學科、單元、主題名稱、日期與節數等。

二、目的與目標

　　目的與目標包括一般的教學目標與具體的行為目標。行為目標可分成三大領域敘述：認知領域、情意領域與技能領域。三者必須兼顧，但不一定把各領域、各層次的目標全部列入，視教材性質以為定。通常一節課的教學目標，也就是行為目標以 3 至 5 個為宜。

　　Bloom 等人（1956）把認知領域的目標分為六個層次包括知識、理解、應用、分析、綜合與評鑑。Anderson 等人（2001）修訂認知領域的目標分類，改為記憶、了解、應用、分析、評鑑與創造等層次；同時他們把認知領域分為四個向度包括事實知識、概念知識、程序知識與後設認知。Krathwohl 等人（1964）把情意領域的目標分為接受或注意、反應、價值的評定、價值的組織與品格的形成。Simpson（1972）把技能領域的目標分為知覺、準備狀況、指導之下練習、機械或重複練習、複雜的反應、調適與創作。

　　一般的教學目標通常指中長程的目的、目標，譬如課程綱要目標、學科目標；具體的行為目標則指短程的目標，亦即本課的教學目標，教學結束，希望能夠達成的目標。具體的教學目標要用行為目標的語句敘寫，包括學習的「主體」、學習的「行為」、學習的「標準」與學習的「結果」。譬如以本節教案的行為目標為例，「學生能正確說出教學設計的要素。」句中的主體（主詞）是「學生」，不是教師；行為（動詞）是「說出」即學生的學習行為，不是教師的教學行為；學習的標準是「正確」，而「教學設計的要素」是期待學生學習的「結果」。其中「學生」等字可刪除，因為教學的對象是「學生」，不寫自明；而「能」是助動詞，可以省略。行為目標也就是學生的學習行為，必須具體、明確、客觀、可以測量的行為。譬如「說出」、「寫出」、「了解」、「分辨」等行為是否正確，是

很具體、可以測量的。

三、基本原則

基本原則敘述本課何以重要，與選用的教學方法何以能達成目標的原因。教師能思考教什麼、如何教、為何教，就能成為有反省能力的決定者。譬如體育科教學設計的基本原則可運用同時學習原則，主學習、副學習與附學習三者兼顧。

四、教學程序

教師教學時要把教學方法轉化為教學程序，包括一節課的教學活動，也就是教學的內容。教學的內容要配合教學目標、學生的能力水準、年級或課程的要件。如果教師在一節課中，安排兩個以上的教學活動，應按照先後順序，分別列出活動 1，活動 2，等等教學活動。

五、指定作業

指定作業應明示於黑（白）板、班級網站、課表或講義上。指定作業可在課堂練習；做不完的部分，帶回家做，便成為家庭作業。作業內容的難易度、作業時間的長短，與分量的多寡，都要詳加考量。

六、教材與教學資源

教材包括教科用書、媒體、講義，或其他必要教學設備以達成教學目標。教具的準備事先要檢視是否足夠、可用；有時候學校欠缺設備，教師可自製教具，可能的話，得由學生自備。

七、學習評量

學習評量包括形成性評量與總結性評量。前者可在教學過程中進行，後者可在教學單元結束時實施，亦可要求學生課後撰寫檔案紀錄，寫出心得感想，以檢驗教學的成效。

第五節　實例與教師檢定

本節包括實例與教師檢定。前者著重理論與實際的結合，後者係近年來中小學教師檢定的試題，分別列示如後：

實例

實習教師、教師甄選試教、初為人師與擔任教學觀摩者，教學前必須擬訂一份教學設計（instructional plan）或教案（lesson plan）。教學設計或教案的格式大同小異。下列是楊老師參加○○市國民中學國文科教師甄選時擬訂的教案（張清濱，2020: 186）。請仔細看看她的教案有否改進的空間（如圖 13.4）。

問題與討論：

從上述的實例中，你認為楊老師的教案設計，有哪些地方可以修正？

解析

1. 在「基本原則」與「教學程序」之間，宜增列「教學方法」，教師應說明採用何種教學方法，進行教學活動。

2. 楊老師的教案設計看起來簡單、具體、明確，如能更加詳細一點，就完美無缺了。

一、敘述性課程資料

　　教師：楊佩珊　　　　班級：1 年 2 班　　　日期：2008/07/15　　　時間：上午 10：20

　　教室：102　　　　　節次：3　　　　　教學單元：律詩選

　　課別：國文課本第二冊第六課　　　　教學主題：唱 給 你 聽

二、目的與目標

　　㈠ 一般教學目標：學生能欣賞詩歌吟唱之美。

　　㈡ 具體行為目標：

　　1. 認知領域：1-1 認識律詩的基本格律。

　　2. 情意領域：2-1 熱愛古典詩歌的情懷。

　　3. 技能領域：3-1 找出律詩中的韻腳。

　　　　　　　　3-2 指出律詩中的對仗聯。

　　　　　　　　3-3 練習吟唱〈過故人莊〉。

三、基本原則

　　1. 透過詩歌吟唱，體會詩歌聲情之美。

　　2. 透過詩歌吟唱，應用聲情之美。

四、教學程序

　　內容：引起動機並複習新詩與絕句的格律。

　　活動 1：說明律詩格律：押韻。

　　活動 2：講解律詩格律：對仗。

　　活動 3：吟唱〈過故人莊〉。

五、指定作業

　　1. 練習學習單。

　　2. 指定家庭作業。

六、教材與教學資源

　　教學媒體：錄音帶、錄音機、投影機。

　　其　　他：〈過故人莊〉投影片

七、學習評量

　　學生學習評量：分組練習比賽，評定各組成績。

　　心得感想：撰寫檔案紀錄。

圖 13.4　國民中學國文科教案

檢定試題 （國家教育研究院，2014，2015，2016，2017，2019，2020）

(　) 1. 下列何者最符合行為目標的敘寫方式？ 　(A) 學生能熟悉正方形體積的求法 　(B) 學生能探究蠶寶寶蛻變的過程 　(C) 能培養學生喜愛學習數學的興趣 　(D) 學生能正確畫出三角形底邊的高。

（2014 年小學課程與教學）

(　) 2. 依照情意目標的分類架構，下列何者層次最高？ 　(A) 團體討論時，能專注聆聽他人的發言 　(B) 參與小組討論時，能覺察同學語意中的情緒 　(C) 面對爭議時，能以理性態度為自己的立場辯護(D) 與同學對話時，能由對方的肢體語言分辨其情緒反應。

（2014 年小學課程與教學）

(　) 3. 某校決定依據泰勒（R. Tyler）模式設計環境教育。請問，該校首應採取下列哪一項作法？ 　(A) 以系統方式制定環境教育的課程目標 　(B) 教導學生省思教科書潛藏的環境偏見 　(C) 進行行動研究以找出學生的迷思概念 　(D) 要學生進行掃街活動並宣傳環境保護。

（2015 年中等學校課程與教學）

閱讀下文後，回答 4-5 題。

張老師安排四至五個學生為一組，並且各組均有高中低程度的學生；上課時老師先說明基本概念，再提供學習任務由小組共同討論，然後各組分享討論的結果。

(　) 4. 張老師運用此一教學設計最主要的用意為何？ 　(A) 改善班級常規管理 　(B) 提供學生前導組體 　(C) 增加學生學習精熟 　(D) 提供鷹架增進學習。

(　) 5. 此一教學設計最強調的學習觀點為何？ 　(A) 學習是訊息處理策略的應用 　(B) 學習是需要經過練習而精熟 　(C) 學習是教師專業知識的傳授 　(D) 學習是透過社會互動而建構。

（2015 年中等學校課程與教學）

(　) 6. 上地理課時，老師教導同學認識等高線圖。這是屬於安德森等人（Anderson et al., 2001）認知歷程向度中的哪一項？ 　(A) 了解 　(B) 記憶 　(C) 分析 　(D) 應用。 （2015 年中等學校課程與教學）

(　) 7. 依據安德森（L. Anderson）等人對認知領域在知識層面分類架構中

的主張，小華知道看地圖比閱讀文字更容易辨認方位，此表示他具
備了下列哪一種知識？　(A) 事實知識　(B) 概念知識　(C) 過程技
能知識　(D) 後設認知知識。　　　　　　（2015 年小學課程與教學）

(　　) 8. 依照技能目標的分類架構，下列何者層次最高？　(A) 在三分鐘
內，能畫出極為勻稱的平行四邊形　(B) 在老師說明後，能調整平
行四邊形的正確輪廓　(C) 在揭示徒手畫平行四邊形後，學生能複
製這種圖形　(D) 在四邊形圖形中，能正確地鑑定其中三種平行四
邊形。　　　　　　　　　　　　　　　（2015 年小學課程與教學）

(　　) 9. 為因應臺灣的食安問題，王老師在教學時強調「選擇營養的食物，
而非選擇便宜的食品。」此目標符合情意領域目標分類的哪一個層
次？　(A) 反應（responding）　(B) 形成品格（characterization）
(C) 價值評定（valuing）　(D) 價值組織（organization）。
　　　　　　　　　　　　　　　　　　（2015 年小學課程與教學）

(　　) 10. 江老師在進行價值觀教學時，問學生：「坐在付費座位的年輕人應
該讓位給年長者嗎？」依克拉斯霍爾（D. Krathwohl）的情意目標
分類，這屬於以下哪一層次的問題？　(A) 價值反應　(B) 價值接
受　(C) 價值判斷　(D) 價值組織。
　　　　　　　　　　　　　　　　　（2016 年中等學校課程與教學）

(　　) 11. 娜娜在自然與生活科技中，學會操作顯微鏡來觀察洋蔥的表皮細
胞。「操作顯微鏡」屬於安德森等人（Anderson et al., 2001）認知
目標中的哪一類知識向度？　(A) 事實知識　(B) 概念知識　(C) 程
序知識　(D) 後設認知。　　　　　（2016 年中等學校課程與教學）

(　　) 12. 下列哪一項教師的作為可以增進學生的「後設認知」（metacognition）能力？　(A) 讓學生自評作品或學習表現的優缺點　(B) 考試
之後，公布答案，讓學生訂正錯誤　(C) 指定題目並要求學生上網
蒐尋相關資料　(D) 測驗時要學生摘述文義及分析作者的寫作動機。
　　　　　　　　　　　　　　　　　（2016 年中等學校課程與教學）

13. 教學方案設計的格式包括「教學研究分析」，其內涵通常為「教材內容分
析」與「學生特質分析」二類。請說明上述二類的主要內容，每類至少二
項。　　　　　　　　　　　　　　　　　（2017 年中等學校課程與教學）

14. 請以某一學習領域或學科為範圍，設計用來評量「理解」與「應用」二個認知層次的試題各一題，並說明其理由。　　　（2017 年中等學校課程與教學）

(　　) 15. 後設認知的概念是針對學習內容、學習狀態的認知。下列哪一項較有後設的意涵？　(A) 程序記憶　(B) 自我調節　(C) 編碼特定　(D) 特徵整合。　　　　　　　（2017 年中等學校青少年發展與輔導）

(　　) 16. 李老師教導學生在閱讀歷史書籍時，要評估自己需要多少時間來學習，選擇有效的策略來閱讀，並且隨時評估自己讀懂了沒，如果發現不懂之處該如何解決。下列哪一個選項較屬於李老師教導學生使用的策略？　(A) 記憶策略　(B) 認知策略　(C) 後設認知策略　(D) 情意動機策略。　　　（2017 年中小學教育原理與制度）

(　　) 17. 賴老師在教授〈登鸛鵲樓〉這一首詩時，下列哪一個教學目標屬於布魯姆（B. Bloom）認知目標中的「分析」層次？　(A) 能用自己的話解釋這首詩的意義　(B) 能欣賞這首詩，說出自己的感受　(C) 能指出這首詩的組織結構及修辭技巧　(D) 能運用這首詩的平仄和對仗自行創作。　　　　　　　　　　　（2017 年小學課程與教學）

(　　) 18. 下列何者是最適當的認知領域行為目標？　(A) 學生能聽懂教師所講解的一元二次方程式相關概念　(B) 經由一元二次方程式的學習，培養學生的數學興趣　(C) 教師示範運用配方法解一元二次方程式的正確方法　(D) 學生能正確說出以配方法解一元二次方程式的方法。　　　　　（2019 年 -1 中等學校課程與教學）

19. 黎明國中裡有一片櫻花林，學校擬發展以「櫻花」為主題的統整課程。請編寫此統整課程的教學目標（至少兩條），並依據此教學目標規劃教學時間及其教學活動流程。　　　（2019 年 -1 中等學校課程與教學）

(　　) 20. 有一行為目標為「學生在地球儀上，指出北美洲五大湖中三個湖的位置」。「湖的位置」屬於行為目標中的哪一個要素？　(A) 條件　(B) 標準　(C) 結果　(D) 行為。

　　　　　　　　　　　　　　　　　（2019 年 -2 中等學校課程與教學）

(　　) 21. 在李老師的指導下，大明學會了網球的各種抽球手法。到了戶外球場與同學相互抽球時，大明能夠調整抽球的手法，連續抽出好球。依據辛普森（E. Simpson）的技能領域目標分類，大明達到下列哪

個目標層次？　(A) 適應　(B) 創作　(C) 指導練習　(D) 複雜反

應。　　　　　　　　　　　　　（2019 年 -2 中等學校課程與教學）

(　　) 22. 下列何者最符合素養導向教學設計與實施原則？　(A) 設計學習

單，讓學生進行文具的選購，做加法進位的演算　(B) 參觀科學教

育館並聆聽導覽後，回家整理參觀筆記及心得進行分享　(C) 藉由

地震的新聞報導，讓學生蒐集與討論防災資料，並實際應用於防災

演練中　(D) 因應耶誕節，請學生閱讀相關的英語繪本進行單字學

習，並完成耶誕卡片著色活動。　（2019 年 -2 小學課程與教學）

23. 教師為了提升學生的學習成效，在選用教學方法時，應考慮哪些要素？請列

舉五項要素並說明之。　　　　　（2019 年 -2 中等學校課程與教學）

(　　) 24. 王老師要求學生在完成實驗之後，於學習單上寫下自己在實驗操作

表現上的優缺點及可改進之處。「自述實驗操作表現上的優缺點及

可改進之處」較偏向於認知目標中哪一類知識？　(A) 事實知識

(B) 概念知識　(C) 程序知識　(D) 後設認知。

　　　　　　　　　　　　　　　　　（2020 年中等學校課程與教學）

(　　) 25. 黃老師想落實學生兼具知識、技能及情意等三面向的學習，他規劃

在課堂上引導學生認識海洋的塑膠汙染源，並透過影片讓學生感受

塑膠危害的嚴重性。黃老師可以再增加下列何種學習活動？　(A)

請學生舉例說明政府推動的減塑措施　(B) 利用回收的寶特瓶製作

日常生活物品　(C) 比較各國海域所遭遇的塑膠汙染現況　(D) 請

推動減塑措施的業者來說明其作法。

　　　　　　　　　　　　　　　　　（2020 年中等學校課程與教學）

(　　) 26. 依據布魯姆（B. Bloom）認知目標層次分類，以下四個學習目標由

高至低排序應為下列何者？甲、能解釋不同情緒的特徵與表現方

式；乙、能說出情緒的定義與內涵；丙、能判斷他人的情緒，表現

出合宜的行為；丁、能舉例說明情緒對人際關係的影響。　(A) 丙

甲丁乙　(B) 丙丁甲乙　(C) 丁甲乙丙　(D) 丁丙甲乙。

　　　　　　　　　　　　　　　　　（2020 年小學課程與教學）

(　　) 27. 趙老師在體育課中指導學生進行跳繩之「一跳二迴旋」技巧。他根

據技能領域目標擬定下列各項目標：甲、學生能在 30 秒內做 10 次

「一跳二迴旋」的動作；乙、學生能依照教師指示，完成「一跳二迴旋」的動作；丙、學生聽到音樂後，能夠自然、完美地完成「一跳二迴旋」的動作；丁、老師先示範「一跳二迴旋」的動作，學生再加以模仿；戊、學生能正確、獨立地完成「一跳二迴旋」的動作。如將上述技能目標從最簡單的「最低層次」排序到最複雜的「最高層次」，應為下列何者？　(A) 甲丙丁乙戊　(B) 乙戊甲丙丁　(C) 丁甲丙乙戊　(D) 丁乙戊甲丙。

（2020 年小學課程與教學）

參考答案

1.(D)　2.(C)　3.(A)　4.(D)　5.(D)　6.(A)　7.(D)　8.(A)　9.(D)　10.(C)
11.(C)　12.(A)　13.略　14.略　15.(B)　16.(C)　17.(C)　18.(D)　19.略　20.(C)
21.(A)　22.(C)　23.略　24.(D)　25.(B)　26.(B)　27.(D)

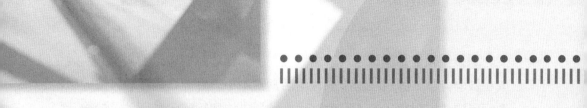

第十四章

教學方法

　　課程與教學是學校教育的兩大支柱。課程理論與教學理論都必須轉化成為教學方法，展現在課堂的教學活動當中。教師要善用教學方法，學校教育目標才得以實現。本章就常用的教學方法與策略，分別敘述於後（張清濱，2008b，2020）。

第一節 思考與探究教學

　　教育部（2014）發布《十二年國民基本教育課程綱要總綱》的九大核心素養之一，是要培養學生具有「系統思考與解決問題」能力的國民。教師教學就要教導學生如何思考與如何解決問題。許多學者相信教導學生思考的技巧，產生創意的方法去解決問題是可能的（Martinez, 1998; Mayer & Wittrock, 1996）。依照 Bloom 等人（1956）的認知領域目標分類法，認知層次可分為知識、理解、應用、分析、綜合與評鑑。Anderson 與 Krathwhol（2001）修訂的認知領域目標分類法把認知的歷程分為記憶、了解、應用、分析、評鑑與創造。他們又把知識的向度分為事實知識、概念知識、程序知識與後設認知（meta-cognition）等四類。認知歷程的前三者屬於低層次的思考能力；後三者屬於高層次的思考能力。後設認知更是認知後的認知，乃是反省思考（reflective thinking）後的認知包括心得與感想。幾乎各科教學都可以教導學生這些思考技巧。

一、思考教學法

　　教師教學時應該善加演練各種思考的技巧。常用的技巧包括比較、分類、估計、摘要、假設、綜合、排序、預測、評鑑、翻譯、重組、分別輕重緩急、設定標準、設定目標、解決難題、做決定、證明、提出假說、類推、想像、邏輯推演、辨認正反面、辨認宣傳、辨認後果、觀察、創造設計與詮釋等 27 項。教學評量時，教師宜相機採用（Grice & Jones, 1989）。今舉數例，說明如下（張清濱，2020: 283-285）：

㈠ 腦力激盪（brainstorming）

腦力激盪是促進思考流暢的最佳方式，可用於各年級。教師給學生一個眞實的或想像的問題或難題，要他們儘量想出各種方式或解決的辦法。譬如，生物科教師採用小組教學問各組學生：「竹子有哪些用途？」經過腦力激盪，各組學生提出許多用途，諸如：當藝術品、造房子、橋梁、包粽子、製作教鞭、筆筒、掃把、斗笠、畚箕、籠子、拐杖、竹筍絲、筍乾等，不勝枚舉。

小組進行腦力激盪時，教師儘量鼓勵學生，知無不言，言無不盡，暢所欲言。在討論未結束前，教師不宜作評論。討論結束，教師可就各組的意見提出講評，評定各組的表現。

㈡ 因果關係（cause-and-effect relationship）

教師提出具有彈性的話題，引導學生思考其因果關係，考慮其可能性。譬如：孔子說：「學而不厭，誨而不倦。」學不厭與教不倦，究竟何者爲因？何者爲果？教師誨人不倦係因學不厭？或教師學不厭係因誨人不倦？抑或兩者互爲因果？經過一番思考，發現三者皆有可能。

㈢ 分類（classifying）

在每組學生的面前有一堆水果。教師要學生仔細觀察，然後要求學生以各種不同的方法把它們分成兩類，看看哪一組學生想出來的方法最多、最具獨特性。最後，學生想出來的方法眞是琳瑯滿目，發現可以顏色、形狀、大小、重量、長度、酸甜、出產季節、削皮與否、土產或進口、長在樹上或地面等方法分類。

㈣ 做決定（decision making）

班上同學討論秋季旅行計畫。導師要同學提出旅行計畫的目的地。甲生說臺灣北部，乙生說南部，丙生說東部，丁生說西部。導師說：「旅行是戶外教學，同學要發揮團隊精神，不可四分五裂，只能選擇某一個目的地。這四個目的地各有優缺點，應該先考慮一些重要的原則。請同學仔細思考，旅行計畫究竟要考慮哪些原則？」經過充分討論後，學生歸納出

五項原則：安全原則、經濟原則、教育原則、需求原則與行政（法規）原則。然後，導師要學生根據這些原則，評估方案的可行性，做出最好的決定，選擇最佳的方案。仔細想一想，在這四個方案中，哪一個方案最符合這些原則？此種思考歷程可以引導學生做出正確的決定。

(五) 證明（verifying）

李生放學回家後，發現住家門窗破了一個大洞。李生亟想探尋門窗破洞的原因。究竟是小偷光顧？或遭不良青少年丟石頭打破？抑或風大震破？或其他不明原因？後經進入屋內仔細查看，發現抽屜被撬開、衣櫥凌亂不堪，而且撲滿存放的錢不翼而飛。李生始確定門窗打破係歹徒所為。然而，歹徒究竟是誰？李生百思不得其解。數週後，李生無意中發現他家的照片竟然流落在王生手中。經追查後，王生供出潛入李家偷東西原委。本案終告塵埃落定、水落石出。這個案例說明問題發生後，要辨認問題的性質，提出合理的假設，擬定可行的解決辦法，選擇最佳的辦法，最後找出證據、驗證假設。

(六) 產婆法或詰問法（dialectic）

產婆法，也稱為詰問法，是希臘哲學家 Socrates（469-399 B. C.）創用的方法。它是使用質問、對話與師生互動的技術，協助學生了解概念、學會知識的方法。它是以啟發的方式，引導學生產生知識，猶如產婆引導產婦把嬰孩生出，而非替代產婦生出嬰孩。Socrates 與學生對話，採用一問一答的方式，不先講出答案，只是提出問題，讓學生思考，直到對方講出答案，他又提出問題以檢視答案的正確性，學生終於恍然大悟，獲得正確的答案。

(七) 排序（priority）

有些事情從不同的角度或觀點就有優先順序、輕重緩急。譬如國民中小學的教育目標是培養德、智、體、群、美等五育均衡發展的健全國民。五育都同樣重要。但若依重要性排序，哪一育排第一呢？每個人的價值觀念就不會一樣。身體虛弱的人認為體育最重要；經常遭竊的人會認為德育

最重要；沒有專業知識技能到處求職碰壁的人認為智育最重要；無法與人和諧相處、處處孤立無援的人，認為群育最重要；而精神生活貧乏的人就會認為美育最重要。

㈧ 詮釋（explanation）

教師教學時可就教材中某些術語或用語，要求學生解釋，並進一步闡釋其涵義。譬如教師問學生：「愛是什麼？」「愛有哪些方面的涵義？」學生可能有很多不同的想法。有些學生可能會引用《聖經》的章句說明愛的真諦：「愛是恆久忍耐，又有恩慈；愛是不忌妒；愛是不自誇，不張狂，不做害羞的事，不求自己的益處，不輕易發怒，不計算人家的惡，不喜歡不義，只喜歡真理；凡事包容，凡事相信，凡事盼望，凡事忍耐。愛是永不止息。」（歌林多前書 13: 4-8）另有些學生可能會開門見山，直接說出「愛是情緒表達的一種方式，針對不同的對象，愛有不同的解釋。父母對子女的關懷與照顧就是親情；朋友之間的關愛稱為友情；戀人之間的戀情成為愛情。親情、友情與愛情都是愛的表現。」

二、問題解決教學法

問題解決（problem solving）在過去稱為反省思考（reflective thinking），今天稱為批判思考（critical thinking）與創造思考（creative thinking）。前者乃基於歸納的思考、分析的程序與聚斂式（封閉式）的歷程（convergent processes）；後者則包含直觀與發現，基於演繹的思考、原創性與輻射式（擴散式）的歷程（divergent processes）。以第二種觀點言之，問題解決有助於理性與科學的思考，也是獲得問題解決的答案。然而創造力是有助於藝術與文學的思考，也是思想的品質。當創造力作為目的時，就沒有正確的解決方案或答案（Ornstein & Hunkins, 2004: 118）。

問題解決在 Dewey 的教育理念中扮演主要的角色。他不僅相信學校的問題解決活動培養學生的智慧與社會的成長，而且在解決問題中所培養的技能可以遷移到解決社會每天的問題。Dewey 的問題解決概念植基於科學的方法，成為古典的「五段教學模式」：

1. 了解困難問題之所在；

2. 辨認問題；

3. 彙集、分類資料並擬定假設；

4. 接受或拒絕暫時的假設；

5. 獲致結論與評估結論（Dewey, 1910）。

Dewey 的問題解決法與他的教育理念不謀而合。他認為學校的主要功能是改進學生的推理歷程。各級學校應採納問題解決法於各學科中。問題應選自學生感到興趣的部分，因為學生沒有動機，將無法感受到問題的存在。

教師實施問題解決教學法時，可以日常生活問題，提出來讓學生思考並尋求答案，解決問題。譬如教師問學生：「學生上課缺席的主要原因是什麼？」甲生說「生病」；乙生說「沒寫作業，不敢上學」；丙生說「天氣不好，不能上學」；丁生說「和家人去旅遊」，說法很多。但到底哪一個才是正確的答案？教師可引導學生依上述步驟進行思考，先了解並認清「缺席」的問題，然後蒐集有關資料，提出假設，選擇最佳的解決方案，最後驗證假設，提出結論。教師可以告訴學生用觀察法與統計法，每天觀察學生有無缺席。如有學生缺席，等他到校時，問明缺席的原因。學期結束，統計缺席的原因，即可獲得正確的答案。

三、創意教學法

許多文獻把思考分成兩種類型：批判思考（critical thinking）與創造思考（creative thinking）。Ruggiero（1988）即以哲學的與心理學的觀點來說明兩種類型的區別。哲學家偏重批判思考，Ennis（1985）指出：批判思考乃是合理的、反省的心理歷程，著重在決定何者可信與何者可為。認知心理學家則側重創造思考，Halpern（1988）認為創造思考是一種組合的能力，以實現某種需求；deBono（1985）乃稱之為「衍生的思考」（generative thinking）或「旁敲側擊的思考」（lateral thinking）。Bloom 等人（1956）曾把認知領域的教育目標分為六個層次：知識、理解、應用、分析、綜合、評鑑。後三者屬於較高層次的目標，是批判思考所必需。

　　培養批判思考的方法之一就是教導學生分辨眞、假新聞，認清宣傳的手法，一種遊說的方式，使用誇大其辭、危言聳聽、譁衆取寵與情緒化的語言，企圖影響觀衆的看法。學生常常喜愛尋找一些產品廣告與政治宣傳的例子。報章雜誌與電視廣告的樣品可作爲分析之用，教師可教導學生從宣傳的廣告中，找出破綻、不合邏輯、誤導觀衆的詞句、偏見或一面之詞的報告、錯誤的假設與情緒的訴求等，提出批判（Moore, 2009: 225）。

　　Guilford（1950）認爲學生要有創造能力，擴散式思考（divergent thinking）是很重要的。擴散式思考是尋找不同想法或解決辦法的能力（如圖 14.1）。他把這種能力分析成爲三種特性：流暢性（fluency）── 發展許多理念或觀念、變通性（flexibility）── 容易調整方向，與獨創性（originality）── 產生或使用不尋常點子的能力。後來他又增列精詮性（elaboration）── 精益求精，再加以改良，止於至善。他也認清敏感性（sensibility）對於產生創造力的重要性。對問題敏感的人較能產生不同的想法，提出有創意的點子（Guilford, 1988）。

　　在課堂裡，教師可提出問題要學生思考，看看誰的腦筋動得快，思路最流暢，最有創意。譬如，教師要學生在一分鐘內以「票」造詞，觀察哪些學生具有創造力的行爲特徵。結果李生造的詞最多，總共有 12 個：車票、機票、船票、鈔票、股票、飯票、郵票、選票、投票、鐵票、綁票、傳票。以造詞的多寡而論，李生的思路最具流暢性，一分鐘內寫出 12

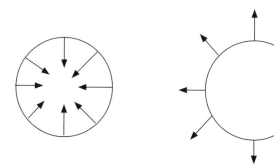

A. 封閉式思考（答案只有一個）　　B. 擴散式思考（答案不只一個）

圖 14.1　封閉式思考與擴散式思考

個。若以造詞的類別而論，李生表現出獨創性，內容五花八門包括交通、金融、民生、政治、司法等類。若以造詞的先後順序而論，前 3 個都屬於交通類，可見李生對於交通工具最具敏感性，也可判斷李生可能經常搭乘公共運輸交通工具，所以首先反映出搭車族的行為特徵。

教師如何激發學生的創造力？下列策略與方法可供教師們參考（張清濱，2020: 293-295）：

㈠SCAMPER法

Eberle（1977）採取 Osborn 的理念，使用頭字語（acronym），編成容易記憶的方法，稱為 SCAMPER 法，可用來協助學生產生創意的點子。

S─替代物（**Substitute**）：例如使用其他的元素、材料取代原有的東西。許多的產品與大小問題的解決都是取代的結果。烹調時無糖可用，改用甘蔗汁取代，味道更甜美。

C─組合（**Combine**）：例如把兩個零件或理念合併在一起。鉛筆與橡皮擦組合在一起就成為新產品。

A─改編（**Adapt**）：例如改變某一些熟悉的部分，解決問題。許多流行歌曲都是以往的歌曲改編而來。

M─改變（**Modify**）：例如修正目前使用的方式，變成其他的用途。Skinner 發明教學機（teaching machine）之後，後人改用電腦就成為今日的電腦輔助教學（computer-assisted instruction, CAI）媒體。

P─放置（**Put**）：例如用不同的新方式，解決問題。資源回收的罐子可以堆積在一起，成為一幅美麗的圖案作品。

E─消除（**Eliminate**）：例如消除或省略不必要的部分，成為新的面貌。詩人寫詩字斟句酌，字字珠璣，成為千古不朽的作品。

R─重新排列或倒轉（**Rearrange or Reverse**）：例如採用不同的方式，改變操作順序或逆向操作。左撇子用的剪刀、刀子與花園修剪的工具，都是改變操作方式。

㈡屬性列舉法（**attribute listing**）

另一種產生創意點子的策略是屬性列舉法。使用此法，問題或產品

可分成幾個重要的屬性。例如：負責研發糖果棒的部門先要判斷糖果棒的屬性為何，然後考慮每一種屬性如何加以改變或組成另一種新產品。這些屬性可能包括形狀、外層、基本原料、填加物、大小、包裝、配搭名人買賣等。糖果棒的設計人可能不馬上計畫新產品上市，而改用變換糖果棒的形狀、原料、包裝、配搭名人促銷等屬性，推出火箭型的糖果棒，原料是花生奶油與果醬，或包裝內有小橘子餅乾，配合星期六上午卡通秀時間促銷（Crawford, 1954; Starko, 2010）。有些廠商抓住兒童的喜好與胃口，設計 Hello Kitty 形狀的糖果棒，兒童就吵著要買，廠商因而生意興隆，大發利市。

㈢隱喻法（metaphor）

唐代有名的田園詩人孟浩然（689-740）以鳥鳴、風聲、雨聲、花落，描寫春天的景象。他的〈春曉〉隱喻珍惜美好生命之情，溢於言表：

春眠不覺曉，處處聞啼鳥。夜來風雨聲，花落知多少。

盛唐時期的浪漫詩人李白（701-762）以月光隱喻思鄉的情緒，寫出千古傳誦的作品〈靜夜思〉：

床前明月光，疑是地上霜。舉頭望明月，低頭思故鄉。

孟浩然與李白都以隱喻法（metaphor）描述心中的思緒與情感，詩中的意境以自然界的景象表露人生的百態，充分展現想像力與創造力。

隱喻的思考可用一種想法去表達另一種想法。一些創造力的理論都提到暗喻或明喻的思考。兒童產生與理解的暗喻類型隨年齡增長而改變。幼兒可以有效地使用隱喻乃基於一些物理屬性與功能。到了小學階段，兒童可以用動物來比擬自己的感受，例如：以小鳥比擬自己無拘無束，自由自在，在空中翱翔。到了中學階段，學生更可以用抽象的思維，展現豐富的想像力，發展創造力。

四、探究教學法

　　學生到校求學，是否知道如何探求學問？教師教學，是否也知道如何指導學生學習？知道如何學習（knowing how to learn）顯然是當今教育的重要趨向。教與學是師生共同的活動。教師與學生都有必要懂得如何探求學問。探究法（inquiry approach）在教學上常被使用。我們要探求知識，了解事實、真相，就會去問個究竟，弄個水落石出。此與孔子倡導的「博學、審問、慎思、明辨、篤行」，頗有異曲同工之妙。

　　教育部發布《國民中小學九年一貫課程綱要總綱》，明白宣示國民中小學學生應培養十項基本能力（教育部，2008）。尤其「主動探索與研究」與「獨立思考與解決問題」等基本能力，更有必要實施探究法教學。

　　探究法乃是探求學問的方法。它是一種科學的思考方法。從學習的情境中，教師引導學生發現問題，認清問題的所在，提出可能的假設，擬定可行的方案，選擇最合適的方案，驗證假設並獲致結論。探究法是歷程取向的教學方法，它經由發現而學習。因此，問題的發現至為重要。沒有問題，就不可能產生探究的學習活動。

　　探究法不是新的教學方法。發展至今，它有許多模式。常用的傳統模式是 Cleaf（1991）就科學方法的五個階段改變而形成。他提出探究法的四個步驟是：陳述問題、蒐集資料、分析問題與獲致結論。今分述如下：

㈠陳述問題

　　沒有問題，就沒有什麼可探討的。因此，探究的歷程始於需要尋求解決的問題。通常在陳述問題時，都會提出假設。假設是研究者想要找到的答案陳述。但不是所有的探究法都需要提出假設。有些社會學科可能提出假設或提出探究的問題。例如：學校的午餐為何品質不佳？學生可能提出下列假設：廚師不懂烹調、食品不佳、食譜不合學生的口味。又如：教師列舉美國革命時期的一些主題包括：生活型態、戰爭技術、政治與軍事領袖、交通、貿易與主要戰役。學生得就其中選擇一個主題並且辨識四個有關此一問題，然後蒐集資料回答這些問題。有一組學生探討當時的生活型態，提出下列問題：房子像什麼樣子？家庭布置如何？人們遭遇何種痛

苦？人們穿什麼樣的衣服？

㈡ 蒐集資料

資料必定來自於資源。但是，蒐集資料不限於教科書與百科全書。科學家與社會科學家們往往花費相當的時間蒐集有關資料，有時花費數年之久。學生應學會從各種不同的管道蒐集資料，如圖書館、博物館、文化中心、旅遊導覽、手冊、報紙、日記、各類文獻、電視、影片、錄音帶、錄影帶、網際網路等，都是可蒐集到所需資料的管道。

除了印刷資源外，人是最重要的資源。學生可以請教專家、學者提供事實的資料與有趣的敘述。例如上一代的人描述當時的生活情況，身歷其境，娓娓道來，格外生動，也可供探究的參考。

㈢ 分析資料

資料蒐集完成，學生即可進行分析。有些資料可能暫時擱置一旁，有些保存以供分析。資料係依據探究的問題而檢驗，因而彌足珍貴，更有意義。

資料分析的時候，學生就學會了這些資料。他（她）們可能會問這些資料是否會應用得到？如何應用？如何用來解決問題？只要他（她）們能問一些問題，他（她）們對於資料的內容也就有了澈底的了解。

㈣ 獲致結論

探究歷程引導學生解決問題。結論是從獲得的資料推演出來的。結論必須與原先提出的假設或探討的問題一致。

結論可以書面報告的方式，或以科學展覽的方式提出。內容包括：圖表、海報、錄影展示、小冊子與透視圖等。

最後，學生應寫一篇書面報告並附上心得、感想，檢討利弊得失。

探究法最常用於自然科與社會科的教學。教師可從教材或生活情境中引導學生去發現問題，探求問題的真相，尋求解決問題的答案。探究法也可用於學術的研究，論文撰述與學術報告可依照探究法的步驟，循序漸進：1.陳述問題即論文的緒論，說明研究的主題；2.蒐集資料即文獻探

討，檢視有關的研究與資料；3. 分析資料即研究方法，就所蒐集的資料，詳加研究分析；4. 獲致結論即驗證假設，歸納研究發現或推論研究結果，得到結論。

第二節 差異化教學

　　差異化教學也是個別化教學（individualized instruction），常被視為一對一的教學。事實上，它可以多種方式呈現。譬如教師為適應學生的興趣、需要與能力，教師可能改變下列作法：一、學習的步調，二、教學目標，三、學習方法，四、學習教材，或將全班分成幾個小組，進行小組教學（small group instruction），也能適應學生的個別差異。學生不以相同的速度學習，有些學生需要更多的時間去學習教材。因此，學習個別化最簡單的方法就是允許學生以自己個別的速度去學習相同的課業（Moore, 2009: 212）。職是之故，個別化教學不是單指一對一的教學，它是整個教學歷程，全盤考慮，精心設計，促進學生主動學習，適應個別差異，成為自我創造與自我追求的教學活動，乃是實現個別化教育的一種教學策略與方法（林生傳，1990）。

　　差異化教學的方式不勝枚舉。茲舉一些常用的方式如下（張清濱，2020: 318-325）：

一、改編教材（迷你教材）

　　教師視學生的程度或需要，可以改編教材使其淺化、簡化，易於學習；也可以補充教材，以加深、加廣教材，提升學生的能力水準。對於重要的主題譬如生命教育、民主法治教育、性別平等教育、鄉土教育、環境教育、食品安全與地震等，學校課程發展委員會與各領域教學研究會可研究編印講義、迷你教材（mini-courses）或學習資料袋（learning packages），適應不同能力的學生學習。

二、課程選修（分組選修）

學校課程除了共同必修科目外，應開設選修課程供學生選修。一些學術性向偏低與低成就的學生可選修職業技術課程。對於有藝能科性向的學生，學校宜設置體育班、美術班、音樂班，舞蹈班以發展其潛能。國民中學與高級中等學校宜增加選修課程，國民中學在常態編班的基礎上，實施能力分組以適應個別差異。

三、聯課活動（社團活動）

聯課活動是課程的一部分，也是課程的延伸。聯課活動大都依據學生的興趣、能力分組進行。一些對於功課沒有興趣，考試成績「滿江紅」的學生，可能對於某些社團很有興趣並有發展潛力。往往聽到有些教師抱怨他（她）們的學生說：「你（妳）什麼都不會，只會打架！」《禮記・學記篇》說：「教也者，長善而救其失者也。」教師應該了解學生的長處與短處。既然這個學生很會打架，則其體能、體力一定很行。學校就應該設法提供機會、發展他（她）的潛能，改正他（她）的不良行為。學校可輔導他（她）上體育班，或鼓勵他（她）參加社團活動如拳擊社、柔道社、跆拳道社並輔導他（她）改邪歸正，不可暴力相向、動手打人。希望有朝一日，學生能在世界的舞臺上揚眉吐氣、擊敗群雄，為國爭光。

四、電腦化教學──網際網路、電子郵件

二十一世紀是資訊科技（information technology）的時代。教學走向資訊化、電腦化、網路化、數位化乃是必然的趨勢。電腦輔助教學（computer-assisted instruction, CAI）可依據學生的能力、程度、興趣，提供適當的軟體設備，供學生學習，使個別化教學更有效。教師也可透過電腦化教學（computer-based instruction, CBI）指導學生使用網際網路（Internet）與電子郵件（e-mail）進行溝通、互動與學習。電腦化教學可適應學生的個別差異如學習速度、教材的難易度等。小班教學教室應有電腦設備──班班有電腦，可以聯絡網際網路與電子郵件。譬如英語教學，學生可從網際網

路找到需要的資料，自我學習，也可透過電子郵件、臉書（Facebook）、Line 等與其他同學、朋友、師長互動、溝通、學習。

五、自主學習

自主學習（independent study）可解釋為「當教師不叮嚀時，學生所從事的學習活動」（Trump & Miller, 1979）或「個體很少接受或不在教師的輔導之下，完成教育的活動」（Moore, 2009: 213）。基本上，自主學習是一種純粹的自我導向學習。它不限於單人的學習活動。它可能是一種個別學習的活動，也可能涉及兩個或兩個以上學生共同進行的活動。一群具有共同需要的學生可能聚集在一間裝有特殊設備的實驗室裡共同學習，或者一群具有特殊興趣的資優生共同設計一項計畫。無論如何，自主學習強調個性的發展。在這種學習的情境中，學生都能自發自動，發展自己的興趣與潛能，可以獲得成功的滿足。這種情境也有助於人格健全的發展，減少問題行為的產生。

但是，自主學習絕不是放任的學習，而是有計畫、有目的的學習。教師必須事先辨認學生的能力與興趣，擬訂學生的學習目標，選擇合適的教材，協助學生進行自主學習。因此，自主學習不是盲目的，它加重學生的責任感，學習不依賴教師而要靠自己。譬如以「臺灣地區 921 地震」為例，地球科學教師可指導學生進行自主學習，要求學生分組，探求下列問題：1. 地震的原因；2. 地震發生時，如何避難；3. 建築物如何防震；4. 地震傷亡，如何處理善後。學生可從圖書館、網際網路、報章雜誌找資料，就其中一項，尋求答案，提出報告。各組提出報告後，學生就可以獲得有關地震的完整知識與技能。

六、精熟學習（補救教學）

Bloom（1984）指出任何學生只要給予適當的時間與適當的教學資源，就可以學會教材。他主張學生在測量預定教學目標的測驗中，能夠表現得很好，就算精熟了教材。Guskey（1985）認為精熟的標準通常是指答對 85%。

精熟學習（mastery learning）的三個步驟是：選定教學目標，然後進行全班教學，再施以測驗（Woolever & Scott, 1988）。如果學生沒有達到精熟的程度，他就要給予額外的學習活動或練習，施以補救教學（remedial or corrective activities）。學習緩慢的學生每週只要增加一小時的補救教學，就可以精熟教材。精熟學習是否成功大部分有賴於小老師、教學助理、補充教材與家長的協助。學習快速的學生要給予加深、加廣的課程，以免浪費時間。學生可利用額外的時間，進行深化的活動。功課忙碌不見得是加深的學習，往往適得其反，剝奪學生的休閒時間。因此，深化的學習活動必須是富有挑戰性與刺激性，並有回饋性的學習活動，例如製作視聽媒體器材、協助學習速度緩慢的同學、從事專案研究與使用高深的電腦軟體等。

七、學習歷程檔案

個人檔案紀錄（portfolios）或學習歷程檔案紀錄可以適應學生的個別差異。它具有多元化、個別化、適性化、生活化與彈性化等特性。學習歷程檔案反應學習的歷程與結果。學期開始，教師即可要求學生準備一本學習檔案紀錄簿，記錄課堂裡學習的情形，包括：1. 知（knowing）──上了這堂課之後，我知道了什麼？2. 行（doing）──上了這堂課之後，我會做了什麼？3. 思（thinking）──上了這堂課之後，我想到了什麼？鉅細靡遺，盡可能把它們寫在學習檔案紀錄簿或輸入電子檔案。教師不定期檢查學生學習的情形與進步的實況。學期結束，學生就一學期所蒐集的一切資料，加以整理，篩選重要的部分作為學習的證據，再寫出一篇感言作為紀錄的結束。然後裝訂成冊，加封面、編目錄與頁碼，可能的話，用電腦打字與美工插畫，學習檔案紀錄簿就算完成。

學習檔案紀錄的內容無所不包，包括各式各樣的學習紀錄如筆記、實驗紀錄、日記、作品、心得報告、研究報告、成績單、圖片、海報、照片、錄音帶、錄影帶、訪談紀錄等。大體言之，它包括認知領域、情意領域與技能領域的學習，兼顧學習的過程與結果，絕不是智育掛帥的產物。它是一部重要的學習實錄，也是學生學習的寫真集。教學評量時，教師

可先讓學生自我評量（self-evaluation），以便了解自己學習的情形；然後由學生相互評量（peer evaluation），俾能見賢思齊；最後再由教師評量確認，作為平時成績的一部分。

八、學習活動卡（學習單）

學習活動卡（activity cards）提供學生選擇的機會。每張卡片指出學生必須完成的課業項目。通常一套活動卡針對一個教學目標，同套的每張活動卡都與目標相結合。學生得從一套活動卡裡，選擇其中一張。如果好幾位學生選擇同一張活動卡，他（她）們就組成小組，共同完成活動卡裡所要完成的工作。工作一旦完成，教師隨即檢查每位學生完成的情形（Savage & Armstrong, 1992）。活動卡容易製作與存放。有些活動卡尚可放在紙箱或檔案盒裡，要用時再拿出來。

活動卡應由任課教師製作或由各科教學研究會共同製作。譬如鄉土教材，教師可製作下列卡片（如圖 14.2）：

學習活動卡 1

主題：鄉土教材
年級：小學中年級
目標：學生能了解當地的名勝古蹟
活動：
1. 請挑選一處當地的名勝古蹟，前往參觀，並寫下它的來龍去脈。
   與當地人士交談，找出一些有關古蹟記載的事蹟。
2. 一旦你蒐集了有關古蹟的資料，請選擇下列其中之一並完成工作。
   A. 準備一篇有關古蹟的口頭報告。
   B. 畫一張古蹟的風景。
   C. 寫出有關古蹟的劇本，並且在班上演出。

圖 14.2　學習活動卡

資料來源：Savage & Armstrong, 1992, p.136

上述活動卡顯示鄉土教育可結合歷史、地理、美術、建築、戲劇、語文等科進行跨科、跨領域的合科設計，並且依據學生的興趣與能力，實施差異化教學。

九、學習契約

　　學習契約（learning contracts）是師生共同約定的協議。它明訂學生應該努力的目標與要件。它有兩種基本類型：開放型與封閉型。開放型允許學生相當多的選擇自由。他（她）可以選擇所要完成的目標、指定作業、學習活動與評量方式。它適用於能自動自發學習、獨立性強與成熟的學生。封閉型相當普遍。教師扮演指導的角色，決定契約的內容。根據他（她）的專業判斷，教師要確認學生學習的目標，決定學習的活動與指定作業，並訂出評量的等級（Savage & Armstrong, 1992）。

　　學習契約要非常明確、具體的文字書寫。一般都包括下列各項敘述（Savage & Armstrong, 1992）（如圖 14.3）：

　　　　1. 學生要做什麼；

　　　　2. 要使用什麼資源；

　　　　3. 學生要準備何種學習「產品」；

　　　　4. 要遵循何種評量程序；

　　　　5. 完成學習的期限（p.135）。

學習契約
主題：＿＿＿＿＿＿＿　等級：＿＿＿＿＿＿＿級
我＿＿＿＿＿＿＿同意履行下列工作：
1.
2.
3.
4.
評量學習活動與成果，採用下列準則：
1.
2.
3.
我同意於＿＿＿＿＿＿＿前完成學習活動。
學生簽名：　　　　教師簽名：　　　　日期：

圖 14.3　學習契約

資料來源：Savage & Armstrong, 1992, p.137

　　學習契約是一種標準參照評量（criterion-referenced evaluation）。通常任課教師在學期開始時，即明確擬訂學生必須完成的一些基本目標，另外加上一些高層次的目標。學生在開學前宜按照自己的能力，會同任課教師，就 A、B、C 三個等級，任選其一，簽訂契約，以為該生努力的目標。值得注意的是：此法沒有 D 級與 F 級，因為教師不鼓勵學生失敗。如果某生簽訂契約 C，學期結束，只要他（她）達成最基本的目標，即可獲得 C 等成績。如果某生簽訂契約 B，則他（她）除了完成最基本的目標外，尚須完成一部分高層次的目標。又如某生簽訂契約 A，則他（她）必須完成基本的目標與所有高層次的目標。此法具有下列若干優點（Partin, 1979: 134，張清濱，1988: 107）：

　　1. 每位學生只要努力用功，均有機會得到 A 等成績；

　　2. 學生學習的動機是自我導向；

　　3. 教師必須明確訂定教學目標，並對學生的學習能力要有通盤的了解；

　　4. 履行契約是學生的責任；

　　5. 提供個別化的學習機會；

　　6. 學生與自己競爭，不與同學競爭；

　　7. 驅除學生對考試所產生的壓力與恐懼，建立自信心。

十、指定作業

　　作業可區分為三種類型：以當天教過的教材為主、以新教材為主、以超越課堂學習的範圍為主，分述如下（O'Donell, Reeve, & Smith, 2009, p.59）。

㈠以當天教過的教材為主

　　此類作業以強化教師教過的教材為主，讓學生溫故知新，增進學習效果。作業採用溫習、練習、演練等方式。教師可準備作業單、測驗題供學生練習。技能課程如音樂、舞蹈、體育、職業類科等，教師可要求學生課後加強演練。

　　寫作業是個別化的一種策略。課堂指定的作業旨在溫習學過的教材，增強學習的效果，不是學習新教材。作業可分為指定作業（assignment）與家庭作業（homework）。指定作業最好在課堂裡開始做，不懂的地方可以問老師或同學，做不完的部分帶回家做，就成為家庭作業。作業不可當作處罰的工具，以免產生痛苦的學習，遭致反效果。作業要顧及個別化，要符合學生的能力、程度與需要。因此，作業的難易度、內容的多寡、花費時間的長短，都要適應學生的個別差異。有些教師給學生太多的家庭作業，晚上做不完，只好請他人代勞，往往成為「親職作業」，就失去意義。教師不宜要求全班學生都做相同的作業。程度高的學生可給予富有挑戰性與創造性的作業；程度不佳的學生則可給予難度較低的作業，甚至酌減作業的分量。

㈡ 以新教材為主

　　第二種作業類型旨在要求學生做課前的準備，例如：下週要上自然科學，教師可要求學生先蒐集有關資料或準備教具、實驗樣本等。學生也可準備一些問題，上課時帶到班上提出討論。

㈢ 以超越課堂學習的範圍為主

　　此類作業不太強調對與錯的答案。主要以探究的方式，讓學生探求與課程有關的新知識、不同的經驗，產生新的資訊。

第三節　小組合作學習

　　小組教學（small group instruction）不是新的教學方式。遠在中國古代，私塾或私人講學，學生三五成群一起讀書就有小組教學的型式。到了現代，小組教學逐漸廣為使用。近年來，學校教育受到少子化的衝擊，尤其九年一貫課程與小班教學理念的實施，小組教學更有利用的價值。

　　學校教育長期受到家庭、社會與學校的影響。環顧當今社會，個人主義抬頭，功利主義盛行，價值觀念混淆，以致群性不彰，普遍缺乏團隊精神。教育部（2014: 6，1998b）有鑒於此，在《十二年國民基本教育課

程總綱綱要》課程內涵中揭示「人際關係與團隊合作」，並在《國民中小學九年一貫課程綱要》目標指出培養「尊重、關懷與團隊合作」的能力。欲達此目標，除了教科用書必須配合外，教師應善用合作學習法（cooperative learning），培養學生互助合作精神，增進群己和諧關係，發揮服務社會熱忱。本節擬就小組教學與合作學習的實施，分別列述於後：

一、小組教學法

教師使用小組教學時，宜把握六項要點包括異質性分組、每組 4 至 6 人、教師掌控分組、小組長輪流擔任、不固定分組與多元化評量。今說明如下（張清濱，2020: 334）：

㈠ 異質性分組

最好在常態編班的基礎上，採異質性分組，實施小組教學。異質性分組至少應考慮下列三方面的不同屬性：

1. 能力

組內同學的能力不一樣。有些同學擅長國文，有些同學擅長英語，另有些同學擅長電腦……，各有所長，也各有所短。即使同一學科，有些學生成績很好，有些平庸，另有些低劣。不同能力的組合，學生心理較能平衡，也可以互相學習。學生不易造成自卑感、優越感、挫折感或疏離感。

2. 性別

組內同學應該男女生都有。這樣可以配合性別平等教育，促進男女兩性互動。男女生可以一同學習如何尊重異性、接納異姓、包容他人。

3. 多元文化

組內同學來自各種文化背景。譬如班上同學有些來自閩南語背景、有些來自客家語背景，亦有些來自原住民、新住民或其他文化背景。各組都由各種文化背景的人組成。大家可以互相學習，更可促進族群的融合。上公民課時，教師宜注意分組時，要考慮宗教與政黨的多元性，千萬避免同質性的分組。最好各組成員來自各種信仰與政治背景的家庭，不可相同背景的學生聚在同一組，失去多元性。

㈡ 每組4至6人

每組人數到底多少人最恰當？依據 Johnson 與 Johnson（1991）的研究，每組人數以 4 至 6 人效果最好。人數太少與人數過多皆非所宜，反而缺乏互動的機會。設若每組皆為一人，就會「獨學而無友，則孤陋而寡聞」。又若每組 20 人，甚至 100 人，必變成「菜市場」或「演講廳」，秩序大亂，聊天者有之，打瞌睡者有之，淪為大班教學，失去小班教學的旨意。

㈢ 教師掌控分組

分組的時候不宜任由學生自行分組，以免同類相聚，宜由教師掌控，分配組別、人數，以符合異質性。班上學生如有「英雄好漢」，最好把他們拆散到各組，讓他們孤掌難鳴，無法起兵作亂，也有助於班級秩序的維護。班上如有自閉症或過度內向學生，亦可安排與較為親近的學生同組，以適應學生的個別差異。

㈣ 小組長輪流擔任

分組時，每組應有一位小組長。但是小組長究竟如何產生？教師指定專人擔任好呢？或由同學互相推選？亦由組內同學輪流擔任？三種方式各有利弊。從教育的觀點言之，似以輪流擔任為宜。此種方式具有下列優點：

1. 教育機會均等：大家都有機會擔任小組長，不致淪為少數人的專利，較能兼顧學生的受教權。

2. 培養領導能力：小組長也是班級領導人物之一，每位學生都可從最基本的小組長做起，培養領導能力。

3. 培養說話的能力：小組長要代表組內同學，提出口頭報告，無形中培養說話的能力。

4. 培養傾聽的能力：小組長要注意聽取別人的意見，培養專心一致的習慣，也學會尊重別人的意見。

5. 培養分析、歸納、組織、統整的能力：小組討論時，同學七嘴八舌，各說各話，小組長必須歸納、統整組內的意見，成為小組的意見。

㈤不固定分組

不固定分組係指一學期或一學年中，經常更動組別，讓學生有更多互動的機會。在固定分組的班級中，學生的互動大都侷限於同組的同學中。不固定分組可擴展互動的空間，延伸到整個班級。班上的同學都與任何其他同學同組學習，更能促進班級的互動。如果每位同學都能見賢思齊，則班上的同學都是集大成者。

㈥多元化評量

小組教學時，教師宜採用多元化教學評量，兼顧個人表現與小組表現。教師可用觀察法，觀察成績不錯的學生，是否肯幫助成績較差的同學？如果學生仍然勾心鬥角、我行我素，教學評量時就應降低情育領域的成績，以矯正自私自利的心態，引導他（她）們培養良好的群己關係與互助合作的美德。

二、合作學習法

合作學習的形式很多，但都以小組或小隊的方式互相學習。合作學習的類型大約可歸納成下列九種，茲列述如下（Lindblad, 1994; Moore, 2009; Slavin, 1999）：

㈠學生小組成就區分法（student teams-achievement divisions, STAD）

此一類型，四人一組，可依能力、性別、家庭背景與教師認為重要的屬性予以異質性分組。教學時，教師先呈現課文教材的內容，確定小組成員都了解教師所呈現的訊息後，施以個別測驗，並與以往施測成績做一比較。個別成績有進步者予以獎勵，這些成績累計成為小組分數。累計的小組分數達到某一水準者，可得到證書或其他獎賞。此種合作學習的方式在教導單一觀念與測驗題目只有一個答案時，最為有效。

㈡小組遊戲競賽法（team-games-tournament, TGT）

此法頗類似於 STAD。最主要的區別乃在於每週的測驗改為每週競

賽。每一小組得與能力相同的小組互相比賽。成績高者給予獎狀或其他獎勵。

㈢ 小組協力個別化法（team-assisted individualization, TAI）

此法亦頗類似於 STAD。採用本法時，同一小組的同學互相檢查同學的作業與測驗。小組掌理家庭作業、學習單與測驗等。進步的學生給予適當的獎勵。

㈣ 合作式的統整閱讀與寫作（cooperative integrated reading and composition, CIRC）

這是一種較為新穎的合作學習方式。此法需要異質性的閱讀小組。通常從不同的小組中，兩人一對，互相學習。在語言課中，小組也一起學習，共同完成合作式的寫作作業。其程序先由教師教學，然後小組練習寫作技巧，並且準備小組測驗。小組所有成員的平均表現作為獎勵的依據。

㈤ 拼圖法（jigsaw）

使用拼圖法時，教師要把預擬的作業分成幾個不同且獨特的部分。小組成員就整個問題蒐集他（她）所負責的那一部分的資料，然後回報小組，最後的作品（業）即告完成。這是透過合作的歷程，小組成員蒐集必要的資訊，共同完成小組的作品（業）。譬如地理科加拿大單元或健康教育人體器官單元，小組成員可以分配主題的某一部分，負責這一部分的研究。相同主題的不同組別成員，互相研究討論，然後回到原來組別，輪流教導組內的其他組員。期望所有的學生都學會本主題的所有資訊，並使用綜合測驗以輔助小組的報告。

㈥ 第二代拼圖法（jigsaw II）

每組成員 4 至 6 人，各組給予整個問題，並按照其計畫，細分每人指定的工作。學生蒐集的資訊予以累計。最後的步驟是個別測驗，算出小組的分數，化為點數。優異者給予獎狀或獎品。

㈦ 共同學習（learning together）

此一方式，每組 4 至 6 人，就單一的作業或活動，共同學習。單一的作品當作小組學習活動的成績。

㈧ 同儕教導（peer tutoring）

這是最簡單的合作學習形式之一，在基本的技能領域當中，利用學生當作輔助教師（supplementary instructors）。任課教師則如同平常提示教材。學生兩人一組使用結構式練習與附有答案紙的作業單，以強化新教材。學生輪流擔任輔助教師並互相訂正答案，提供立即的、一對一的回饋（Miller, Barbetta, & Heron, 1994）。

㈨ 小組調查（group investigation）

合作學習可用來促進高層次的學習。小組調查涉及獨立學習與小組研究。通常它把學生分成 3 至 6 人一組，調查或解決某些普遍的問題，包括社會學科或科學實驗、社區專題研究，或建構藝術的剪貼作品。學生負責訂定小組目標、分配工作任務，並完成專題研究。透過共同的小組目標，小組成員激發合作精神。小組調查的設計者在實施小組調查時，要確認六個步驟：1. 選擇主題；2. 共同計畫；3. 實施；4. 分析並綜合；5. 提出研究成果；與 6. 評量。為了適應多元化，教師應該確保小組成員的異質性，不同組別的成員為共同的目標與成果而奮鬥不懈。教師的角色是促進小組的調查與維護小組的努力（Moore, 2009: 206）。

第四節 協同教學

協同教學（team teaching）與合作學習（cooperative learning）有別，不能混為一談。前者注重教師教學型態的改變，而後者則在學生學習型態的改變。所謂協同教學乃是一群不同的教學人員以一種專業的關係，組成教學團（teaching team），共同計畫、互相合作，完成某一單元或某些領域的教學活動（方炳林，1988；Schamber, 1999）。教學團的組成分子通常包括資深教師、任課教師、實習教師、視聽教育人員與圖書館人員。這

些人員彼此分工，各盡其職，通力合作，共同完成教學活動：

協同教學改變教學的型態，可依據教學的需要，分為下列各種模式
（張清濱，2020: 361-362）：

一、單科協同

這是指同年級、同一科目教師的協同。譬如英語科教材內容有發音、
拼音、句子結構與語法、英語歌曲、聽力練習等部分。一年級英語教師有
三位，可就其專長分配工作，李師負責發音與拼字，林師負責句子結構與
語法，而張師負責英語歌曲與聽力練習。一年級各班的英語課就由這三位
教師協調安排，共同完成。

二、科際協同

這是兩科之間的協同。譬如國文課有一課文五言絕句選──〈登鸛雀
樓〉，即可與美術科教師協同教學。國文教師教完這首詩後，美術教師可
要求學生把讀完這首詩後的心境，用作畫表現，以領悟詩中有畫的意境。
當然，美術教師也可以就一幅畫指導學生欣賞，然後國文教師指導學生寫
出觀賞心得或寫一首打油詩。

三、多科協同

這是三科或以上的協同。譬如國中英語科有一課文──"I Took a Trip
to Kenting"，可把英語、音樂、地理教師組成教學團，共同設計教學活
動。最好能利用春（秋）季旅行，到墾丁旅遊，進行兩天一夜的戶外教
學。學生從學校搭上遊覽車，到墾丁住宿、用餐、交談等就儘量說英語。
英語教師上課一方面教英語，一方面教旅遊英語。音樂教師可教一些輕鬆
的歌曲，也可以教恆春民謠，了解鄉土語言、文化。地理教師則可配合地
理課程，教臺灣地理──恆春半島的地理景觀與墾丁國家公園。教學團可
視情況，擴大協同的範圍，可請生物教師介紹墾丁國家公園的稀有植物。
如果經費困難，尚可考慮以露營方式辦理，還可安排童子軍活動，各小組

到墾丁國家公園尋寶，然後提出報告。這樣的協同教學，學生必定可學到完整的觀念、知識、技能與生活英語。

四、跨校協同

協同教學也可跨校實施。譬如甲校缺音樂教師，而乙校缺美術教師，則兩校可相互支援，互補有無。甲校的美術教師去協助乙校的美術教學，而乙校的音樂教師可協助甲校的音樂教學。

五、循環式協同

教師的專長不一，對於任教的學科，不見得完全勝任。譬如體育科有很多運動，球類就包括籃球、排球、足球、桌球、棒球、躲避球等。有些教師只擅長其中幾項。因此，學校可請具有這些球類專長的教師組成教學團，採取循環式協同教學，就每位教師專長選項，安排授課時間，依序輪班教學，就可把所有球類教完。

六、主題式協同

這是針對某一主題，進行統整的協同方式。譬如臺灣於 1999 年 9 月 21 日發生大地震。教師可以地震為主題，把有關聯的領域或學科統整起來，進行協同教學。國文科可從報章雜誌找出有關地震的文章作為教材。英語科可上網或英文雜誌找一些有關地震的短文或英語會話。地理可講解 921 地震的分布情形與震央的位置。自然科可探討地震的原因與地殼的變動。社會科可討論地震發生後如何展開社會救濟與人道的關懷。健康教育則應教導學生地震發生時應如何保護自身與周遭環境的安全。萬一有人發生不幸，應知道如何急救。輔導活動可輔導學生正確地面對地震，不致產生過分恐懼，而能臨危不亂。這樣，學生上完這個主題後，更了解有關地震的知識，也增進有關防範地震災害的生活智能。

第五節　電腦輔助教學

　　1970 年代與 1980 年代隨著電腦的發明，編序教學（programmed instruction）獲得很大的改進。電腦輔助教學（computer-assisted instruction）或電腦化教學（computer-based instruction）乃應運而生，這兩種都是利用電腦進行教學的活動。這些新的軟體對於學生與教師都有很多好處。電腦程式減少相當複雜的資訊，學生對於所呈現刺激的反應，可以立即增強。因此，像編序教學的原理一樣，電腦輔助教學可使學生按照自己的速度進行學習，並且對於學習結果，可以立即獲得回饋。它可以提供學生增進有效的練習，諸如數學、外國語言等（Fielstein & Phelps, 2002: 219）。

　　此外，電腦輔助教學的文字處理機可用來協助學生發展理念，讓索然無味的書寫過程變成容易處理的部分。理念可以很快投射到電腦銀幕上並且可儲存以供日後之用。由於文字處理機容許使用者方便地移動並操作，學生更可以腦力激盪，重新安排單字、句子、段落與頁數。不像一般書寫與打字方式，文字處理機的彈性給學生構思的自由，不受拘束。資料可以切割、貼上、複印、編輯或刪除。文字處理還可用在合作學習，如文字接龍，共同完成一篇短文，或出版簡訊（Fielstein & Phelps, 2002: 298）。

　　電腦的使用可以激發學生的學習動機。電腦有增進學生自信心的傾向。的確電腦融入於教學，學生更能適應於學習。電腦的使用可應用於各學科，例如：許多文字的處理與閱讀計畫可以增進語文科的寫作與閱讀技巧；數學、自然科學與社會學科也可以很容易統整。尤其網際網路可用於各種不同的學習，從電子郵件的網友到研究的指定作業。電腦的使用可融入語言教室與實驗室。

　　如果電腦的使用融入於教學對學生有好處，那麼究應如何實施？電腦資訊中心或電腦實驗室每天花部分時間與各學科整合，提供了成功的可能性。學生不僅分配電腦使用的時間，而且學習型態也可以加以改變。

　　如果教師要在課堂使用電腦教學，下列一些祕訣可供教師們參考（Moore, 2009: 208）：

　　一、慢慢開始：每週先以 15 分鐘的時間，安排使用電腦教學，以熟

悉電腦設備並測試學生的興趣與能力。

　　二、儘量使其簡單：切記對有些學生而言，使用電腦本身就是一節課程。而且，教師安排的電腦活動要有選擇性；要設法把它們融入於課程中。

　　三、要有選擇性：牢記學生的年齡與能力。過度的電腦經驗可能造成持續性的威脅。

　　四、要有彈性：如果學生的興趣水準不足，要有改變的餘地。

　　五、允許分組的彈性：既然電腦常常限於課堂，大多數的活動將以分組方式進行。例如教師可以組成研究、練習或深化小組，並令小組在電腦教室學習。

　　隨著資訊科技的快速發展，教學型態走向多元化、資訊化、自動化、數位化與國際化。教師的角色必須改弦易轍。教師不再只是傳輸資訊與知識而已。他們的角色也由「講授者」轉為「助成者」、「設計者」、「研究者」。未來的教育人員必須積極投入教學的研究與設計工作，創造新的教學模式、設計新穎的教學媒體、協助學生主動學習。電腦輔助教學、透過網際網路與電子郵件進行教學將更為普遍。未來的教學型態將是「教得少、學得多」（Teach less, learn more），也就是「少點改革、多點改進」（Reform less, improve more）（Hargreaves & Shirley, 2008: 60）。

　　電視媒體與教育亦步亦趨，息息相關。人們早已接納電視在社會上扮演的角色，因為它影響全世界人類的生活──資訊、娛樂與教育。然而，大部分透過電視廣播的學習一直都是非正式而觀眾都是被動的。數位化電視與新科技可使教育的內容增加互動性。因此，互動式電視（interactive TV, iTV）將成為二十一世紀教學媒體的新寵物（Chen & Iris, 2004: 61）。

　　互動式電視在英文上有許多名稱，諸如 IT、i-TV、eTV、Enhanced Television、Enhanced TV、Fully Interactive TV、Interactive Digital Television 等名稱。它可使觀眾與電視上看到的表演互動。觀眾可利用遙控器選看新聞、短文或額外的資料。這些網路常常稱之為「虛擬頻道」（virtual channels）。所有的一切都是透明的，與平常的電視沒有什麼不同。互動式電視主要是內容的控制操在使用者的手中。互動式電視頗類似於數位化有線電

視（digital cable TV），除有數位電視的能量外，它也能提供網路、電子郵件與電腦程式（Chen & Iris, 2004: 61）。

第六節　情意與道德教學

情緒（emotion）涉及一個人的喜、怒、哀、樂、愛、惡、懼等表達。情緒與生活息息相關。人類的行為都隨著情緒的高低而起伏。情緒影響學生的學習，也影響教師的教學。一個情緒暴躁的教師經常會體罰或虐待學生，情緒不穩定的學生會經常作白日夢、上課不專心，甚至會有反社會的行為。

情緒有外在與內在之分，外在的情緒是表現出來，如笑逐顏開或滿面春風等表情；內在的情緒則隱藏在內心深處，如悶悶不樂、心中鬱卒等。情緒也有正面與負面的情緒，前者如喜、樂與愛；後者如怒、哀、惡與懼。負面的情緒常常會影響個人的行為。情緒不穩定的學生，德、智、體、群、美等五育的發展都會受到嚴重的影響。正面與負面的情緒有時也會同時出現，如憂喜參半、悲喜交集、喜極而泣、樂極生悲等。

國民中小學教育注重五育的均衡發展。但是很不幸地，有些學校偏重智育的發展，而忽略情意與道德情操的陶冶，因而培養一批五育不全的學生。揆其原因，傳統的教學與評量很少觸及情意領域（affective domain），久而久之，情意教學也就湮沒不彰了。本節先探討情意教學的實施，再論述道德教學的途徑。

一、情意教學法

情意教學的實施有賴於教師正確的引導，下列一些措施與作法可供參考（張清濱，2020: 374-376；Ormrod, 2009: 214）：

㈠學習讚美他人，對人友善

美國 Connecticut 州 Beecher 小學的情緒教育是教導學生如何尋求他人的優點，讚美他人。例如二年級的一個班上學生互相讚美，「你真會拼

字」、「你寫的字好漂亮」、「你真有藝術天賦」等。這是教導孩子普遍的價值觀，也培養對人友善的態度（Ratnesar, 1997）。

㈡表達個人與人際互動中的知覺

美國一所小學教師點名時，學生不是傳統式空喊一聲「有」，而是以報數方式表達他（她）當日的心情。譬如一分代表心情低落，十分表示情緒高昂（Goleman, 1995）。此種方式係以學生生活中的實際問題為題材，給予適當的情緒表達。

㈢加強社團活動，調劑學生身心

學校應安排各類社團活動讓學生依興趣、志願選擇參加。一些學業不佳的學生，對於社團活動反而興趣盎然。在升學競爭的壓力下，學校更應安排各類社團活動讓學生參加，以紓解緊張的氣氛並發洩精力。教師應教導學生正當宣洩情緒的方法，例如轉變工作或活動、打沙包、訓練耐力與容忍度、靜坐、學習溝通的技巧等，以防止反社會行為的發生。

㈣強化各科情意教學活動

任何學科教學活動都應包括認知領域、情意領域與技能領域，不可偏廢。情意領域涉及一個人的觀念、態度、習慣、情操。情意領域實即生活教育、人文教育、人格教育與倫理道德教育。真正的 E. Q. 應反映在倫理道德方面，也就是倫理商數或道德商數。

㈤發揮輔導與諮商的功能

青少年問題的來源，許多來自於挫折感、恐懼感、疏離感與自卑感。輔導的方式應該使青少年對於疾病有更深入的認識。但最重要的是辨認壓力的來源，並設法排除心理的壓力，去除不必要的恐懼、暴躁與不安。

對於有心理疾病的學生，學校輔導單位亦可洽請當地心理衛生諮詢服務中心的協助。臺灣省各縣市大都有一所高級中等學校設有心理衛生諮詢服務中心。該中心與當地醫院合作，精神科醫師定期到校服務。服務對象包括當地中小學師生。實施迄今，績效甚為顯著，對於心理疾病的防治，頗多貢獻。

㈥針對學生的基本需求，激發內在的動機

滿足學生的基本需求可以激發內在的學習動機。因此學生更可能了解並記得課文的內容。譬如，教師上課時偶而穿插新奇、變化、神祕與風趣的事物於教學活動中。學生更能夠把他們所學的應用於新的情境。

㈦增進學生的自我效能與自我價值

教師只告訴學生說：「你很好」或「你很聰明」不可能提升他的自我價值感（sense of self-worth）。模糊而抽象的說詞如「你很特別」也少有意義。較有效的方式是針對特定的活動與課業，增進學生的自我效能（self-effecacy）。如前所述，學生過去成功的經驗可以增進他在某一領域的信心。教師應善加鼓勵學生如「你能做得到，我知道你能夠」可以增進學生的信心。

㈧給予學生富有挑戰性的課業

挑戰不僅促進認知的發展，也讓學生體驗相當的滿足感與尊榮。挑戰的另一個優點是突顯學科的興趣所在。但是，教師必須牢記在心學校上課未必皆是挑戰，教師應該求其平衡，以提升學生的信心與自我效能。

㈨評量學生的表現，要讓學生有成功的喜悅

通常學生的表現有優點，也有缺點。即使學業成績不佳的學生也有其優點。譬如某生學業成績不理想，但他上課準時、從不遲到、曠課，字體工整、不「龍飛鳳舞」。教師要極力找出學生的優點，讓學生有成功的滿足。一個受到肯定與賞識的學生，會更加努力向上。教師的職責之一就是發展學生的潛能，長善而救其失。

㈩要求學生設定個人努力的目標

學生通常會朝向自己設定的目標更加努力；別人為他設定的目標可能無動於衷。自我選擇的目標如果具體明確、富挑戰性，並且短期內能實現，更能激發學習的動機。學生設定一系列的短期、具體的目標有時稱之為「近似目標」（proximal goals），學生得到定期的回饋，產生更大的自我效能感（sense of self-effecacy），不僅學會了教材，也獲得高層次的學

業成績。

二、道德教學法

　　近年來由於社會的急速變遷，家庭結構的改變，與學校教育的缺失，因而功利主義盛行，個人主義抬頭，群己關係淡薄，道德觀念日趨墮落。影響所及，社會不免衍生若干問題，諸如投機取巧、急功好利、違法脫序、罔顧倫常等偏差現象。臺灣地區離婚率有增無已、犯罪率居高不下、貪汙舞弊滋生橫行，著實令人憂心。學校的道德教育到底出現了什麼問題？究竟應如何進行道德教育？為圖力挽狂瀾，振衰起弊，學校必須澈底檢討現行教育的缺失，謀求改進。

　　教育部（2014）發布《十二年國民基本教育課程綱要總綱》揭示九大內涵，其中之一就是要培養學生具有「道德實踐與公民意識」的國民。學校的道德教育必須從道德觀念的認知、道德行為的判斷與道德行為的實踐著手。本節就道德發展的理論與道德教學的途徑，分別敘述於後。

㈠ L. Kohlberg 的道德發展論

　　美國哈佛大學心理學家 Kohlberg（1980）提出道德發展理論。他認為道德發展如同認知發展。兒童早期的發展是後期的基礎。他認為道德的發展可分為三個層次六個階段：循規前期（preconventional level）、循規期（conventional level）與循規後期（post-conventional, autonomous, or principled level）（如表 14.1）。

表 14.1　Kohlberg 的道德發展階段

層次與階段	特　徵	行為動機	判斷的依據
層次一 階段 1 階段 2	循規前期 懲罰與服從導向 工具相對導向	 逃避懲罰而遵守規範 為酬賞與互利而表現	 行為是否受到懲罰 行為的後果
層次二 階段 3 階段 4	循規期 乖乖牌導向 法治導向	 避免他人不悅而守規範 避免法律制裁	 權威人物的讚賞與否 社會法律規定

層次與階段	特 徵	行為動機	判斷的依據
層次三	循規後期		
階段 5	社會契約導向	為贏得尊敬而守規範	契約的規定與共識
階段 6	普遍的倫理原則導向	避免良心自責而守規範	共通的倫理原則

資料來源：Marlowe & Canestrari, 2006, pp.121-122

(二) J. Dewey的道德論

Dewey 的教育理論重視理論與經驗，不尙空談，處處表現出調和的色彩，頗符合儒家思想的中庸之道。他的道德觀乃植基於他的教育理論。今舉其犖犖大者列述如後（張清濱，1997: 230）：

1. 強調人性可變論：教育與環境可以改變人性

Dewey 的人性論脫離傳統的窠臼，一方面認爲人性隨環境而變化，另方面在人性之思想基礎上，摒棄傳統之心身二元論。人不再是心身截然不同的部分組成，而爲一有機整體。身體的活動即所以表現心智之活動。Dewey 認爲人性存在而且活動於環境之中。所謂「於其中」非如銀鐵之置於盒中，而「若物之生長於土壤與日光中」。此與儒家「性相近，習相遠」、「近朱者赤，近墨者黑」與「學以變化氣質」等相通。惟 Dewey 不承認人性善惡之先天觀念。善惡乃起於人與環境之交互影響；要改變人性，須藉助教育的力量或環境薰陶的功能。此一理念益加彰顯教育的可能性。教育絕非無能或萬能，而是可能。

2. 調和內外合一論：動機與結果並重

傳統的道德觀念分成兩個對立的因素，即內在與外在，或精神與身體。這個分法是心靈與世界、靈魂與身體、目的與手段二元論的極致。在道德論上，它將行爲的動機與結果、品德與行爲分開。動機與品德被認爲是「內在的」，只存於意識中，而結果與行爲被認爲是心靈之外，「行爲」只與執行此一行爲的動機有關；「結果」是指實際發生的。

Dewey 則認爲內在與外在互爲表裡。道德行爲乃是一串連續的活動，它包括行爲的內在動機與外在結果。道德的行爲必須眞正出於興趣或充分反省過，因爲只有在那種情況下，個人欲求與思考的特質才會以有機體的

方式表現於行為中（林寶山譯，1990）。

Dewey 認為善即幸福，善即慾望之滿足。他以聯續的觀念將行為之動機與結果統一於活動之歷程中。Dewey 所謂的「善」，既非 Conte 之所謂「服從規律」，亦非快樂主義之所謂「快樂」。他以為服從規律，本身無所謂善；其所以為善乃因其可生善之結果。因之，判斷行為之善或不善，不僅須注意存心之善惡，亦應顧及存心而行所預見之結果。行為之善惡端視動機與結果，始能判斷（如表 14.2）：

表 14.2 道德行為的判斷

動機	結果	道德（行為）判斷	等級
善	惡	微罪	2
善	善	至善	1
惡	善	非善	3
惡	惡	罪大惡極	4

3. 主張智德合一論：道德貴乎實踐

Dewey 認為道德知識與一般的知識沒有兩樣，學校的教育與品德的修養息息相關。但是，他更進一步指出：善的知識不是從書本或別人身上可學到，而是經由長期的教育，那是生活中成熟經驗的結晶（林寶山譯，1990）。

符號的知識不能付諸行為，未能深入影響品德。真正的知識是指從實際試驗中得來的體驗，在環境中有實際的效用，能從經驗中得到滿足。親身經歷的第一手知識才能真正影響行為。若只把知識當作學校裡的科目來看，則獲得這些知識只有技術價值。具有社會意義的情境中所獲得的知識才有道德意義，才能啟發道德的智慧。道德智慧的本身就是道德特質，例如與人合作相處、開放的胸襟、真誠與負責等特質（林寶山譯，1990）。

Dewey 指出：人要有「道德的理想」，這是知的問題；然後要表現出「道德的生活」，這是行為的問題。道德貴乎實踐，唯有知與行合而為一，才能表現出道德的行為。有些人學歷雖高，卻依然違法亂紀、作姦犯

科，顯示學問不夠好，或知行不合一所致。

4. 兼顧義務與興趣：利己與利他並行

在道德的爭論中，有依「原則」行事與依「興趣」行事的兩種論點。依原則行事就不能夠參雜個人的利害關係，要依一般法則（law）為準，超越所有個人因素的考慮。依「興趣」行事，就是自私，以個人的利益為主。

Dewey 認為一個人必定對他所做的有興趣，否則他就不會去做，興趣引發行為的動機。醫生不顧生命危險，繼續在流行病的疫區為病患服務，必定是對他所從事的行業有相當的興趣，其興趣比對自身的安全還高。興趣與自我名異而實同，自我並不是現成、固定的，而是不斷在行為的選擇中形成（林寶山譯，1990）。

醫生的行為原則是要維持人們的健康，照顧病人，但這個原則並不保證這樣做都對。如果行為的結果證明是不當的，那根據原則只會加重罪惡。一個只會按原則行事的人，可能會堅持己見，而未能從經驗中去找尋好的方法。

Dewey 主張由利己動機逐漸導引自我之擴張，自我與本身之動機合一，養成其利人的行為。他認為人有私心，利己心乃極為自然之衝動，苟無利己心，則人類一切之行為將缺乏原始之衝動力。人為社會之分子，營共同生活，彼此之間，影響極為密切。個人之利益即為全體之利益，全體之利益亦所以增進個人之利益，故行為之出發點，利己亦須利他。個人之道德必須促進社會之道德，個人之幸福必須促進社會之幸福。

5. 結合校內的學習與校外的生活：提供社會的情境

Dewey 認為：一般人把道德看得狹隘，假道學把道德視為好意，而未能顧及在社會情境中所需要的行為。另一方面，卻過分注重傳統，把道德侷限於一些常規行為。他指出：道德的範圍包括我們與他人有關的所有行為。道德與全人格有關，而全人格就是人所有具體的行為與表現。因此，他認為學校必須具有社區生活的特質。其目的即在希望能提供一個社會情境，再此經由共同的經驗來學習、成長。遊樂場、店舖、工作室、實驗室不只是年輕人自由活動的直接場所，也是他們交往、溝通與合作之處（林

寶山譯，1990）。

其次，他認為學校內的學習應繼續延伸到校外，兩者之間應有充分的交互作用。社會各種不同目的的人之間，要有許多接觸的機會，讓學生所學到的知識用於生活當中。

6. 重視道德的實用性：培養有用的好人

Dewey 採實用主義與工具主義的觀點，認為道德的目的在改造自然與社會之環境，促進人類之幸福。道德以實用為主，不只培養「好人」，更要重視培養「有用的好人」。所謂「有用」係指作為一個社會分子的能力，他所貢獻與所獲得的要相稱（林寶山譯，1990）。

道德的觀念不斷重組、改造。Dewey 認為道德即生活，生活無時無刻在改變，道德亦應經常不斷改造（高廣孚，1991）。道德之改造必須與社會之改造互相配合。Dewey 自實用之觀點以論行為，並注意道德之繼續改造等觀念，誠為 Dewey 在倫理學理論上之一大貢獻。

7. 強調道德教育即生活教育

Dewey 不贊成設立道德教育專門學科與教材，而主張道德教育應注入於各科教材中。個人也應參與社會活動，使學校生活與社會打成一片，由共同生活中培養個人之互助合作、同情、友愛等社會道德。Dewey 認為最有效之道德教育是把學校生活過程與學生生活過程聯繫起來（葉學志，1990）。學校如與社會隔離，則學生在學校所學的知識不但不能實用於生活，也無益於品性的養成。

8. 注重反省的功夫與道德的判斷

依 Dewey 之意，道德教育著重於反省的功夫與道德的判斷。他不贊成功利主義的外在制裁，而主張另立道德陶冶之方案（高廣孚，1991）。Dewey 認為知識必須時時訓練，始能判斷，判斷在人生行為最關重要。判斷須由自己的、絕非他人所能養成。學生的判斷力可在輕重緩急、是非善惡之間，各有一種度量衡。此種道德判斷力可在任何學科中傳授。

Dewey 認為道德教育應在實際經驗中學習，而學習則應在培養個人道德判斷，不應盲從習俗的道德，而應用反省方法來鑑定在一定時間與空間是否可行。學校推行道德教育，要有聯續的觀念，統整各類教育功能，務

必「道德觀念內在化」，「道德實踐生活化」，才能產生道德的行為。

㈢道德教學的途徑

價值與道德的教學一般稱為「品格教育」（character education），有時也稱為「價值觀教育」（values education），或「道德教育」（moral education）。這三個術語都是指學校為幫助學生成為有德行的人，能夠道德判斷與道德實踐而施行的教育。教導品格是比教課程內容更為複雜。譬如你要學生尊敬別人，你要如何進行道德教學？你可能訴諸於傳統的教條：「對待別人要友善。」但研究顯示此種教條對於學生的品格不太可能有持久的效果（Leming, 1993）。要改進道德教育，學校可透過各種途徑實施道德教學。茲列述於後（Steven & Allen, 1996）：

1. 從生活教育著手

道德教育應從生活教育開始。道德教育應該生活化，表現在日常生活當中。生活教育涉及生活的各層面，包括食、衣、住、行、育、樂等。習慣是人類的第二天性，習慣久而久之必成為自然。因此，生活教育首在良好生活習慣的養成。目前社會上出現一些怪異的行為，有待檢討。事實上，生活習慣大都在家庭中即已養成，如果家庭教育健全，學校的生活教育就容易推展。學校畢竟是教育的場所，學校教育應把生活教育與道德教育結合起來。今後，各級學校生活教育應特別注重下列習慣的養成，轉移社會風氣：

(1)勤儉的習慣：學生要養成黎明即起、早睡早起的習慣，也要養成勤儉、樸實的習慣。自古「由儉入奢易，由奢入儉難」，在經濟不景氣的年代，更應厲行儉樸的生活。

(2)整潔的習慣：學生要有環保的意識，不亂丟紙屑、垃圾，不製造環境的汙染。

(3)禮貌的習慣：要增進和諧，促進人際關係，學校應推廣禮貌十道活動，包括：道早、道好、道謝、道安、道請、道賀、道候、道別、道歉與道誠等打招呼用語。如果每一個人都能把打招呼用語時常掛在嘴邊，取代不堪入耳的髒話，國民的素質就可提高。

(4)守法的習慣：學校實施民主法治教育，要注重實踐，身體力行，教師更要以身作則，避免反教育的行為。班規的訂定與執行便是讓學生演練立法與執法的過程，進而培養守法的習慣。

2. 運用文學，尤其是戲劇

文學對於品格的養成具有潛化的作用，尤其在培養有用的公民方面，具有互補的作用。Beatleheim（1977）指出：在兒童養育方面，最重要而又最困難的工作就是協助小孩發現生命的意義。要發現意義，他（她）就必須超越自己的狹隘觀念的設限而深信他（她）將對生命做出重大的貢獻。文化遺產的傳遞乃是尋找生命意義的要素。文學就是一種很好的工具，透過文學的薰陶，可以達成此一目標。Kilpatrick（1992）舉出故事可當作道德教育的理由。在英雄式的故事中，每一情節都隨著故事的主角——英雄而起舞。英雄對於團體的忠誠與其道德原則，發揮得淋漓盡致，達到最高點。這種道德的情感，常常反映出文化的倫理原則，傳至下一代。

3. 運用法院判例

法院的判例樹立了良好的行為典範。法院的判例成為道德行為的最後一道防線。學生可從許多判例中明辨是非、分別善惡與對錯。學校也可鼓勵學生參加模擬審判。此種學習活動可使學生開始塑造價值觀念的體系。例如美國最高法院曾判決 Tinker 案例，把言論自由權延伸至學生的身上。最高法院引用尊重的原則，宣判：「青年學子都要把他（她）們當作人（persons）看待，不可把人道精神流落到學校的校門外或其他任何地方」（Sgrol, 1993）。

4. 使用道德兩難困境

此種途徑是把道德的兩難困境（moral dilemmas）以辯論的方式，引導學生分辨是非、善惡。教師可利用一些有趣的話題，如社會問題、環境保護問題、社區紛爭問題、時事問題等都是很好的題材，可用來創造道德的兩難困境。

例如《紐約時報》曾刊登一篇文章：如果基因可以預測疾病的話，該不該告訴小孩？（Kolata, 1994，引自 Stevens & Allen, 1996）依道德的兩難困境，教師可提出下列問題，供學生們討論：

(1)研究人員應否把他（她）們知道的情形告知家長與小孩？

(2)研究人員應否僅告知家長並把告知小孩的問題留給家長？

(3)一般而言，人們是否都有權利去了解自己的醫學訊息？

(4)家長是否有權利去了解自己小孩的醫學訊息？

(5)知道基因伴隨著特殊的疾病，有無好處？

(6)基因的認知對於青年人的自尊可能會造成何種衝擊？

研究人員利用基因的方法，辨認罹患各種疾病的個體，該不該告知病人，至關重要。醫學界預測某些致命疾病的能力遠超過治癒的能力，而且辨認與預測疾病事故的案例逐漸增加。時至今日，約有九百多種基因被認定會引起遺傳性的疾病（Stevens & Allen, 1996）。以此觀之，科學家可以及早預測疾病。從醫師的專業道德言之，病人的隱私權應予以尊重與保護。當事人理應知道自己的基因狀況，以便有所因應。

5. 進行反省與批判思考

道德教育應採反省的途徑，而非教條的途徑。反省的途徑需要批判思考的能力。要培養學生良好的道德與品格，學校應把批判思考列為倫理道德教育的核心（Paul, 1988）。

Nielsen（1988）即主張學生應從日常生活經驗中，找出一些案例，加以分析、批判。例如：「我們對於窮人有無責任？」學生們可從理論的觀點討論此一問題。然後在學期中，安排時間訪視貧民，與他（她）們一起工作生活，體會貧民的生活情形。最後讓學生們仔細思考我們到底對於窮人有無道義的責任。

這種把實際的生活體驗融入於道德教育中，乃是超越認知的方式，較能兼顧認知與情意的發展。經過實際的體驗後，學生們以更堅強、更明確的態度，堅持社會有責任去救濟窮人。這種教學方式更能夠把學生們的情感與道德的認知相互結合（Groarke & Scholz, 1996）。

6. 實施價值澄清教學法

在民主多元化的社會中，每個人的家庭背景與教育程度不同，因而生活型態與價值觀念也就隨之而異。在教學上，教師應該儘量利用價值澄清法（values clarification），讓學生做出正確的價值判斷。價值澄清法不是

強制灌輸學生一些價值觀念。它的論點是：當人們與環境接觸時，其內心就會產生價值判斷，最後形成自己的價值觀念。價值形成的過程有七個階段（Raths et al., 1978）：

(1) 選擇

　　A. 鼓勵學生自由地做出選擇。

　　B. 協助學生當面臨抉擇時，發現另類的選擇。

　　C. 協助學生澈底地權衡輕重，反省思考每一選擇的後果。

(2) 激勵

　　D. 鼓勵學生思考他們認為值得珍惜的部分。

　　E. 給學生確認其選擇的機會。

(3) 行動

　　F. 鼓勵學生採取行動，表現其認定的行為並符合其選擇。

　　G. 協助學生體會重複的行為或生活的類型（pp.28, 38）。

　　價值澄清的關鍵性要素是澄清的回應。這是指教師如何去回應學生的價值觀念，協助學生澄清何者是重要的與可要的。譬如國民中小學的教育目標是培養德、智、體、群、美等五育均衡發展的健全國民。這五育都一樣重要，但是何者最重要？教師可要求學生依自己的價值觀排序，就可看出每個學生的排法就不盡相同。一個經常生病的學生一定會認為身心健康（體育）最重要；一個經常遭竊的學生認為品德（德育）最重要；看見親友在工作職場求職碰壁的學生就認為知識技能（智育）最重要；而生活環境孤單、沒有人願意與他結交朋友的人就會覺得合群（群育）的重要性；對於生活空虛、缺乏精神生活的人，自然體會美感（美育）的重要性。然而，如果一個人活在世界上，縱然擁有健康的體魄、高深的學識、良好的人際關係，但到處作姦犯科、殺人搶劫、貪汙舞弊、無惡不作，試想這種人活在世界上有何意義？還不如讓他人間蒸發、消失在這個世界。職是之故，教師實施價值澄清教學時，應特別注重價值觀念形成的過程，營造互動、安全、尊重的氣氛，協助、矯正學生的價值判斷能力，建立正確的價

值觀念體系。

7. 建立班級成為關懷道德的社群

學校要把班級建立成為關懷道德的社群，學生彼此尊重並互相關懷，覺得有隸屬感並且對群體有一份責任。教師應扮演積極的良師角色，以愛與關懷對待學生，以身作則，支持學生正面的社會行為，並且透過一對一的輔導與班級討論，矯正負面的行為。導師更應該重視班級經營，指導學生訂定班規，營造自尊自重、自治自律的美德，以養成知法守法的習性。

品格教育注重核心的價值如尊重、個人的尊嚴、個人與公民的責任、誠實、信任、公平、關懷與勇氣。學校應該把品格教育的要素統整於學校教育中。

班級透過團體的互動，砥礪言行，把核心價值表現於日常生活當中，成為優質的道德社群。

第七節　網路教學

2019 年底新冠肺炎（covid-19）爆發，肆虐全球。世界各國紛紛採取封街、封城、鎖國、關閉校園等措施。有些學生尤其境外生無法到校上課，學生的就學權益受到影響。為因應新冠肺炎疫情，學校普遍開設網路課程，實施線上教學（online teaching）或遠距教學（distance instruction）。本節擬從網路教學的層面，探討網路教學原理，再論述線上教學與遠距教學的實施，最後提出網路教學的實例，以供參考。

一、網路教學的原理

近數年來，網路傳播科技的發展，日新月異，突飛猛進。新科技媒體提供學校教育更多的彈性與學生學習的機會，營造出多管道、多路徑、多資源與多元化的學習環境。網際網路教學乃應運而生。

網路教學傳輸資訊，資訊可依教材的屬性呈現，通常透過學習者的感官包括視覺、聽覺與觸覺傳輸。教材中的資訊可以儲存在媒體裡並且在適當的時機呈現給學生以獲取知識與技能。它的基本原理如下：

㈠網路教學須設置數位教學平台

訊息的傳輸者（教師）與接收者（學生）必須透過教學平台，才能發揮功能，教學始能進行。教學平台成為網路教學的利器。沒有教學平台，網路教學就沒戲唱，孤掌難鳴，無法操作、進行。

㈡網路教學傳輸教學媒體並適時呈現

教學的內容（教材）不論視覺、圖片、影片或聽覺的資訊，都以數位化儲存在教學媒體之中。它可結合各種教學媒體與超文本（hypertexts）等電腦化的傳輸系統，在適當時機傳輸給學生。

㈢網路教學含線上教學與遠距教學

網路教學可依實際需要分為線上教學與遠距教學。線上教學簡便可行，只要班上學生加入群組，就可以進行線上教學。遠距教學擴大功能，通常要有主播教室與一間或數間的遠端教室。學生也可以在虛擬平台，親自操作實驗，或利用交談式視訊點播技術，獲得所要的資訊。

㈣網路教學可同步與非同步進行教學

網路教學的另一項優點是可實施同步教學或非同步教學。教師可要求學生在固定的上課時間接收視訊，一起討論課業。另一方面，缺席的學生也可利用自己的時間進行自我學習，實施補救教學。

㈤網路教學可採取校際聯盟，擴大教學規模

網路教學不論線上教學或遠距教學，可以跨班或跨校，甚至跨越國界，採取校際聯盟，共同設計教學方案，擴大教學規模，分享教學的成果。

二、線上教學

為因應新冠肺炎疫情的發展，教育行政主管機關與學校戰戰兢兢，超前部署線上教學。例如臺北市以「酷課雲」作為線上學習的平台。臺南市提供「電子書」。臺中市提供國中小國語文、英語文與數學等三科的「自主學習」。彰化縣整合教育部「因材網」、「均一教育平台」與「酷英網」

等學習平台，協助學生線上學習。南投縣備有「線上教學便利包」，連結「Cool English」、「學習吧」與「達學堂」等多元學習平台，實施線上教學（賴香珊、林宛諭、陳秋雲，2020.3.23）。

線上教學的型態，百家齊放，各顯神通。各縣市學校的實施方式頗多創舉，也可以看出線上教學的一些特點與問題，有待克服。今列舉如下：

㈠ 學生自主學習

無可否認，線上教學最大的特點是學生方便在家自學或在學校（宿舍）學習，降低校園感染新冠肺炎（covid-19）的風險，對於防疫確實有其功效。

㈡ 跨班跨校學習

線上教學的另一項特點是教師得另外開設虛擬班級，可以跨班、跨校進行教學活動。尤其教師在同學期教同科目兩班以上的學生，更可一舉數得，可收事半功倍之效。

㈢ 線上諮詢服務

教師採用線上教學時，學生如果有任何疑難問題，教師還可以提供即時線上諮詢服務。教師也可以結合臉書（Facebook）等線上通訊軟體，提醒學生完成任務。

㈣ 硬體資源不足

然而，線上教學在開辦初期，仍有可議之處。學校實施線上教學，硬體資源不足，不能順利推展。尤其有些學生沒有足夠的設備參與，實作課程無法進行。

㈤ 師生互動貧乏

線上教學不像平常在教室上課一樣，師生不能面對面溝通、互動，也不容易進行小組合作學習。因而線上學習，教師常常唱獨角戲，師生的互動有限，同儕互動的頻率更顯得貧乏，實為美中不足。

㈥ 人際關係疏離

線上教學強調自主學習，偏向個別化的教學，學生學習的步調可以適應個別差異。但是，線上教學也容易造成人際關係的疏離，妨礙群性的健全發展。

㈦ 學生作業不易進行

學生作業可分為指定作業（assignments）與家庭作業（homework）。前者可在課堂裡實施，後者則在家庭進行。教師如何批改學生的作業便是一大難題。

㈧ 術科教學效果有限

技能領域的線上教學尤其術科需要練習，光看教學影片，難於達到精熟的地步。術科需要一些輔助器材與場地演練，譬如體育、實驗、實習、表演、機械操作等科，線上教學既無場地練習，亦無輔助器材，效果有限（李政達，2020.3.24）。

㈨ 弱勢學生更加落後

線上教學有賴高端科技的輔助與教學軟體的配合，更需要網紅級的教師授課。偏遠地區的學生，尤其弱勢學生的資源有限，造成城鄉更大的數位落差，更難實施補救教學，學業成就恐將更為落後。

㈩ 製作階梯課程在公視頻道播放

臺灣教育人員產業工會理事長楊益風認為，教育行政主管機關可委請科技業界錄製各學科系列階梯課程，邀請網紅級教師授課，並請公共電視頻道播放。學生可依照自己的程度與需要收視。教師在上課時間內接聽電話，回答學生的問題（簡慧珍，2020.4.24）。

三、遠距教學

教育工學（educational technology）的發展改變教學的型態。教學的工具不再只是黑板與粉筆而已。從溝通的觀點言之，敲鑼打鼓與放煙霧信號可以視為第一個「通訊」的例子。但是，1850 年代後期電話的發明，

1900 年代初期無線電的發展，與數十年後電視、電腦的發明促進教育廣播節目的蓬勃發展，錄音與錄影設備引進學校，帶動遠距教學的實施（張清濱，2020: 404）。

遠距教學係指運用現代傳播科技諸如電腦、網際網路、視訊會議設備與視訊整合系統，來傳授知識與技能的一種教學方式。這種教學方式打破時間和空間的限制，學生可以在自己的個人電腦前聽教師在遠方教室上課；也可以參與討論和發問，整個教學過程如同在一般教室上課（交通大學，1998）。

(一) 遠距教學的類型

依據交通大學（1998）的研究，遠距教學可包括即時群播教學平台、虛擬教室教學平台與課程隨選教學系統等類型。今列述如下：

1. 即時群播教學系統

即時群播教學平台是利用視訊會議（video conferencing）系統，進行兩地間面對面的即時教學，其特色是將教師授課內容即時傳播至遠端，並提供學生與教師間的即時發問與回答以及學生之間的討論。簡言之，即有一間主播教室及一間或者數間遠端教室，教師在主播教室授課，學生則在遠方另一個遠端教室聽課，師生間可以做即時的交談與回答。

2. 虛擬教室教學系統

虛擬教室教學平台是利用電腦擔任情境的模擬與管理，學生在平台中亦可以親自操作實驗，具有身歷其境的真實感受。尤其運用在技能訓練方面，虛擬教學平台，將可避免實際操作中因技能不純熟而造成的危險性威脅，減少機件練習的耗損，甚至可重複、廣泛的實施教學，發揮最高的經濟效益。簡言之，即利用電腦軟體設計一套教學管理系統，模擬教室上課的情境。師生在任何時間都可以在電腦前，透過通訊網路與教學管理系統操作，進行教學活動。

3. 課程隨選教學系統

課程隨選教學平台是利用交談式視訊點播系統（video on demand）所提供的完全交談式雙向視訊服務功能，將預先製作好的教學節目放置於視

訊點播系統中，學生可利用自己的電腦或裝有機頂轉換器（set-top box）的電視，隨時選擇課程與進度。此類教學平台在企業教育訓練的實施上，提供了訓練課程的隨選，強調個人的需要與隨時上線學習，激發自主性的學習，提升適時與彈性的終身學習，以獲得自己想要的知能。簡言之，即利用交談式視訊點播技術，學生可以在電腦或裝有控制盒的電視上，透過網路取得所要學習的教材，並且依照個人學習速度，操控播放過程，進行學習。

(二) 遠距教學的實施

無論學校採取何種類型的遠距教學，都必須考慮進行有關的準備工作。主要工作列述如下：

1. 開設教學平台

設置教學平台是首要工作。學校視實際需要，設置即時群播教學平台、虛擬教室教學平台或課程隨選教學平台，以利後續工作之進行。

2. 製作教學媒體

其次，學校應思考運用何種教學媒體把教材傳輸出去，供學生收視與學習。多媒體與超媒體較能發揮傳輸的功能。

3. 錄製教學影片

遠距教學的成敗取決於教材是否符合學生的需要。因此，籌備小組事先應妥善規劃教材，錄製教學影片，以備播放。

4. 設置教學助教

為使遠距教學順利進行，學校可安排教學助理，提供教師掌握學生線上出席情形，協助教師改進教學。

5. 增設網路頻寬

遠距教學大量使用，網路頻寬稍嫌不足。學生沒有足夠的設備參與，往往降低學習的意願。因此，學校應檢視網路頻寬與設備是否充足。

6. 提升教師知能

遠距教學要兼顧授課品質與學生學習的成效，教師扮演重要的角色。有些教師對於遠距教學不夠嫻熟，缺乏經驗，學校可辦理教師進修，充實

專業知能。

7. 培養學生自我管控

學校實施遠距教學，學生是否在家或在宿舍專心學習，至為重要。為避免學生在外遊蕩，出入公共場所，變成「自由行」，學校應該要求學生自我約束，培養管控的能力。

8. 確保資訊安全問題

遠距教學的軟體有隱私洩漏與資訊安全的疑慮，使用者的資訊容易被他人擷取、蒐集資料。軟體如有資安問題，應予停用，學校宜改用其他軟體。

(三) 遠距教學的挑戰

教育部指出中小學校若因師生確診新冠肺炎而停課，可改實體補課或線上補課。目前約有八成的學校訂定線上補課計畫，國小占七成三，國中近九成。中小學在遠距教學演練中發現下列各項問題（潘乃欣，2020.4.30）：

1. 學生家中硬體設備不足：有些學生家中設備僅供一人使用，無法多人使用。

2. 師生同時上線，網路不順暢：演練過程中頻寬不足，學生無法順利連線。

3. 城鄉資源差異：臺北市資源充足，其他縣市則非如此，弱勢家庭更顯不足。

4. 教師投入遠距教學，害怕面對鏡頭上課。

為改善遠距教學的實施，教育部提出一些權宜措施，各縣市可調度行動載具共 63,000 台，4G 網卡約 1,000 台，電信業者提供 32,000 個網路吃到飽帳號，若不足可向教育部借用（潘乃欣，2020.4.30）。

防疫期間，為了守住「停課不停學」，教育部在 2020 年 3 月 10 日要求各縣（市）政府教育處（局），調查學生的軟硬體設備狀況，發現號稱「科技島」的臺灣，竟然有 12% 的國民中小學生家裡無行動載具，10% 的學生無網路可使用。《富比世》（*Forbes*）指出無法整合線上與線下學

習的學校將會越來越落後，甚至被淘汰。這是學校教育轉型的關鍵時刻（李雅筑、侯良儒，2020.4.23）。

《十二年國民基本教育課程綱要》自 2019 學年度實施，從國小到高中階段，包括科技領域課程或自主學習計畫，都需要完善的科技設備與具有數位頭腦的教師。但在教育職場，離這些目標，尚有一段距離。

教師面臨遠距教學的挑戰在於師生的互動，同時也得連結線上與線下學習。

雖然遠距教學改變教學的型態，新科技的發展不是要摒棄過去的教學方法，而是要善用教學方法，取長補短，適應於「無所不在的學校」。教師要做好準備，迎接「終身學習」的時代，邁向時時可以讀書，處處可以學習的新世界。

第八節 實例與教師檢定

本節包括實例與教師檢定。前者著重理論與實際的結合，後者係近年來中小學教師檢定的試題，分別列示如後：

實例

本章教學方法以新冠肺炎的探究與遠距教學的實施為例，說明如後：

新冠肺炎的探究

新冠肺炎（covid-19）在 2019 年 12 月首度在中國武漢爆發，疫情持續延燒，波及全球。世界各國紛紛採取封街、封城、鎖國、地鐵停駛、班機停飛、工廠停工、大型活動延期或停辦、居家隔離、學校延緩開學或停課等措施。

截至 2020 年 11 月 30 日晚間 20:00 止，全球新冠肺炎確診人數為 62,829,641 例，死亡人數為 1,460,437 例。美國確診累積 13,385,495 例，死亡人數激增至 266,887 例；印度確診人數為 9,431,691 例，死亡人數 137,139 例；巴西確診人數為 6,314,740 例，死亡人數 172,833 例；俄羅斯確診人數為 2,275,936 例，死亡人數 39,491 例；法國確診人數為 2,270,573 例，死亡人數 52,410 例；

西班牙確診人數為 1,646,192 例，死亡人數 44,668 例；英國確診人數為 1,621,307 例，死亡人數 58,342 例；義大利確診人數為 1,585,178 例，死亡人數 54,904 例；阿根廷確診人數為 1,418,807 例，死亡人數 38,473 例；哥倫比亞確診人數為 1,308,376 例，死亡人數 36,584 例；日本確診人數 149,000 例，死亡人數 2,152 例；中國大陸確診人數 86,530 例，死亡人數 4,634 例；新加坡確診人數為 58,218 例，死亡人數 29；南韓確診人數 34,201 例，死亡人數 526 例；香港確診人數為 6,314 例，死亡人數 109 例；臺灣累計確診人數 675 例，其中 7 名患者死亡如表 14.3。

表 14.3　全球主要國家疫情（截至 2020 年 11 月 30 日晚間 8 時）

	確診	死亡
全球	62,829,641	1,460,437
美國	13,385,495	266,887
印度	9,431,691	137,139
巴西	6,314,740	172,833
俄羅斯	2,275,936	39,491
法國	2,270,573	52,410
西班牙	1,646,192	44,668
英國	1,621,307	58,342
義大利	1,585,178	54,904
阿根廷	1,418,807	38,473
哥倫比亞	1,308,376	36,584
日本	149,000	2,152
中國大陸	86,530	4,634
新加坡	58,218	29
南韓	34,201	526
香港	6,314	109
臺灣	675	7

註：取確診數最多的前 10 名國家，與主要鄰近國家及地區。
資料來源：美國約翰霍普金斯大學、各國官方通報、衛福部官網。
製表：大陸中心　聯合報，2020.12.01, A3.

問題與討論：

　　根據上述資料，請用教學方法如小組合作學習法、探究法、問題解決法或問題導向教學方法，尋求解答下列各項問題：

1. 新冠肺炎（covid-19）的起源，眾說紛紜，何者為是？
2. 新冠肺炎為何波及全球？
3. 無症狀的新冠肺炎確診者的感染源來自何方？
4. 許多歐美國家的新冠肺炎確診人數為何超越亞洲國家？
5. 新冠肺炎的傳染途徑如何？
6. 如何防範新冠肺炎的傳染？
7. 動物與人類之間是否會互相傳染新冠肺炎？
8. covid-19 病毒與 SARS 病毒有何異同？

解析

　　教師可指導學生運用 J. Dewey 的問題解決法，先要發現問題，然後探求問題的真相，再尋找解決問題的辦法，並且選擇最佳辦法，最後找出答案，以支持自己的論點。此外，教師要指導學生探求學問的方法，傳授一些蒐集資料的技巧，譬如搜尋圖書館有關資訊、報章雜誌、平面媒體、網際網路等疫情報導、訪談醫學界的專家、學者等。為了提高教學效果，教師也可採取小組合作學習法，把學生分成 8 個小組，採異質性分組，每組 4 人，各組認領一個題目，探討問題，找出答案，最後各組輪流報告。

二、遠距教學非萬靈丹

　　在防疫期間，若干學校尤其是大學紛紛推出遠距教學方案。彰化師大雲端學院建立了一套「安心就學——遠距教學執行方案」，採取三種類型，實施遠距教學。第一類實施同步遠距教學，教師可在教室授課並轉播，學生亦得在家進行遠距教學活動，透過教學平台，進入教室上課。第二類實施非同步遠距教學，學生使用雲端學院平台，觀看教師上課前上傳教材、設置作業與測驗等。第三類實施同步與非同步遠距教學，兩者並行，學生在上課時段，使用電腦或手機，利用資訊媒體或 Skype 軟體上課；此外，設置線上作業與測驗，讓學生可以在家自學，並在線上完成學習活動（國立彰化師範大學，2020）。

問題與討論：

　　從上述實例中，你認為遠距教學可以替代課堂教學嗎？為什麼？

解析

　　遠距教學跨越國界，無可諱言，它有獨特的功能。學生不必到校，可以在家同步或非同步自主學習。在防疫期間，為了守護「停課不停學」，遠距教學很像「特效藥」，能立刻救急見效，學校教學免於中斷，也可彌補課堂教學之不足。但是遠距教學並非「萬靈丹」，缺乏學校環境的薰陶，無法取代課堂教學的功能。如果遠距教學可以取代課堂教學，則學校可以關門，把學校改設空中學校，反而可以節省龐大的教育經費。

　　然而，資訊科技的發展日新月異，科學技術的發明改變教學的型態，要迎接「終身學習」的時代，遠距教學扮演另一項重要的角色，類似「補給品」，猶如生活的「保養品」。有了它，人人可帶著「隨身包」，時時讀書，處處學習，充實人生的內涵，邁向人生的新境界。

教師檢定（國家教育研究院，2014，2015，2016，2017，2019，2020）

　　本章的教學方法，教師檢定考試題目頗多。為方便讀者閱讀，本章檢定考試試題以分類方式呈現。

一、教學策略

(　　) 1. 張老師在作文課時，請學生擬定寫作大綱，並引導學生思考：「為什麼要這樣寫？這樣寫有什麼優點與缺點？缺點可以如何改進？」此作法旨在引導學生運用下列何種認知策略？　(A) 分散認知　(B) 情境認知　(C) 後設認知　(D) 概念認知。

（2014 年小學課程與教學）

(　　) 2. 張老師運用腦力激盪的方式引導學生討論環保議題。請問，下列作法何者較為正確？　(A) 提出的想法愈詳細愈好　(B) 鼓勵學生發表獨特見解　(C) 學生必須三思後再提意見　(D) 對他人的意見提出修正建議。

（2015 年中等學校課程與教學）

（　　）3. 張老師採用腦力激盪法，引導學生討論校慶園遊會的設攤計畫。下
　　　　　列作法何者較**不**適切？　（A）為便於彙整意見，分組討論結束前應
　　　　　依據各種意見的可行性，予以篩檢　（B）討論前充分說明園遊會設
　　　　　攤的規範和班級討論的規則，並鼓勵學生廣泛的發表意見　（C）各
　　　　　組討論時，每位學生均可自由表達意見，構想愈多愈好，且須記
　　　　　下所有的意見，並適時統整　（D）進行綜合性評估和最後決定時，
　　　　　須公布所有意見，並協助全班了解每個意見，以便依據票選結果設
　　　　　攤。　　　　　　　　　　　　　　　　　　　（2015 年小學課程與教學）

（　　）4. 教師提問後，學生回答不正確時，下列何種處置方式較**不**適切？
　　　　　（A）教師再將題目複述一次　（B）提供學生線索並略加以提示　（C）
　　　　　建議學生暫停回答，再多加思考　（D）教師提出個人觀點修正學生
　　　　　的錯誤。　　　　　　　　　　　　　　　　　（2015 年小學課程與教學）

（　　）5. 閱讀下文後，回答下列問題。
　　　　　某位國小老師與學生討論「公平」的問題──
　　　　　師：什麼是公平？
　　　　　生：公平就是不偏心，給每個人同樣的東西。
　　　　　師：媽媽要怎麼公平地分蛋糕給孩子？
　　　　　生：給每個孩子一樣大或一樣多的蛋糕。
　　　　　師：對十歲的大哥哥和兩歲的小妹妹，要給他們一樣大的蛋糕嗎？
　　　　　生：如果給兩個人的蛋糕都很大，妹妹會吃不完；如果都很小，哥
　　　　　　　哥會不夠吃。所以要給哥哥大一點的，給妹妹小一點的。
　　　　　師：這樣不是不公平嗎？
　　　　　生：讓他們都吃得一樣飽，都覺得很高興，就好了。
　　　　　師：重要的是讓他們得到同樣的滿足，是嗎？
　　　　　生：對！大小不一定要相同，只要讓他們都同樣滿足，就是公平。
　　　　　這位老師的教學法較接近下列哪一位教育家的方法？　（A）杜威（J.
　　　　　Dewey）　（B）盧梭（J. J. Rousseau）　（C）蘇格拉底（Socrates）　（D）
　　　　　蒙特梭利（M. Montessori）。註：蘇格拉底的產婆法（亦即詰問法
　　　　　或師生對話）　　　　　　　　　　　　（2015 年中小學教育原理與制度）

（　　）6. 李老師在歷史課上，除講授內容外，會教導學生一些記憶的策略，

他認為適當的策略對學生習得學科內容有正面的效益。李老師的教學理念與作法，較屬於哪一個學習理論的觀點？　(A) 行為主義取向　(B) 認知主義取向　(C) 人本主義取向　(D) 建構主義取向。

（2017 年中小學教育原理與制度）

(　　) 7. 李老師教導學生在閱讀歷史書籍時，要評估自己需要多少時間來學習，選擇有效的策略來閱讀，並且隨時評估自己讀懂了沒，如果發現不懂之處該如何解決。下列哪一個選項較屬於李老師教導學生使用的策略？　(A) 記憶策略　(B) 認知策略　(C) 後設認知策略　(D) 情意動機策略。　（2017 年中小學教育原理與制度）

(　　) 8. 小澄今年剛升上國中，和弟弟小齊比較起來，他較能夠評估該使用何種方法來學習繁重的功課。根據訊息處理取向，這是小澄在哪一種能力上較占優勢？　(A) 認知策略　(B) 認知資源　(C) 批判思考　(D) 選擇性注意。　（2017 年中等學校青少年發展與輔導）

(　　) 9. 下列何者屬於擴散性思考的問題？　(A) 水分子的化學式是什麼？　(B) 10 個水分子含有多少個氫原子與多少個原子？　(C) 二氧化碳排放量的調節方式對地球環境生態的影響為何？　(D) 水與二氧化碳兩種物質的物理性質有何相同與不同之處？

（2019 年 -1 中等學校課程與教學）

(　　) 10. 林老師嘗試以「積極聆聽」了解並幫助學生。在下列的對話之後，林老師如何回應最為恰當？

師：你最近經常遲到，使我必須中斷教學，也讓同學分心，令我感到困擾。

生：嗯……，對不起！我最近碰到的事情比較多，嗯……。

師：你是說你最近碰到的事情比較多，這些事對你造成困擾嗎？

生：我最近課業壓力很大，不好睡，所以早上起不來；不過，我已經努力趕到教室，並且進教室時儘量不干擾大家了。

師：_____

(A) 為什麼你最近課業壓力這麼大呢？　(B) 我感覺你也不想因為遲到而干擾大家　(C) 你可以在睡前做一些和緩的運動，會比較容易入睡　(D) 你們現在課業壓力大，很正常。不要想太多，總是會

過去的。　　　　　　　　　　（2019 年 -2 中等學校課程與教學）

(　　) 11. 國文老師指定學生閱讀一本少年小說。上課時，老師問美美：「這
篇小說的情節和人物特性有什麼關聯？」美美滿臉疑惑。於是老師
又問：「從故事的情節發展中，你覺得主角有什麼特質？」國文老
師使用的是下列哪一種提問策略？　(A) 延伸　(B) 提示　(C) 釐清
(D) 證明。　　　　　　　　　　（2020 年中等學校課程與教學）

二、思考與探究教學法

(　　) 1. 確認問題、陳述研究目標、蒐集資料、解釋資料、形成暫時性的結
論、應用與評鑑，此一流程屬於下列何種教學？　(A) 合作教學
(B) 價值教學　(C) 探究教學　(D) 直接教學。

（2014 年小學課程與教學）

2. 近年來翻轉教室（flipped classroom）的風潮盛行，試說明應用翻轉教室於教
學現場的優缺點（至少各兩項）。

（2016 年小學課程與教學）

(　　) 3. 有關批判思考教學的敘述，下列何者最適切？　(A) 教學成效可以
立即看到　(B) 教學方式以標準答案最主要　(C) 教師應提供多元
資源，引導學生自行思考　(D) 教師具專家角色，學生是等待充填
的容器。　　　　　　　　　　（2016 年小學課程與教學）

(　　) 4. 下列項目中何者較不是高創造力學生的重要心理特質？　(A) 高度
工作熱忱　(B) 喜歡冒險挑戰　(C) 要求細節精確　(D) 特異獨立思
考　　　　　　　　　　　　　（2016 年特殊教育評量與輔導）

(　　) 5. 有關 J. Guilford 智力結構模式（SOI）的敘述，下列何者較為適切？
(A) 與創造力有密切相關的是擴散思考能力及轉換因子　(B) 擴散
思考在單位方面的運用結果呈現獨特性的表現　(C) 擴散思考與轉
換因子的交互作用呈現流暢性的表現　(D) 以學習為中心而形成
「輸入－運作－產出」的歷程。　（2016 年特殊教育課程與教學）

(　　) 6. 邱老師拿出一張光碟，請學生在半分鐘內，寫出光碟的用途，且越
多越好。邱老師可藉此評估學生創造力的何種成分？　(A) 變通性
(B) 獨創性　(C) 流暢性　(D) 精緻性。

（2017 年中等學校課程與教學）

( ) 7. 陳老師擬培養學生的科學探究能力，使其能在學習過程中，運用自己的觀念進行分析、歸納和創造。下列何種作法較不適宜？
(A) 引導學生針對主題提出問題　(B) 安排課堂內的科學討論活動
(C) 鼓勵學生能反省自己的經驗　(D) 明白指出所期望的探究結果。
（2017 年中等學校課程與教學）

( ) 8. 下列何者較能引導學生進行高層次思考？　(A) 評論近十年教育改革的利弊得失　(B) 說明皮亞傑認知理論的主要內容　(C) 比較統編制與審定制教科書制度的差異　(D) 舉例說明教學實驗中兩個變項的因果關係。
（2017 年小學課程與教學）

( ) 9. 下列何者較屬於創造性問題？　(A) 臺灣地區新生兒的人數統計結果如何？　(B) 為什麼臺灣地區新生兒的人數逐年減少？　(C) 如果政府提供生育補助，有助於提高生育率嗎？　(D) 臺灣地區新生兒的人數逐年減少，有何解決辦法？　（2017 年小學課程與教學）

10. 請舉出五項教師協助國高中生發展創造性思考的具體策略。
（2019 年 -1 中等學校青少年發展與輔導）

( ) 11. 下列有關柏格曼（J. Bergmann）等人推動「翻轉教室」（flipped classroom）的敘述，何者錯誤？　(A) 教師將授課內容預先錄製，並作為學生的家庭作業，在課前觀看　(B) 翻轉教室較傳統課堂更容易讓學生學習自我控速、滿足學習需求　(C) 教師在上課時，先根據影片進行講解，再讓學生討論並提出心得　(D) 能縮短教師上課講解時間，增加學生討論的互動機會並深化學習。
（2019 年 -1 中等學校課程與教學）

( ) 12. 下列哪一項不屬於「導引學習心向」的作法？　(A) 教學方法宜多樣以激發學習動機　(B) 複習舊知識以奠定新學習的基礎　(C) 明白告訴學生這堂課的學習目標　(D) 揭示教學重點並做有系統的介紹。
（2019 年 -2 中等學校課程與教學）

( ) 13. 黃老師在教導環境生態變遷與物種發展的關係時，先引導學生觀察不同時期家鄉環境的照片，接著讓同學分組討論，歸納現在與過去的差異及其衍生的課題，並上臺分享。之後，再請各小組提出保護本土的生態計畫。黃老師的教學較符合下列何者？　(A) 概念教學

法　(B) 直接教學法　(C) 差異化教學　(D) 問題導向教學。

（2019 年 -2 中等學校課程與教學）

(　　) 14. 葉老師採取腦力激盪法，引導學生思考「如何使雞蛋從五樓落到一
樓而不會摔破？」他要學生提出各種可能的策略，且這些策略的
差異性越大越好。葉老師的引導較能激發哪一種擴散思考的能力？
(A) 精進力　(B) 變通力　(C) 想像力　(D) 流暢力。

（2019 年 -2 中等學校課程與教學）

(　　) 15. 下列哪一項並非高創造力者的主要特徵？　(A) 不容易固著於既有
的問題解決方法　(B) 各方面知識的學習速度比一般人快　(C) 短
時間內能針對問題產生大量點子　(D) 能將看似無關聯的問題連結
在一起。　　　　　　　　　（2019 年 -2 中等學校青少年發展與輔導）

(　　) 16. 張老師在科學領域教學時，引導同學提出問題、設計調查活動、準
備實驗裝置、執行調查、分析數據、形成結論，以及呈現所發現的
成果。張老師使用下列哪一種教學方法？　(A) 個案教學法　(B)
探究教學法　(C) 批判思考教學法　(D) 體驗學習教學法。

（2020 年中等學校課程與教學）

17. 王老師想要以「嚴重特殊傳染性肺炎（COVID-19）防疫」為主題，進行專
題導向式學習（project-based learning）的教學。(1) 請寫出專題導向式學習
的教學特色（至少 2 點）。(2) 以該主題及上述的教學法寫出教學步驟並簡
述其教學活動重點。　　　　　　　　　　　（2020 年中等學校課程與教學）

(　　) 18. 有關新進教師「討論教學」能力之提升，下列哪一種方式效果較
差？　(A) 利用教師在職進修機會，說明「討論教學」的優點及應
用　(B) 教師研習時，採取討論的方式，讓教師從過程中體驗學習
(C) 拍攝教學現場討論的真實影片，提供教學工作坊的案例討論
(D) 在教師社群中，進行有關「討論教學」觀察實作的課堂研究。

（2020 年小學課程與教學）

(　　) 19. 陳老師希望提升學生的思考能力，預擬了幾個問題。下列哪一個
問題的認知層次最高？　(A) 地震時，正確的反應步驟為何？　(B)
地震時，需要關閉家中哪些設備？　(C) 地震時，是否應該立即跑
到戶外？　(D) 地震時，家中最安全的避難地點為何？

（2020 年小學課程與教學）

閱讀下文後，回答20-21題。針對新聞常報導「PM2.5」，錢老師想設計一份
「我們的環境」課程，帶領學生透過發現環境汙染問題、選擇與界定問題、建
立假設、蒐集及分析資料並提出解決策略等歷程，引導學生學習。

(　　) 20. 錢老師的教學設計較屬於下列何者？　　(A) 解釋教學　　(B) 探究教
學　　(C) 創造思考教學　　(D) 文化回應教學。

(　　) 21. 下列何者不適合作為錢老師教學設計的「核心問題」？　　(A) 如何
為 PM2.5 下定義？　　(B) PM2.5 如何對人體造成傷害？　　(C) 如何
改善 PM2.5 的空氣汙染？　　(D) 空氣中的 PM2.5 是如何產生的？

（2020 年小學課程與教學）

(　　) 22. 大華升上高中後，更清楚該使用何種方法來學習與準備考試。根
據訊息處理取向，這是下列哪一個層面的提升？　　(A) 後設認知
(B) 認知資源　　(C) 批判性思考　　(D) 選擇性注意。

（2020 年中等學校青少年發展與輔導）

三、差異化教學法

(　　) 1. 王老師規定學生在數學平時評量時需達到 80 分，否則要利用課後
時間到教師辦公室接受補救教學，直到獲得 80 分為止。王老師的
教學較符合下列哪一種方法？　　(A) 編序教學法　　(B) 分組教學法
(C) 練習教學法　　(D) 精熟學習法。

（2014 年中等學校課程與教學）

2. 教師宜採取哪些教學策略以照顧到學生的個別差異？請列舉五項。

（2015 年中等學校課程與教學）

(　　) 3. 吳老師擔任五年甲班的補救教學工作，該班雖然只有 10 位學生，
但是每位學生的程度參差不齊，學習意願不高，且缺乏現成教材。
面對此一教學現況，吳老師應優先考慮下列何者？　　(A) 強調學科
知識的吸收　　(B) 呼應學生的個別差異　　(C) 重視科技媒材的應用
(D) 強調社會問題的反思。　　　　（2015 年國小課程與教學）

4. 國小學生學科表現在班級中有雙峰化現象。針對學習能力佳及學習有困難的
學生，教師要如何運用「差異化教學」的策略，提升其學習成效？（請針對
上述兩類學生各寫出三項教學策略）　　　　（2017年國小課程與教學）

5. 請說明「差異化教學」的意義，並以某一學科或領域為例，論述在內容、過程、結果（成果）及學習環境等四個面向，如何進行差異化教學的課程規劃。　　　　　　　　　　　　　　　（2019年-1中等學校課程與教學）

四、小組教學法

(　　) 1. 劉老師為能掌控學生上課時的注意力，安排ㄇ字型學生座位，上課時採異質性分組，進行小組討論與學習。除課本內容外，劉老師還編製許多加深加廣的教材，要求學生課前預習與課後複習。請問，劉老師的教學較偏向何種教育理念？　(A) 精熟學習　(B) 協同教學　(C) 學習共同體　(D) 生命共同體。

　　　　　　　　　　　　　　　（2015 年中等學校課程與教學）

五、合作學習法

(　　) 1. 英文課要複習現在式、過去式及未來式。教師讓每六位學生組成一小組，要求 1 號與 2 號同學共同負責精熟「現在式」，3 號與 4 號同學共同負責精熟「過去式」，5 號與 6 號同學共同負責精熟「未來式」；之後，再教導另外 4 人。請問，此一作法較符合哪一種合作學習策略？　(A) 共同學習法　(B) 配對學習法　(C) 拼圖法簡式　(D) 團體探究法。　　　　　　（2015 年中等學校課程與教學）

(　　) 2. 下列何者較不屬於合作學習策略的應用？　(A) 教師努力使小組的每一個成員都有貢獻　(B) 教師將學習活動成敗連結到團體的榮辱　(C) 教師安排能力相近的成員組成同一小組　(D) 教師對已經將問題解決的小組給予認可。　　　　　（2015 年小學課程與教學）

(　　) 3. 李老師希望透過合作學習讓學生熟悉課文內容，同時培養其社會技巧與態度，於是在國文課進行課文內容講解後，給小組 8 分鐘，進行討論完成學習單以精熟課文內容，接著舉行隨堂小考以檢核學習成效。李老師在統計小組每位學生的進步分數後，結算小組總分，最後表揚表現較佳的小組。李老師的作法符合下列哪一種合作學習方法？　(A) 拼圖法　(B) 共同學習法　(C) 問題本位學習　(D) 學生小組成就區分法。　　　　　　（2016 年中等學校課程與教學）

(　　) 4. 文老師本學期想嘗試運用合作學習法進行閱讀教學。下列步驟順序

何者最適切？甲、針對閱讀文章進行全班的測驗；乙、依上學期語文成績，將學生做異質分組；丙、引導學生閱讀文章，並進行閱讀策略教學；丁、學生分組討論，摘要寫出文章的主旨與大意。

(A) 甲丙丁乙　(B) 乙丙丁甲　(C) 丙丁乙甲　(D) 丁丙甲乙。

（2016 年小學課程與教學）

(　　) 5. 下列作法，何者最符合合作學習教學法的「學生小組成就區分法」？　(A) 將學生同質分組後，進行小組討論。於討論後，表揚各小組表現最佳學生　(B) 將學生異質分組後，每位小組成員各自研究一個主題，學會後，組內的成員再互相教導　(C) 將學生異質分組後，進行小組討論。於討論後，讓學生進行遊戲競賽，再加總遊戲競賽的成績，以評定各小組的表現　(D) 將學生異質分組後，進行小組討論。於討論後，對學生進行個別測驗，再加總個別的進步成績，以評定各小組的表現。　（2017 年中等學校課程與教學）

(　　) 6. 何老師採用合作學習教學法以提高學習成效，將教材分成幾個不同的學習重點後，先讓學生進行「專家小組」學習，再回原組進行「異質小組」學習。此一作法屬於下列何種教學法？　(A) 拼圖法 II　(B) 團體探究法　(C) 小組遊戲競賽法　(D) 學生小組成就區分法。　（2019 年 -1 中等學校課程與教學）

(　　) 7. 有關學生小組成就區分法（STAD）合作學習的敘述，下列何者較適切？　(A) 由學生自主選擇分組成員　(B) 競賽分數以各組成員總分計算　(C) 教師可以先講述教材內容再進行分組討論　(D) 測驗時能力高的同學需要協助能力低的同學。

（2020 年小學課程與教學）

六、協同教學法

(　　) 1. 同一學習領域或同一學群（年）的教師組成教學群，共同設計教學計畫，依專長分工合作，並對班群的學生實施大班教學、小組討論或個別指導等方式的教學。這屬於下列哪一種教學方式？　(A) 分組教學法　(B) 編序教學法　(C) 練習教學法　(D) 協同教學法。

（2014 年中等學校課程與教學）

（　　）2. 光明國中國文、自然與生活科技及數學學習領域的教師一起為八年級學生規劃並實施一套名為「花落誰家」的課程。這群教師所採用的是何種教學方法？　(A) 探究教學法　(B) 協同教學法　(C) 合作學習教學法　(D) 創造思考教學法。

（2016 年中等學校課程與教學）

七、情意與道德教學法

（　　）1. 趙老師與學生討論作弊問題，多位學生表示：「作弊如果被抓到，會被記過，所以不敢作弊。」根據柯柏格（L. Kohlberg）的道德認知發展論，這些學生的道德發展是下列哪一取向？　(A) 避罰服從取向　(B) 相對功利取向　(C) 尋求認可取向　(D) 社會法制取向。

（2015 年中小學教育原理與制度）

（　　）2. 根據柯柏格（L. Kohlberg）的道德發展理論，下列哪一個階段的道德推理主要受獎賞與懲罰的影響？　(A) 工具取向　(B) 人際規範　(C) 社會系統　(D) 社會契約。

（2015 年中等學校青少年發展與輔導）

（　　）3. 下列哪一種促進中學生道德發展的作法，最符合柯柏格（L. Kohlberg）的道德發展理論？　(A) 帶學生去安養機構當志工　(B) 舉辦高中生道德行為海報比賽　(C) 讓班上學生討論各種道德兩難　(D) 選拔品德模範生，表揚其優良事蹟。

（2015 年中等學校青少年發展與輔導）

（　　）4. 下列哪一項不是基里艮（C. Gilligan）所提出的道德發展階段？　(A) 均等的道德　(B) 個人良心的道德　(C) 個人生存的道德　(D) 自我犧牲的道德。　　（2015 年中等學校青少年發展與輔導）

（　　）5. 楊老師以安樂死的兩難故事，讓學生先依其立場分組，再讓學生相互詰問，並由全班共同選擇理由，最後指定課後作業。請問，楊老師所採取的教學方法較屬於下列何者？　(A) 角色扮演法　(B) 道德討論法　(C) 啟發教學法　(D) 問題教學法。

（2015 年中等學校課程與教學）

（　　）6. 徐老師使用價值澄清法，協助學生在學測後選填大學科系志願。關於價值澄清法之目的，下列何者正確？甲、強調評價的歷程；乙、

灌輸特定的價值觀；丙、重視價值觀的內容；丁、察覺所重視的信念與行為；戊、權衡各種可能的利弊得失。　(A)甲乙丙　(B)甲丁戊　(C)乙丙戊　(D)丙丁戊。

（2016年中等學校青少年發展與輔導）

(　) 7. 根據柯柏格（L. Kohlberg）道德推理之實徵研究結果，針對13歲的學生而在下列哪一個道德推理發展階段所占的人數百分比最高？
(A)社群合約取向　(B)尋求認可取向　(C)順從法規與秩序取向
(D)普同原則推理取向。　　（2016年中等學校青少年發展與輔導）

(　) 8. 小明騎摩托車載發高燒的爸爸去醫院就醫，途中看左右兩邊都無來車就闖了紅燈，結果被警察攔下開單。處於柯柏格（L. Kohlberg）「順從法規與秩序取向」的好友小華，會如何解釋小明的闖紅燈行為？　(A)照顧好爸爸的健康比什麼都重要　(B)闖紅燈並不一定會被開罰單，小明是比較倒楣　(C)闖紅燈違反交通管理處罰條例，小明不該闖紅燈　(D)雖然爸爸身體不舒服，但闖紅燈是壞小孩才會做的事。　　　（2017年中等學校青少年發展與輔導）

(　) 9. 吳老師在生涯發展的課堂上，提供「學校排名、模擬考分數、學校設備、地理位置、家長評價、教師知名度」等項目，請學生從自己的觀點，將這些項目，依其重要性加以排序，並寫下排序的理由。接著，在小組討論後，重新調整自己的排序，並與大家分享其排序的理由。吳老師採用下列哪一教學方法？　(A)角色扮演法
(B)問題解決法　(C)欣賞教學法　(D)價值澄清法。

（2017年中等學校課程與教學）

(　) 10. 金老師以「各國對歐洲難民安置所遭遇的處境」為主題，請學生依據拒絕或接納的立場蒐集資料，讓各組發表意見及相互詰問，之後各組依所持理由作摘要與結論，並在全班進行分享與討論，最後引導學生重新思考原來的主張，並慎思生活中的人道議題。金老師的教學法最符合下列何者？　(A)道德討論法　(B)價值澄清法
(C)欣賞教學法　(D)問題教學法。

（2019年-1中等學校課程與教學）

(　) 11. 小芳買了火車票坐在指定位置上，卻遇到一位長者要求讓座。小

明見狀說：「買了票就是有使用權，沒有人有任何理由要求你讓座」。以柯柏格（L. Kohlberg）的道德推理階段論來解釋，小明屬於哪一種取向？　(A) 相對功利取向　(B) 法律秩序取向　(C) 社會契約取向　(D) 普遍倫理取向。

（2019 年 -1 中小學教育原理與制度）

（　）12. 下列何種說法，比較符合價值澄清法的特性？　(A) 較關切價值形成的結論，而非價值形成的過程　(B) 教師宜鼓勵學生依據大多數人的想法選擇價值　(C) 基本前提是沒有人可傳輸絕對正確的價值給其他人　(D) 價值形成是自我內省的過程，無須公開自己的選擇。　　　　　　　　　　（2019 年 -2 中等學校課程與教學）

（　）13. 十一年級的阿哲生病缺課好幾週，段考前要求好友大雄幫他作弊。大雄的道德推理若處於柯柏格（L. Kohlberg）的尋求認可階段，下列何者最有可能是他的回應？　(A) 身為你的好友，我當然會幫你啊　(B) 好啊，下次段考你的答案也要讓我看　(C) 我不能幫你，這對班上其他人不公平　(D) 不行啦，萬一被老師抓到，我會被處罰。　　　　　　　　（2019 年 -2 中等學校青少年發展與輔導）

14. 八年級的小文常亂發脾氣，同學都不願跟他同組。導師可以協助他發展哪些情緒管理能力？請舉出五項並簡要說明。

（2019 年 -2 中等學校青少年發展與輔導）

（　）15. 斯賓塞（H. Spencer）發表論文〈何種知識最有價值？〉，探討各種人生主要活動的相對價值，進而主張教育是為了未來良好生活做準備，後世稱其主張為「生活預備說」。斯賓塞所論的活動有：甲、與自我生存直接、間接相關的活動；乙、休閒活動；丙、養兒育女的活動；丁、參與社會與政治生活的活動。根據斯賓塞的觀點，依重要性高低排列，下列何者正確？　(A) 甲→丙→丁→乙　(B) 甲→丁→丙→乙　(C) 甲→乙→丙→丁　(D) 乙→丁→甲→丙。

（2019 年 -2 中小學教育原理與制度）

（　）16. 李老師要小文專心寫數學題目，小文說：「我不會做！」李老師鼓勵他說：「你試看看。」結果寫出來的數學式子果然是錯的。小文對著李老師說：「我就是笨嘛！數學怎麼學都不會。」從溫納

（B.Weiner）的歸因理論（attribution theory），小文對自己學習失敗做何種歸因？　(A) 穩定－內在－不可控制　(B) 不穩定－內在－可控制　(C) 穩定－外在－不可控制　(D) 不穩定－內在－不可控制。
（2020 年中小學教育原理與制度）

(　　) 17. 教師詢問四位同學對考試作弊的看法，四位同學都認為不應該作弊，但給了不同的理由。下列哪一位同學的理由是屬於道德循規期（conventional level）？甲：「作弊被抓到會被處罰」；乙：「作弊會讓人良心不安」；丙：「作弊得到的成績對別人不公平」；丁：「作弊被抓到，老師就會認為你是壞學生」。　(A) 甲同學　(B) 乙同學　(C) 丙同學　(D) 丁同學。
（2020 年中小學教育原理與制度）

(　　) 18. 有關儒家教育思想的敘述，下列何者較符合？　(A) 孟子主張「化性起偽」　(B) 提倡「自然無為」的教學　(C) 教育的目的之一在明人倫　(D) 重視道德涵養，但忽略性情陶養的樂教。
（2020 年中小學教育原理與制度）

19. 王老師是八年級的導師，他想要提升班上學生的道德發展。請設計王老師可以實施的五種教學活動並具體說明內容。
（2020 年中等學校青少年發展與輔導）

八、網路教學

(　　) 1. 下列有關教學資源的敘述，何者最為適切？　(A) 上課時，使用的教學資源越多越好　(B) 經費、設備、時間都屬於教學資源　(C) 使用教學資源可以讓教師與學生變得更加輕鬆　(D) 讓學生在家使用網路蒐集資料，是公平的方式。（2014 年國小課程與教學）

(　　) 2. 教師希望教導學生「適切辨識網路資訊的價值性」。針對此一教學目標，下列敘述何者較為適切？　(A) 設計線上標準化測驗題庫，請學生上網練習　(B) 請學生上網蒐集某議題的正反意見，並加以分類　(C) 透過教學平台，投票表決文章內容的真偽與價值　(D) 提供學生立場不同的網路文章，請其提出比較與評論。
（2017 年國小課程與教學）

3. 新學期開始，有家長在班親會上提議，組成一個line群組，以方便聯絡班級
　事務，並請陳老師加入群組。面對家長的提議，陳老師應該如何妥善處理？
　（請寫出至少三項作法，並說明理由）　　　　　（2017年國小課程與教學）

(　　) 4. 陳老師認為要讓學生自主且持續的投入學習，關鍵在於引發學生的
　　　　　內在動機而非外在動機。若想要引發學生內在動機，下列作法何者
　　　　　不適切？　(A) 透過科學影片的製作，讓學生對科學相關知識更加
　　　　　關注　(B) 關注學生的表現，適時提供鷹架，以提高學生的學習效
　　　　　能及自信心　(C) 利用線上遊戲進行學習，讓學生藉由爭取遊戲排
　　　　　行榜的獎品而更加投入學習　(D) 透過同儕互教，讓能力較佳者從
　　　　　教導同儕中獲得榮譽感，學習落後者因為進步獲得成就感。

　　　　　　　　　　　　　　　　　　　　（2020 年中等學校課程與教學）

參考答案

一、

　1.(C)　　2.(B)　　3.(A)　　4.(D)　　5.(C)　　6.(B)　　7.(C)　　8.(A)　　9.(C)　　10.(B)

11.(B)

二、

　1.(C)　　2.略　　3.(C)　　4.(C)　　5.(A)　　6.(C)　　7.(D)　　8.(A)　　9.(D)　　10.略

11.(C)　12.(A)　13.(D)　14.(B)　15.(B)　16.(B)　17.略　18.(A)　19.(D)　20.(B)

21.(A)　22.(C)

三、

　1.(D)　　2.略　　3.(B)　　4.略　　5.略

四、

　1.(C)

五、

　1.(C)　　2.(C)　　3.(D)　　4.(B)　　5.(D)　　6.(A)　　7.(C)

六、

　1.(D)　　2.(B)

七、

　1.(A)　　2.(A)　　3.(C)　　4.(B)　　5.(B)　　6.(B)　　7.(B)　　8.(C)　　9.(D)　　10.(A)

11.(B)　12.(C)　13.(A)　14.略　15.(A)　16.(A)　17.(D)　18.(C)　19.略

八、

1.(B)　2.(D)　3.略　4.(C)

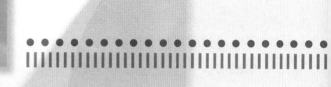

第十五章

班級經營

　　教師要負起「傳道、授業、解惑」的責任，就要採取「學務、教務、與輔導」三合一的策略，扮演「人師、經師、導師」的角色。本章就班級經營的模式、學生不良行為的分析、不良行為的防範、不良行為的處理、實例與教師檢定，分別敘述如後（張清濱，2008a）：

第一節　班級經營模式

　　班級經營的模式甚多，主要的模式可分為下列八種（Charles & Blaine, 1981; Edwards, 2000; Kellough & Kellough, 2003）：

一、瑞德與魏登堡模式（The Redl and Watenberg Model）

　　Redl 與 Watenber（1959）主張團體的期望會影響個人的行為，而個人的行為也會影響團體的行為。譬如大家都在念書，自己不念書，覺得不好意思，只好也跟著念書。教師必須承認團體動力學（group dynamics）的影響，使用各種影響力的技術，促使學生自我控制。

二、庫寧模式（The Kounin Model）

　　Kounin（1970）採用「漣漪效應」（ripple effect）的方式，也就是「殺雞儆猴」的方式。他認為學生行為出現問題時，找一個當作告誡的對象，以影響其他的學生，讓全班學生知道是非、善惡、好壞、對錯。教師必須隨時掌握教室的情境（withitness），保持警覺，讓學生有進步感，變化教學方法以減少問題行為的產生。

三、新史肯納模式（The Neo-Skinnerian Model）

　　此一模式係 Skinner 基本學說的應用，認為教師面對學生的訓導問題，行為改變技術（behavior modification）乃是最有力的工具。教師善用行為改變技術的策略包括：增強原理（reinforcement）、消失原理（extinction）、暫停活動（time-out）、獎賞與懲罰（punishment），即可樹立學生

良好的行為與革除學生不良的行為。

　　然而，想要以懲罰來降低學生不良行為的教師往往發現他們的努力適得其反。這種非意圖的結果發生了，因為有些學生發覺教師懲罰學生的意圖受到強化。他們的學生是否受到懲罰或強化乃是教師行動的結果。教師可能把消極增強（negative reinforcement）與懲罰混為一談。實際上，消極增強是用來增加某一行為，而懲罰是用來終止某一行為（Edwards, 2000）。

四、金納模式（The Ginott Model）

　　Ginott（1972）認為訓導最重要的元素就是教師的自律（self-discipline），教師要以身作則，樹立良好的榜樣。糾正學生的不良行為時，教師的語詞要明確，針對問題的情境，而不攻擊學生的品格。他主張培養學生的自尊心，接受學生的道歉。

五、葛拉塞模式（The Glasser Model）

　　Glasser（1965）認為學生是有理性的人，他們能控制自己的行為。良好的選擇產生良好的行為。不良的選擇產生不良的行為。教師的責任就在協助學生做出良好的選擇。學生一旦犯錯，就應接受合理的制裁，如有良好的行為，亦應得到合理的處置。因此，他主張各班級應訂定班規，以資遵循，教師要糾正學生一些不受社會接納的行為。

　　他認為犯規的學生要透過現實治療法（reality therapy）予以導正。現實治療法的步驟如下：1. 協助學生認清並描述錯誤的行為；2. 要學生辨認行為的後果；3. 要學生就行為的後果即不良行為做價值的判斷；4. 協助學生擬定消除不良行為的方案（Edwards, 2000）。例如教師發現學生躲在廁所抽菸，可採用現實治療法予以矯正。教師可找這位學生面談，問他「你在廁所有哪些不良行為？」讓他認清過錯，然後要他說出不良行為的後果，做出價值判斷。抽菸會致癌，害人害己。最後，教師協助學生擬定改善方案，以矯正抽菸的不良行為。

六、德瑞克斯模式（The Dreikurs Model）

Dreikurs（1968）認為訓導不是懲罰，它是教導學生應有所約束。不良的行為是由於信念的錯誤如引起別人的注意、尋求權力、報復與自暴自棄等。教師應分辨學生錯誤的信念，不要強化不良的行為，而應改以積極的鼓勵，不要討好學生，不良的行為就要遭受到邏輯的後果（logical consequences），受到自然的懲罰。例如學生亂丟紙屑，就要罰他撿紙屑，這是天經地義的事，就要受到自然的懲罰。

七、甘特模式（The Canter Model）

Canter（1992）堅持學生要有光明磊落的行為。教師在教室裡應有基本的教育權利，如建立最適宜的學習環境、要求和期望學生合適的行為，與必要時，接受行政人員與家長協助的權利。學生在教室裡也有基本的權利，例如要求教師協助他們限制不合適的行為、樹立合適的行為與了解行為的後果等權利。要使教師的權利與學生的權利並行不悖，教師要採取果斷的紀律（assertive discipline）措施，陳述教師對學生的期望；明確規定「班規」；適當使用獎賞與自然的懲罰，並確實執行，以維持高效率的學習環境；使用強而有力、果斷的語調與採用非語文的溝通。

八、高登模式（The Gordon Model）

Gordon（1976）創用教師效能訓練模式（teacher effectiveness training），主張用民主的方式解決課堂的問題，師生同蒙其利。沒有人是輸家，這是雙贏的解決方案。他認為使用獎賞與懲罰企圖控制學生的行為是不可能成功的。懲罰助長學生的攻擊性與暴力性。大部分的暴力犯罪是由於濫用懲罰。教師要有效管理班級秩序，須避免控制學生的行為。在課堂裡，教師要少用批評與規定，儘量鼓勵並發展學生的自我控制與自我調適以促進正面的師生關係。良好的師生關係有助於建立良好的學習氣氛。良好的師生關係是可以培養的，教師說話宜採用「我─訊息」（I-message），讓學生能接納的語言，避免使用命令、威脅、說教、批評與貼

標籤等用語。例如學生不寫作業，教師可使用「我—訊息」，向學生說「不寫作業，老師會不高興的」，而不向學生說「你不寫作業，你就完蛋了！」

第二節　不良行爲分析

根據阿德勒學派心理學家（Adlerian psychologists）的研究，從問題行爲發生當時的觀點來看，每一動作都是最適當的情境反應。學生發生不良行爲的時候，似乎是得到最大程度的「心理慰藉」（psychological comfort）的時候（Knoll, 1981: 168）。教師明乎此，處理訓導問題時，就不會一味地強迫學生就範。爲了解決問題，教師必須試圖協助學生了解他自己的行爲並且選擇更可接納的行爲方式，以滿足其「心理慰藉」。這類行爲意味著學生具有某種消極的自我概念，而且伴隨著挫折的感情。教師處理這類行爲不可草率。雖然教師必須對於行爲的標準，採取堅定的立場，但是教師必須對學生表示同情。這類學生，除非有人關心他、了解他、協助他從事有意義的活動，否則必將陷入痛苦的深淵，而不能自拔。

不良行爲的第二種原因起於學生對教師或班級的消極態度。當學生認爲教師無能、不公平、無聊，或缺乏敬仰的時候，他們就會無法無天，大鬧一番。教師時常採取高壓手段，處罰學生，往往適得其反，足使情勢惡化。教師要改善這種情勢，必須分析、檢討自己的教法，考慮變化教學方法。

問題行爲的第三個可能原因是學生有任性、爲非作歹的趨向。這是一種暫時性而非永久性的行爲，可能由於學生感到厭煩或注意力分散。這類行爲在訓導上最容易處理，通常只需溫和的糾正或再度引起學生的注意力即可。

最重要的事乃是教師如何分辨這三類的不良行爲。每一種不良行爲都需用不同的方法處理。教師必須充分了解學生，才能認定何種行爲起於何種原因。

Glickman 與 Tamashiro（1980）認爲學生不良行爲的原因可歸納成三

派的論點，可幫助教師研判學生的不良行為，提出有效的對策。

一、不干涉論者（non-interventionists）

　　此派學者根據心理分析與人本主義的心理學，提出他們的主張。彼等認為：不良行為係由於內在的衝突（inner conflict）未能紓解的結果，譬如青年男女談情說愛，遭到對方拒絕，而悶悶不樂甚至想不開。這類不良行為的學生如果給予機會即適當的協助，可把內心的困擾帶到意識的層次，並可化解不良的行為。換言之，學生乃是命運的主宰，本身就具有解決問題的能力。教師毋須訴諸於各種壓力。所謂「解鈴還須繫鈴人」。基於此一觀念，訓導工作有賴於學生的自我控制，教師毋須太多的控制。

二、互動論者（interactionists）

　　此派學者根據社會心理學與發展心理學的觀點，認為學生學會某種行為係由於接觸外在世界等人、物的結果。學生必須學會順應別人，正如同別人學會順應他們一樣。學生行為的好壞，常常受到周遭環境的影響，譬如電視、電影、媒體、師長、家人、同學、同伴的互動都會造成影響。許多不良的行為諸如吸菸、吸毒、講髒話大都從不良的社會互動學來的。所謂「近朱者赤，近墨者黑」，就是這個道理。基於此一觀點，解決不良行為有賴於師生間、同學間、親友間良好的互動。教師、家長與學生均具有互動的能力。

三、干涉論者（interventionists）

　　此派學者根據實驗心理學的觀點，認為人類的動作是一種外在的制約。當某種行為給予強化時，學生就學會某種行為。因此，不良行為的產生乃是獎賞與懲罰使用不當的結果。例如濫用獎賞造成功利主義的傾向；不當懲罰造成憤憤不平的心理。所謂「不平則鳴」。基於此一觀點，教師應訂定適當的標準，有效地、一致地塑造學生適當的行為。教師可以有系統地把這些行為的標準，教給學生。學生內在的或外在的環境並不十分重要，但教師卻需用高度的控制。

上述各種理論派別，都有立論根據，然其觀點殊無二致。不同者惟在學生與教師承擔的控制程度不同而已。教師可用這些模式，確認自己對訓導工作的看法，分辨學生不良行為的原因，因勢利導，對症下藥。

第三節　不良行為防範

學生的不良行為司空見慣，不足為怪。許多不良行為的發生都是事先沒有妥善的防範。所謂「預防勝於治療」，事先的防範要比事後的處理更為容易。下列是一些防範不良行為的措施（張清濱，2020）：

一、訂定並執行班規

開學時，導師要利用班會，針對學生的訓導問題，指導學生訂定班規或生活公約，有如「約法三章」。班規提經班會討論通過，就應照章執行。班規宜簡短明確，通常五、六項即可。班規可貼在教室明顯處並應定期檢討、修訂。

訂定班規時，最好以正面的、積極的、鼓勵的字眼敘寫，避免用否定的、消極的字眼。譬如「保持教室整潔、衛生」，而不寫「不要亂丟紙屑、隨地吐談」；寫「愛惜公物」，而不寫「不要破壞公物」等等。

要使班規有效，還有一項工作必須提經班會討論，萬一學生違反班規，如何處理？因此，如何制裁違規的學生變成為重要的一環。如果學生違反班規，導師仍然視若無睹，置之不理，則班風可能每下愈況，而班規可能視同具文。影響所及，學生就不會遵守班規，更違論校規。學生畢業，走出校門，也不會去遵守法律，這就難怪公權力不彰了。

制裁違規的方式應合乎邏輯後果與教育原則，千萬不要動輒體罰。導師要告誡學生，希望全班同學都能自尊、自重、自治、自律，嚴格遵守班規，違反班規就必須接受嚴重的後果，導師必須堅持到底。譬如某生亂丟紙屑，該生就必須把紙屑撿乾淨，情形嚴重者，罰掃環境區若干天。製造髒亂，就要消除髒亂，這是「邏輯後果」；又如騷擾別人，就要隔離起

來。讓學生體會到違反班規的嚴重後果。班規的訂定給學生明確的行為規範。當學生知道違反班規會受到嚴厲制裁的時候，懲罰就成為嚇阻力。教師嚴格持續執行班規，學生就會遵守班規以免受罰。

二、給予學生適當期望

除班規外，任課教師在第一次上課的時候，可給學生一些期望。這些期望必須針對學生的能力、興趣與班級特性，而且必須是學生能做得到的。一旦學生達成教師的願望，教師應即施以強化，並提高期望的層次。教師對學生的期望具有鼓勵作用。教師如能持之以恆，則可逐步引導學生奮發向學，減少行為問題的發生。

三、實施走動管理

傳統的教師教學時，一直站在講臺上課，甚至坐著上課。這樣，教師無法掌握班上學生的情況。於是，有些學生打瞌睡、滑手機，另有些學生看其他無關書刊。除非教師懷孕、重病或不良於行，上課時應在教室裡穿梭，注意每個學生的學習反應。如有學生上課分心、精神不集中，教師不妨走到該生面前，即可防範訓導問題的發生。

四、變化教學活動

教師教學前要有充分的準備。教師要想一想怎樣安排進行，教學活動才會生動活潑。新奇與變化可除去學生的疲勞與煩厭現象。教師可安排一些具有挑戰性的活動，或說一則有趣的故事，引導學生積極參與學習的活動，並注意學生的反應，學生自然就會洗耳恭聽，不會在教室睡大覺或做出其他不軌的行動。

五、鼓勵學生自律、自治

教師要培養學生的責任心與自尊心。學生要對自己的行為負責，不要處處依賴教師。學生違反班規如何處理，可交由學生自治會討論。許多班

級經營的工作儘量交給學生去做，譬如辦理活動、競賽、製作海報、壁報等，都由學生去規劃、執行，教師的角色是從旁指導而已。

六、採用行為改變技術

行為改變技術對於不良行為的防範沒有明確的策略。它著重在改正不良的行為。然而，如果行為改變技術的原則妥善運用，不良行為可以防範到某一個程度。譬如，教師要學生表現某種行為，施以強化後，此一行為出現的頻率就會增加，而不良行為就會相對減少。

七、建立良好的師生關係

良好的師生關係可以防範不良行為的發生。學生尊敬教師，教師尊重學生，師生之間彼此尊重。此外，教師極力找出學生的優良屬性，可以增進正面的師生關係，也可以鼓舞學生展示積極的行為。當教師期望學生有這些屬性的時候，這些屬性諸如合作、毅力、忠誠就會受到鼓舞。

八、給予成功的經驗

成功的認同建立學生的自信心，並減少問題行為的發生。教學活動應針對學生的能力、興趣，給予成功的滿足，不要故意為難學生，造成失敗，引起挫折感。對於功課不感興趣的學生較易引發訓導問題。

九、不定期安全檢查

教師不可隨意搜身或檢查學生的書包。但必要時，學校得實施安全檢查以防範意外事件的發生。學務人員可利用週會、體育課或其他適當時間，會同導師、班級學生代表，檢查學生書包是否藏有凶器、不良書刊或毒品。其次，服裝、儀容的檢查亦不可忽視。服裝、儀容走樣通常是不良行為的徵兆。

十、落實「教訓輔三合一」措施

教師教學不能只「教」不「管」。教學工作必須「教、訓、輔」三管齊下。曾經有一案例，某校教師上課「純」教書，其他三不管。有一天，當他上課的時候，班上兩位學生爭吵不休，教師並未趨前阻止。下課後，其中一位學生到附近農舍拿一把尖刀猛刺另一位學生，造成不幸的後果。此一血淋淋的教訓更突顯班級經營與教學、訓導、輔導密不可分。

第四節 不良行為處理

教師教學時，萬一發現學生有不良行為發生，究應如何處理？下列方式可供教師們參考（Hart & Lordon, 1978; Stoops & King-Stoops, 1981）：

一、有計畫的不理睬（planned ignoring）

這不是說教師對學生的不良行為可以置之不顧，而是刻意安排一種技巧。譬如小明上課不專心，一直玩弄鉛筆。這種行為不影響其他學生的學習，教師可不必大動干戈。有些教師碰到此種情境常大聲喊叫：「小明，你在幹什麼？站起來！」教師這樣做，必定分散其他學生上課的注意力，把目光集中在小明的身上，影響教學的進行，同時也強化小明的不良行為，損及自尊心。這種情形，教師可改變教學的活動，叫幾位學生（包括小明在內）到黑板作答，以轉移小明玩弄鉛筆的行為。這種處理技巧不展示他的不良行為，而是轉移他的不良行為。

二、信號的干涉（signal interference）

在不良行為剛開始發生的時候，教師可採取非語言的溝通方式，暗示學生不許輕舉妄動。這些非語言的技術包括瞪眼、手勢或蹙眉頭等。例如小英上課時與鄰座同學竊竊私語，教師只要停頓數秒，瞪著眼睛望著她，或可阻止這種不良的行為。

三、接近的控制（proximity control）

　　一個號啕大哭的嬰孩，當他的母親把他抱起來的時候，就不再哭了。這說明兒童需要成人的呵護、幫助與慰藉。上課時，教師如果經常在教室內穿梭走動，接近學生，不要一直站在講臺邊，則可發現學生的疑難雜症。教師如能給予適當的協助，必能減少訓導問題的發生。

四、興趣的提升（interest boosting）

　　如果學生上課無精打采，教師可針對學生的課業問一些問題或尋求學生的興趣。曾經有一位學生對恐龍入了迷，上課不聽講，拒絕寫作業，老是在課本上畫恐龍。雖然他的行為不妨礙其他同學的學習，但他整天沉迷於恐龍，不是作白日夢，就是畫恐龍，甚至蒐集了許多塑膠做成的恐龍。教師勸過他好幾次，卻依然我行我素，毫無效果。最後，教師想出一個辦法，花了一個晚上，研究百科全書有關恐龍的資料。次日對這位學生表示，老師也對恐龍極感興趣，並且在大學修過。學生半信半疑。當老師提出一些有關恐龍的統計數字時，這位學生甚感驚訝，認為老師是一位恐龍專家。於是，老師就答應他，只要他上課認真聽講，他願意利用課餘時間與他一起研究恐龍，終於革除他上課不專心聽講的毛病。

五、以幽默化解尷尬（tension decontamination through humor）

　　學生調皮搗蛋是司空見慣的事，這不足為怪。關鍵是教師能否有效處理這類的行為。有一位導師於午餐過後，巡視班上學生時，發現黑板上畫了好幾幅「老師」的畫像。這位老師不動聲色，拿了一根粉筆，端詳了一會兒，指著其中的一幅畫說：「這幅最像我，但是頭髮應該多些。」他就在畫上加了幾根頭髮；又指著另一幅畫說：「你們忘記了我戴眼鏡。」於是，他又在畫中加上眼鏡。他又對另一幅畫指著說：「我的鼻子應該大些。」最後，他在另一幅畫說：「脖子應該長一點。」頓時全班捧腹大笑。老師看到學生很開心，難於平靜下來，於是發給每位學生一張畫紙，要他們畫出老師的長相，看誰畫得最逼真。這個例子說明教師如何處理窘

困的情境，把無聊的舉動化爲有教育意義的素描活動。同時，從學生交出來的畫中，教師也可旁敲側擊，了解黑板上的畫像究竟是誰的傑作。

六、克服功課上的障礙（hurdle lessons）

行爲困擾不一定起於內在的困擾。有時，學生功課趕不上或某一過程中沒有聽懂而引起挫折。於是對老師顯示出憤怒的情緒，轉而注意鄰座的同學，喜歡順手牽羊，竊取同學的財物。班上經常會有學生報告說：「我的鉛筆盒丟了！」「我的橡皮擦不見了！」教師處理這類行爲時，首先要考慮到鄰座學生的功課是否有障礙。

七、改善教室的活動（reconstructing the classroom program）

部分教師認爲學生必須遵循課表上課，別無選擇餘地。但是，教室的活動仍然操之於教師的手中。教師有權斟酌情況，適當地處置。例如：下課時，學生到操場玩得渾身大汗，上課鈴一響，跑進教室，就氣呼呼大喊天氣熱，要喝水。碰到這種情況，教師可叫學生把頭伏在桌子上，冷靜想一想哪些東西可使人涼爽。然後要全班說出他們想些什麼。經過幾分鐘的光景，教室已告平靜。

八、除去誘惑的物品（removing seductive ojbectives）

教師有時發現學生心不在焉或表現其他不良的行爲，是因爲他們身邊有一些誘惑的物品。例如某一男生桌子底下放有球棒。上課時，他就在玩弄球棒。又如某一女生書中夾有幾張影歌星照片，視爲崇拜的偶像，一直欣賞這些照片。教師碰到此種情形，可以暫時保管這些物品，直到行爲改善時，才通知學生取回。

九、調虎離山（antiseptic bouncing）

當教師發現行爲問題是某一學生所主使，則可叫他暫離教室，以平息風波。譬如上數學課時，教師聽到後排學生吃吃地笑，仔細一看，果然發

現小華故意做出怪動作，引起一場騷動。這時，教師可叫小華到教師辦公室拿教具，或找一個差事給她做。只要「主謀者」暫離現場，教師即可維持秩序。

十、身體的抑制（physical restraint）

當學生打架，凶性大發，拿東西正要打同學時，教師只有趕緊喝令阻止或抱住他，以免傷害到其他學生。

第五節 實例與教師檢定

本節包括實例與教師檢定。前者注重情境演練，後者係近年來中小學教師檢定試題，分別列示如後：

實例

本節以「學生吵架」與「學生取教師的綽號」為例，處理方式說明如下（張清濱，2020）：

一、學生吵架

王老師教學，一向喜歡坐在講臺上課。有一天當他正在上課的時候，有兩位學生在玩弄把戲。李生坐在林生的後面。李生拿了一根粉筆往林生的背部塗鴉。林生就向李生喝令不要在他的背部亂塗鴉。李生不聽林生的勸告，依然我行我素，照畫不誤。這樣激怒了林生，簡直怒不可抑。這時剛好下課，班長喊著：「起立！敬禮！坐下！」王老師也就離開教室。但是，誰也料想不到，林生卻在休息時間片刻，找了一把尖刀，就往李生猛刺下去。李生血流如注，趕緊急救送醫。教室竟然變成打鬥場所，怎麼會這樣……？

問題與討論：

你認為這場兇殺案件能否避免？王老師的班級經營策略究竟犯了什麼錯誤？如果你是王老師，你應該如何處理？

　　這個案例說明班級經營的重要性。王老師一直坐在講臺上課是不妥當的。他上課純屬「教書」，只教不管，也沒盡到輔導的責任。顯然王老師沒有深入了解「教、訓、輔」三合一的策略。如果他能採取「走動管理」的方式，看到兩位學生正在玩弄把戲，老師就站在他們的旁邊，就近看管。他們也就不會輕舉妄動、為非作歹。何況，下課時，王老師如果能夠把兩位學生帶到辦公室，開導一番；林生的怒氣也就煙消雲散，不會引起兇殺案件了。

二、學生取教師的綽號

　　彭老師是一位剛從大學畢業不久的國民中學教師，初為人師。學期開始第一次上課的時候，她走進教室就拿了一根粉筆在黑板上寫下自己的姓名「彭美香」，向學生自我介紹。學生看到老師的姓名之後，教室傳來一片吵雜聲與笑聲，此起彼落。彭老師就非常生氣，責問學生：「誰在笑？站起來！」頓時全班鴉雀無聲，沒有學生願意站起來。彭老師幾乎整節課都在告誡學生。

問題與討論：

　　假設你是彭老師，碰到學生取老師的綽號，你將如何處理？

解析

　　學生取老師或別人的綽號，司空見慣，不足為奇。原來學生取彭老師的綽號為「爆米香」（閩南語），即「爆米花」。如果我是彭老師，我會用幽默的語氣化解尷尬的場面，並進行隨機教育，向學生說：「每個人都有姓名，大部分是父母親或長輩替小孩取的名字，應該予以尊重，不可取笑別人的姓名。」接著又對學生說「如果各位同學上課都很認真，成績有進步，老師願意買爆米花當獎品。」這樣上課就會充滿愉悅的氣氛，學生也不會無理取鬧了。

教師檢定 （國家教育研究院，2015，2016，2017，2019，2020）

1. 王老師覺得學生很調皮，上課時常搗蛋。例如：今天上課時，他轉身寫黑板，小雄投擲紙飛機，讓全班哄堂大笑。如果你是王老師，列舉兩種可能的處理策略並說明其理論依據。　　　（2015年中等學校青少年發展與輔導）

2. 李老師的班上有許多漫畫迷，他擔心學生看漫畫會影響課業學習，但又不想採取嚴厲強制的手段來禁止學生看漫畫。請問，李老師應採取哪些班級經營策略來引導學生學習呢？請列舉五項。　　　（2015年中等學校課程與教學）

(　　) 3. 吳老師帶著同學一起訂定班級公約。在討論過程中，吳老師告訴學生「該如何做」，而不是告訴他「不可以做些什麼」。此種作法最符合下列何種班規建立原則？　(A) 班規與學校校規相互配合符應　(B) 考慮學生的身心發展與成熟度　(C) 訂出大原則並切合簡單易執行　(D) 班規以正面措詞加以敘述為佳。

（2015 年小學課程與教學）

(　　) 4. 下列哪一個學派特別強調當事人的抉擇與責任？　(A) 阿德勒學派　(B) 完形治療學派　(C) 現實治療學派　(D) 個人中心學派。

（2015 年中等學校青少年發展與輔導）

(　　) 5. 下列哪一項並非現實治療的特徵？　(A) 治療聚焦於當下　(B) 強調個人的責任　(C) 重視個體的症狀　(D) 拒絕移情的觀點。

（2015 年中等學校青少年發展與輔導）

(　　) 6. 有關班級經營的敘述，下列何者最為正確？　(A) 班級經營應遵循成規，對學生一視同仁　(B) 班級經營的決定應由教師與學生共同參與　(C) 班際比賽得到冠軍是班級經營最應強調的事項　(D) 教師只要有耐心與愛心，班級經營即可順利進行。

（2015 年中等學校課程與教學）

(　　) 7. 下列哪一句話，比較屬於「我—訊息」（I-message）的溝通策略？　(A) 你總是缺交作業，我真不知該怎麼辦　(B) 我無法了解你缺交作業的原因，我很擔心你的成績會退步　(C) 你已缺交作業好多次了，下次再缺交作業，就不要來上課了　(D) 我為你缺交作業想了很多辦法，你還是缺交，你到底是怎麼了。

（2015 年中等學校課程與教學）

(　　) 8. 張老師計畫以「社會計量法」來安排學生座位時，會優先考量下列

哪一方式？　(A) 按照學生的成績高低安排座位　(B) 按照學生的身高大小安排座位　(C) 讓上課表現良好學生先選座位　(D) 按照學生的同儕喜好安排座位。　　　　（2015 年中等學校課程與教學）

(　) 9. 下列有關座位安排的敘述，何者<u>有誤</u>？　(A) 直列式有利於師生眼神接觸和非語言溝通　(B) 圓桌式雖有利於學生合作學習，但易使學生分心　(C) 馬蹄式有利於教師隨時走到中央位置，注意每個學生的反應　(D) 在直列式的座位安排下，坐在前面和中央的學生，通常有較高的參與感。　　　　　　　（2015 年小學課程與教學）

(　) 10. 下列何者較屬於果斷型（assertive style）的教師態度與行為？
(A) 建立教室常規，並確實執行，以維持高效率的學習環境
(B) 教師必要時，可以嚴厲指責學生，以展現教師的決斷力
(C) 針對學生正向行為予以增強，避免懲罰學生的不當行為
(D) 教師應獨當一面，避免學校行政人員及家長介入班級經營。
　　　　　　　　　　　　　　　　　（2015 年小學課程與教學）

(　) 11. 「什麼樣的生活是你想要的？」、「你正在做什麼？」、「你上星期做了什麼？」、「最近什麼事妨礙你達成想要的？」上述問題是下列哪一個學派最常使用的問法？　(A) 認知行為學派　(B) 個人中心學派　(C) 現實治療學派　(D) 精神分析學派。
　　　　　　　　　　　　　（2016 年中等學校青少年發展與輔導）

(　) 12. 下列班級經營措施，何者最符合「邏輯性後果」（logical consequence）的作法？　(A) 要求學生賠償損壞的公物　(B) 要求遲到的學生罰跑運動場　(C) 對亂丟紙屑的學生給予罰站　(D) 剝奪未交作業學生的下課休息時間。　　（2016 年中等學校課程與教學）

(　) 13. 根據「學校訂定教師輔導與管教學生辦法注意事項」，教師處理學生的違規行為時，下列何者<u>並非</u>合理的處罰方式？　(A) 在教室後面罰站二十分鐘　(B) 經學務處和隔壁班教師同意，於行為當日，暫時轉送其他班級學習　(C) 經班會決議通過並徵得家長會同意後，在班規中明訂處以一百元的罰款　(D) 在教室安排一堂課的「特別座」，暫時讓學生與其他同學保持適當距離。
　　　　　　　　　　　　　　　（2016 年中等學校課程與教學）

（　）14. 張明明喜歡指使同學幫他做事。有一天，他想要黃老師依他的想法更改上課的活動方式，但黃老師不願意，張明明便發脾氣不願意上課。張明明的行為屬於德瑞克斯（R. Dreikurs）所提出的哪一項錯誤目標？　(A) 尋求注意　(B) 尋求報復　(C) 尋求權力　(D) 避免失敗。　　　　　　　　　　　　　　　（2017 年中等學校課程與教學）

（　）15. 在光明國中的校外教學過程中，建志私自離隊又忘了集合時間，因而遲到 30 分，影響後續的行程。帶隊老師十分生氣，在車上斥責建志。其他同學看到老師生氣的樣子，心生警惕。其後，未再發生遲到或私自離隊的情形。下列哪一效應可以解釋其他同學的行為反應？　(A) 羊群效應　(B) 蝴蝶效應　(C) 漣漪效應　(D) 自我效應。　　　　　　　　　　　　　　　（2017 年中等學校課程與教學）

（　）16. 小喬是一位身心狀況不穩定的九年級學生，輔導教師在會談中詢問：「你在哪裡能得到安心與自在？請在腦海中想像一個圖像，並說明給我聽。」藉此了解小喬的「獨特世界」，以釐清他的需求與理想。這樣的作法屬於下列哪一種治療取向？　(A) 敘事治療　(B) 現實治療　(C) 完形治療　(D) 焦點解決短期治療。
　　　　　　　　　　　　　　（2017 年中等學校青少年發展與輔導）

（　）17. 陳老師發現小美拿筆在課桌上塗鴉，想要以「邏輯後果」（logical consequences）來代替處罰。下列何種作法比較適切？　(A) 全班圍觀小美清洗她的課桌　(B) 小美必須清洗全班同學的桌子　(C) 一個星期之內，小美都不能使用課桌　(D) 小美要在放學之前找時間清洗她的桌子。　　　　　　　　　　　（2017 年小學課程與教學）

（　）18. 德瑞克斯（R. Dreikurs）的目標導向型理論，指出教師應多使用「鼓勵」，刺激適當行為，而少用「稱讚」。下列哪一句話較具有「鼓勵」的意涵？　(A) 你真是聰明！才 5 分鐘就把前三段課文背熟了！(B) 才 5 分鐘的時間，你就把前三段課文背熟，太了不起了！　(C) 你只要專心認真 5 分鐘的學習，就能把前三段課文背熟。　(D) 只有像你這樣的語文神童，才能在 5 分鐘內就把前三段課文背熟。
　　　　　　　　　　　　　　　　（2017 年小學課程與教學）

（　）19. 下列何者屬於擴散性思考的問題？　(A) 水分子的化學式是什麼？

(B) 10 個水分子含有多少個氫原子與多少個氧原子？ (C) 二氧化碳排放量的調節方式對地球環境生態的影響為何？ (D) 水與二氧化碳兩種物質的物理性質有何相同與不同之處？

(2019 年 -1 中等學校課程與教學)

( ) 20. 黃老師對班級經營的理念為：「教師應發展出明確的行為規則，執行獎懲時態度必須堅定，且能夠貫徹始終。」黃老師的想法較符合下列何者？ (A) 教師效能訓練 (B) 操作制約模式 (C) 自主選擇模式 (D) 果斷紀律模式。 (2019 年 -1 中等學校課程與教學)

( ) 21. 陳老師班上有二位同學吵架，並相互指責對方的不是，此時，陳老師建議彼此不要追究，且要求二位學生為對方做一件好事，二位同學承諾並在之後完成這項行為。在處理過程中，陳老師不接受任何藉口，也未加以懲罰，且要求學生表現出具體的好行為，可視為哪一種班級經營學說的運用？ (A) 金納（H. Ginott）的和諧溝通理論 (B) 庫寧（J. Kounin）的教學管理理論 (C) 葛拉塞（W. Glasser）的現實治療理論 (D) 德瑞克斯（R. Dreikurs）的目標導向理論。 (2019 年 -1 中等學校課程與教學)

( ) 22. 篤信「產婆法」教學方式的老師，較會採取下列何種教學實踐？ (A) 鼓勵學生跟著楷模人物進行「觀摩」學習 (B) 樂於使用一問一答啟發理性的「對話教學法」 (C) 喜歡帶學生至博物館落實「眼見為憑」的教學 (D) 偏好使用「正增強」等強化物來鼓勵學生的正向行為。 (2019 年 -1 中等學校課程與教學)

( ) 23. 下列何者不屬於欣賞式稱讚（appreciative praise）？ (A) 某生足球踢得很好。老師：「你是天生的足球好手，比賽得分就靠你了。」 (B) 某生數學考 100 分。老師：「由於你這次細心檢查，所以數學考了滿分。」 (C) 某生鋼琴彈得很好。老師：「你很認真的練習彈琴，所以這次進步很多。」 (D) 某生很會寫電腦程式。老師：「你願意接受挑戰，且耐心解決程式問題。」

(2019 年 -2 中等學校課程與教學)

( ) 24. 林老師嘗試以「積極聆聽」了解並幫助學生。在下列的對話之後，林老師如何回應最為恰當？

師：你最近經常遲到，使我必須中斷教學，也讓同學分心，令我感到困擾。

生：嗯……，對不起！我最近碰到的事情比較多，嗯……。

師：你是說你最近碰到的事情比較多，這些事對你造成困擾嗎？

生：我最近課業壓力很大，不好睡，所以早上起不來；不過，我已經努力趕到教室，並且進教室時儘量不干擾大家了。

師：＿＿＿＿＿＿＿

(A) 為什麼你最近課業壓力這麼大呢？ (B) 我感覺你也不想因為遲到而干擾大家 (C) 你可以在睡前做一些和緩的運動，會比較容易入睡 (D) 你們現在課業壓力大，很正常。不要想太多，總是會過去的。 （2019 年 -2 中等學校課程與教學）

( ) 25. 謝老師上課時運用點名提問，使學生投入學習活動與維持注意力。這符合庫寧（J. Kounin）教學管理模式中的何種技巧？ (A) 團體警覺 (B) 進度管理 (C) 過度飽和 (D) 背後長眼睛。
（2019 年 -2 中等學校課程與教學）

( ) 26. 高登（T. Gordon）認為：教師採用「我—訊息」（I-message）策略，有助於師生溝通。大華在上課時隨意講話，干擾到吳老師上課。吳老師如採「我—訊息」策略，會如何表達？ (A) 大華！好學生要專心上課，不要隨意與同學講話 (B) 大華！你大聲講話，影響我上課，令我感到苦惱 (C) 大華！如果你不安靜下來，我要延遲五分鐘下課 (D) 大華！你在上課時喜歡講話，所以人際關係不好。
（2019 年 -2 中等學校課程與教學）

27. 上課時，陸老師大聲喝止鐵雄拿紙團丟同學的行為。鐵雄因此惱羞成怒，大罵老師，並用書本擲向老師。若依德瑞克斯（R. Dreikurs）班級經營的看法，鐵雄的行為符合哪一種錯誤信念（錯誤目標）？面對鐵雄錯誤信念（錯誤目標）的行為，陸老師應如何處理？（至少寫出四項）
（2019 年 -2 中等學校課程與教學）

( ) 28. 下列哪一種家庭規則的作法對青少年自尊有正面影響？ (A) 不設定規則，給予青少年完全的自由 (B) 父母訂定規則的過程中與孩子充分討論 (C) 為能慎重，父母常為家規的內容時有爭辯

(D) 為了形塑服從家規的重要性，規則一旦訂定即不容修改。

（2019 年 -2 中等學校青少年發展與輔導）

(　) 29. 下列何者不屬於欣賞式稱讚（appreciative praise）？　(A) 某生足球踢得很好。老師：「你是天生的足球好手，比賽得分就靠你了。」(B) 某生數學考 100 分。老師：「由於你這次細心檢查，所以數學考了滿分。」　(C) 某生鋼琴彈得很好。老師：「你很認真的練習彈琴，所以這次進步很多。」　(D) 某生很會寫電腦程式。老師：「你願意接受挑戰，且耐心解決程式問題。」

（2019 年 -2 中等學校課程與教學）

(　) 30. 下列有關學生不當行為的管教措施，哪一項較為適切？　(A) 學生上學遲到，須背誦唐詩一則　(B) 考試成績未達 60 分的學生，每少 1 分，罰 1 元，納入班費　(C) 學生上課偷看成人雜誌，教師將雜誌暫時保管三天後再通知家長領回　(D) 學生集體吵鬧耽誤教師教學，教師說：吵鬧多久就延後多久下課，才不會耽誤學習。

（2020 年中等學校課程與教學）

(　) 31. 當教師確知班上學生遭家長喝醉酒毆打成傷時，依據《家庭暴力防治法》，應如何處理？　(A) 24 小時內通報當地主管機關　(B) 繼續觀察學生受暴狀況，情況嚴重時才予以通報　(C) 協同其他老師進行家庭訪問，視情況再決定是否通報　(D) 家長可能是因為一時衝動才動手，告知同學要懂得自我保護。

（2020 年中等學校課程與教學）

(　) 32. 班級幹部草擬班級公約草稿，準備提交到次日的班會中議決，導師在一旁聆聽他們的討論。下列哪一位幹部的看法較不適切，需要導師給予建議？　(A) 班長：屬於校規、例行事務或個人基本行為規範等項目，不需要列入班規　(B) 風紀股長：重要的班規事項應該在不同條目中多次重複出現，以達到強調的效果　(C) 副班長：班規是正式的規範，不要使用嬉鬧搞笑的文句呈現，同學才會重視與遵守　(D) 學藝股長：班規應廣泛涵蓋同學的班級日常生活行為，但條目不宜過多，以 5 至 7 條為佳。

（2020 年中等學校課程與教學）

（　）33. 高老師對於課堂上少數學生偶有竊竊私語、分心旁騖、插嘴發言等行為感到困擾，向幾位老師請教因應之道。哪一位老師的建議較適合？　(A) 吳老師：插嘴發言的學生如果是想要吸引你的注意，你應該請他回答問題　(B) 周老師：你要有能耐繼續教學，音量暫時放大，蓋過他們竊竊私語的噪音即可　(C) 王老師：你可以把分心旁騖學生的名字融入教學舉例中，藉由提到他們來發揮警示效果　(D) 鄭老師：一出現這種情形，立即停止教學，針對剛剛的授課內容進行隨堂小考，對學生最有嚇阻力。

（2020 中等學校課程與教學）

（　）34. 根據德瑞克斯（R. Dreikurs）的目標導向模式，下列何者不屬於「錯誤目標」的行為？　(A) 某學生不斷發問與課程無關的問題，試圖引起教師的注意　(B) 某學生違規但卻嗆老師說：你處罰我看看，小心你的車子　(C) 某愛慕老師的學生，因被老師拒絕，轉而指控老師性騷擾　(D) 教師和部分學生稱兄道弟或給予特權，引起其他同學不滿。　（2020 年中等學校課程與教學）

35. 柯老師在上課時，學生總是喜歡和老師抬槓，或聊天講話。王老師建議他使用果斷紀律模式，以維持班級秩序、教學進度和確保授課品質。請寫出果斷紀律模式的 5 項步驟，並說明其作法。　（2020 年中等學校課程與教學）

36. 吳老師是五年級的導師，他會利用晨光時間進行閱讀教育，然而班上有些學生上學會遲到。如果你是吳老師，請依據「我一訊息」（I-message）的原則，提出三項具體溝通內容。　（2020 年小學課程與教學）

參考答案

1.略　2.略　3.(D)　4.(C)　5.(C)　6.(B)　7.(B)　8.(D)　9.(A)　10.(A)
11.(C)　12.(A)　13.(C)　14.(C)　15.(C)　16.(B)　17.(D)　18.(C)　19.(C)　20.(D)
21.(C)　22.(B)　23.(A)　24.(B)　25.(A)　26.(B)　27.略　28.(B)　29.(A)　30.(D)
31.(A)　32.(B)　33.(C)　34.(D)　35.略　36.略

第十六章

評鑑、評量與測驗

　　評鑑（evaluation）一詞針對不同的對象而有不同的解釋與用法。對於學生而言，它通常指學習評量與教育測驗；對於教師而言，它指教師考核；對於教務人員而言，它指課程評鑑與校務評鑑。本章僅就學校的課程評鑑、學生的學習評量與各類的教育測驗論述。教師考核與其他各類校務評鑑屬於學校行政的範疇，不在本章論述。

第一節　評鑑的意義

　　評鑑在教育文獻上，有許多術語諸如評估（appraisal）、評量（assessment）、評核（review）、評審（check）、考查（examination）、測驗（test）、測量（measurement）等常交互使用，都用來表示績效的優劣。但是，這些術語各有不同的用法。要界定「評鑑」的意義，必須先釐清這些術語。今分述如下：

　　一、評鑑：係各類評量的總稱，著重總結性的評量。Rogers 與 Badham（1992: 1）認為評鑑是有系統地蒐集並分析資訊的歷程，俾能根據堅實的證據，形成價值判斷。Guskey（2000: 41）認為評鑑乃是對於品質或價值作有系統的調查。通常評鑑即在判斷方案或計畫目標是否實現。

　　二、評估：係指評鑑的一種方法，著重價值的判斷。Bell（1988: 8）指出評估是評鑑整體歷程的一部分。例如教學績效評估乃在判斷教學的優劣，支持與發展有效措施，產生行動的方案。

　　三、評量：係指根據一項標準，對所測量到的數量作價值的判斷。通常在評鑑的歷程中較著重形成性評量（Stronge, 1997: 18）。它是獲取資訊的一種程序。在評鑑的歷程中，評鑑人員採取必要的方式去評量績效。例如：教師要了解學生學習的情形而施以教學評量。評量涉及證據或資訊的取得（Guskey, 2000: 47），它所涵蓋的範圍比測量為大。

　　四、評核：係指評鑑的一種方式，通常用於業務的檢核。例如主管教育行政機關每年到所屬機關學校進行業務查核，檢討業務的得失，期能對業務有所改進。

　　五、評審：指評鑑的一種途徑，通常用於業務與資料的審核。例如

學校要判定哪些教師可以獲得續聘或解聘，必須提經「學校教師評審委員會」審議通過後始得執行。

　　六、考查：係指評鑑或評量的一種手段。例如學校要監控學生學業進步的情形，而有學業成績考查，定期舉行月考或段考、期考等。

　　七、測量：係指根據量尺，用數字描述個人特質的歷程。換言之，它是把資訊量化的歷程。例如在教學評鑑或績效評估的過程中，評鑑人員要蒐集有關事實或資料，予以量化，而施以態度測量。因此，評鑑資料量化後，才易於測量（Cangelosi, 1991: 18）。

　　八、測驗：係指評鑑或測量的一種工具，也是一種客觀的標準化的測量。例如教育部要了解國民中學或高級中學畢業生接受三年後的學業成就，實施語言能力測驗、教育會考、統一測驗、學科能力測驗或指定科目考試等。測驗成績作為高級中等學校、技職校院或大學入學的主要參據。

　　前述各項術語可以看出，評鑑是各種績效或價值判斷方式的總稱。它包括評估、評量、評核、評審等方式。考查、測量、測驗則是評鑑過程中蒐集資訊或事實的一種手段、機制或技術。評鑑針對不同的對象而有不同的涵義，它可指教學評量、人事考核，或校務評鑑。

　　評鑑也是檢驗學校行政、教師教學與學生學習等向度組合而成的一套機制。Blandford（2000: 146）指出評鑑有助於學校的校務發展、教師的專業成長與學生的學習成就。有效的評鑑還可以促進教育機會的均等。她提出一個等邊三角形的「三合一」概念如圖 16.1。

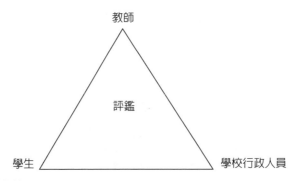

圖 16.1　評鑑與效能

資料來源：Blandford, 2000, p.146

　　Hargreaves（2001）則認為學校效能與校務改進可從投入（inputs）與產出（outputs）的數值來衡量。投入係指輸入能量的高低，包括人力、物力與財力。人力通常以教師的專業能力與水準為指標；物力以教學設備為指標；財力以學校經費預算之運用為指標。產出則指學校產品的優劣，通常以學生表現的質與量為指標。如從投入能量的高低、產出品質的優劣與數量的多寡，學校效能可區分為四種類型（如圖 16.2）。第 1 型顯然學校經營不善；第 2 型可能血本無歸；第 3 型雖有績效，不合經濟效益；唯有第 4 型既符合經濟效益又符合知識經濟的概念，以最少的投入獲得最大的產出。

　　若以教師的教學績效而論，第 1 型的教師教學前從不準備，教學時「放牛吃草」、敷衍了事，學生成績「滿江紅」，屬於「不勞則無所獲」型。第 2 型的教師教學前充分準備，但教學不得其法，學生成績仍不理想，屬於「勞無所獲」型。第 3 型的教師教學前充分準備，且教學認真，學生果然不負所望，表現優異，屬於「勞有所獲」型。第 4 型的教師充分發揮知識經濟的理念，講求方法與技術，學生表現亮眼，令人刮目相看，屬於「既問耕耘，亦問收穫」型。

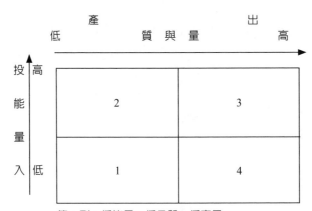

第 1 型：低能量、低品質、低產量
第 2 型：高能量、低品質、低產量
第 3 型：高能量、高品質、高產量
第 4 型：低能量、高品質、高產量

圖 16.2　學校效能與校務改進

資料來源：Hargreaves, 2001

綜上所述，評鑑可界定為一種正式的、有系統的、科學的測量方式，根據事先設定的基準，判定組織或成員的工作績效，進而提出改進策略，提升其品質。評鑑是學校經營不可或缺的元素，也是檢驗學校行政、教師教學與學生學習的利器，更是確保教學品質的一套機制。行政、教師與學生三者具有密切的關係。學校行政運作順暢有效，有助於提升教師的專業水準，進而改進教學，提高學生的學習成就。但是三者有賴於評鑑而後始能彰顯其功效，則是不可否認的事實。

第二節 課程評鑑

課程評鑑有許多途徑或方式。教育行政主管機關或學校都可以辦理課程評鑑，也可以定期或不定期實施，主辦機關或學校辦理評鑑後應該提出課程改進意見，進行後設評鑑或實施追縱評鑑。因此，課程評鑑可分成許多類型。今分述如後。

一、課程評鑑的類型

課程評鑑依照評鑑目的，可分為形成性評鑑與總結性評鑑；若依照評鑑人員，又可分為內部評鑑與外部評鑑；如依照評鑑時程，可分為正式評鑑與非正式評鑑；又如依照評鑑功能，可分為追蹤評鑑與後設評鑑等類型。今分別敘述如下：

㈠形成性評鑑與總結性評鑑（formative and summative evaluations）

形成性評鑑的主要目的是提供改進方案的資訊。通常此類評鑑提供一些判斷方案價值的資訊。總結性評鑑則在提供行政主人員做決定的資訊俾能判斷方案是否採納、繼續實施或擴大辦理。前者注重過程，而後者注重結果。Fitzpatrick、Sanders 與 Worthen（2004）曾做了詳盡的比較。今列表如下：

表 16.1 形成性與總結性評鑑的異同

	形成性評鑑	總結性評鑑
目的	判定價值或品質	判定價值或品質
使用	改進方案	對方案的未來或採納做出決定
受評者	方案的執行者及人員	行政人員、決策者
評鑑者	以內部評鑑者為主，輔以外部評鑑者	通常以外部評鑑者為主，特殊方案輔以內部評鑑者
主要特性	提供回饋，方案人員得隨時改進業務	提供資訊，決策者得以決定是否繼續執行
設計限制	需要何種資訊？何時？	需要何種證據以供決定？
資料蒐集目的	診斷性	判斷性
資料蒐集頻率	常常	不常
取樣規模	小規模	通常大規模
發問問題	何者有效？	產生何種結果？
	何者需要改進？	與何人產生？
	如何改進？	在何種情況產生？ 需要何種訓練？何種代價？

資料來源：Fitzpatrick, Sanders, & Worthen, 2004, p.20

㈡內部評鑑與外部評鑑（internal and external evaluations）

內部評鑑係指由本機關或學校內部人員辦理的評鑑，而外部評鑑則指由本機關或學校以外的人員辦理的評鑑。兩者各有其利弊。內部評鑑人員可能比外部人員更能了解方案的內容、人員、組織文化與決策型態等。但內部評鑑人員可能比外部人員更有偏見，因而評鑑不夠客觀。

然而，外部評鑑人員一向被認為較為公正、可靠，而且常會帶來一些新的觀念與作法。當主管所要做的決定是屬於總結性的時候，外部評鑑可能優於內部評鑑。但由於組織機關越來越重視內部的績效控管，內部評鑑也就更為普遍。

內部評鑑與外部評鑑並不互相排斥。兩者相輔為用可以彌補一些缺失。外部評鑑人員對於評鑑方案較不熟悉，而內部評鑑人員正可提供必要

的背景資訊；外部評鑑的旅運費用也可大量減少，可由內部評鑑人員代勞蒐集必要的資料。外部評鑑可用來確保公平性與可信度，並且提供專門的知識與技術，例如評鑑的設計、工具的選擇、結論的提出等。

㈢正式評鑑與非正式評鑑（**formal and informal evaluations**）

正式評鑑係指有組織、有系統、依照既定的計畫、流程而辦理的評鑑。非正式評鑑則指缺乏組織、系統與流程、不定期辦理的評鑑。非正式評鑑與正式評鑑形成一個連續體（continuum）。日常的觀察與判斷即屬於非正式評鑑，而非正式評鑑的資料與證據也可能構成正式評鑑的一部分。

非正式評鑑可能會造成錯誤的或明智的判斷。但是它們都缺乏廣度與深度，因為它們欠缺有系統的評鑑程式與正式的蒐集資訊證據。非正式評鑑不能在真空中產生。經驗、本能、類化、推理都會影響非正式評鑑的結果。

㈣追蹤評鑑與後設評鑑（**follow-up evaluation and meta-evaluation**）

評鑑完畢，評鑑小組提出評鑑報告。事實上，評鑑結束是另一階段的開始。主辦單位、受評單位與人員應就評鑑計畫與報告建議事項，逐一檢討與改進。評鑑計畫包括評鑑工具、評鑑內容、評鑑人員、評鑑方法，與其他有關事項都應加以檢討。受評單位與人員均應針對評鑑人員所提出的建議事項，加以改進，以備主管機關進行追蹤評鑑。

任何評鑑通常會有某種程度的偏見。評鑑人員對於評鑑的內容、方法與對象所做的決定，都會影響評鑑的結果。甚至評鑑人員的個人背景、專業訓練、學經歷也會影響評鑑的方式。評鑑人員與受評鑑人員必須關心評鑑的偏見。如果評鑑在某一方面有瑕疵，則兩者的損失就難以避免。因此後設評鑑（meta-evaluation）——評鑑後的評鑑——更顯得重要。形成性的後設評鑑可以亡羊補牢，改進評鑑的研究。總結性的後設評鑑可以增加評鑑結果的可信度（Fitzpatrick et al., 2004: 442）。

二、課程評鑑的模式

依據 Stufflebeam（1973）的研究，在 1980 年代初期，課程評鑑的模式有四十多種。直到現在，仍有其他模式，但多大同小異。最具有代表性的課程評鑑模式約有五種，包括：目標模式（objective model），背景、輸入、過程、產出模式（context, input, process, product, CIPP model），差距模式（discrepancy model），外貌模式（countenance model），與鑑賞模式（connoisseurship model）。今分別敘述如後（Fitzpatrick, Sanders, & Worthen, 2004）。

(一) Tyler的目標模式

目標取向途徑的焦點在於目標具體化並且判斷達成目標的程度。Tyler 的目標評鑑途徑（Tylerian evaluation approach）甚爲普遍。Tyler（1950）認爲評鑑是在判斷方案目標達成的程度。評鑑的步驟如下：

1. 設定目的或目標；
2. 目的或目標予以分類；
3. 以具體的行爲界定目標；
4. 找出可以顯示目標成就的情境；
5. 發展或選擇測量的工具；
6. 蒐集表現的資料；
7. 以具體的行爲目標和表現的資料相互比較。

表現與目標之間的差距可以引導缺失的改進，評鑑的步驟可以周而復始。Tyler 的評鑑原理是合乎邏輯的，科學上是可以接受的，大多數的評鑑者早已採納此法，對於其後的評鑑影響甚大。

目標取向的途徑最大的優點是簡易可行，容易了解，也易於執行。目標取向的途徑引起行政首長反省他們的意向，並且澄清以往含混不清的結果。它強調明確地界定目標作爲判斷方案的基礎，有助於評鑑者看清判斷方案的價值基礎。影響所及，目標取向的評鑑技術延伸至不甚明顯的目標測量。

然而，目標取向的途徑也不是完美無缺的。論者認爲此法仍有下列

缺失：1. 缺乏眞正評鑑的內涵，而非只突顯外在的結果；2. 缺乏判斷目標與表現之間差距的標準；3. 忽略目標本身的價值；4. 忽視規劃方案可予考慮的變通計畫；5. 忽略評鑑發生的情境；6. 忽視重要的結果而非只看重目標；7. 遺漏方案價值的證據；與 8. 促進直線式、毫無變通的評鑑途徑（Fitzpatrick et al. 2004: 82-83）。

㈡ Stufflebeam 的CIPP模式

Stufflebeam（1973, 2000）提出的評鑑模式包括背景評鑑、輸入評鑑、過程評鑑與產出評鑑等四個部分，簡稱爲 CIPP 模式。今分述如下：

1. 背景評鑑（context evaluation）

CIPP 模式的第一個階段是背景評鑑。在此階段中，評鑑者進行背景或環境的分析，作一課程的研究。然後接著描述環境的條件，包括評鑑系統的需求評估及判斷未達成的學校需求，同時也要說明無法達成需求的原因。

2. 輸入評鑑（input evaluation）

第二個階段是輸入評鑑，包括對程序做出決定。在此階段中，評鑑者必須選擇實現目標的可行途徑。做決定的時候，評鑑者必須切記資源的限制，例如可獲得的時間及資金等。

3. 過程評鑑（process evaluation）

第三個階段是過程評鑑，掌控課程的計畫。評鑑者找出課程系統的缺失並提出改正的意見。在執行的歷程中，評鑑者記載所發生的事項。

4. 產出評鑑（product evaluation）

第四個亦即最後一個階段是產出評鑑。它兼具形成性與總結性，乃在測量兩者在課程研究過程中與完成結束時目標是否達成。

㈢ Provus的差距模式

Provus（1973）把評鑑視爲資訊管理的歷程，其目的乃在看管方案的管理。它有四個必要的步驟，另加第五個步驟可供選擇。今列述如下：

1. 界定

主要工作是界定目標、歷程或活動，並且釐清必要的資源與人員及

參與人員，以完成評鑑的活動，並達成目標。他把方案視為動態的系統，包含投入、歷程與產出。每一部分都有其標準或期望，這些標準就是評鑑所依賴的目標。在設計階段，評鑑者的要務是查看評鑑的細目是否完整列出，與是否符合某些原則。

2. 安裝

在安裝階段，方案的設計是作為判斷方案實施的標準。評鑑人員不斷測試，以確認方案的期望與實際執行之間的差距。其目的是要確信方案是否如設計那樣安就緒。方案細目是否得宜，最好直接觀察。如果發現差距，可改變方案的定義，調整安裝，或終止活動。

3. 歷程

在歷程階段，評鑑著重資料的蒐集，以判斷員工的行為是否一如期望改變。他用「有能力的目標」（enabling objective）一詞，來指長程的方案目標達成時，員工所獲得的結果。如果某些目標沒有達成，則有關這些目標的活動，就要修正或重新界定，評鑑的效度也會遭受質疑。如果評鑑人員發現目標沒有達成，而且差距無法消除，就要另起爐灶，選擇另一方式終止這個方案。

4. 結果

在結果階段，評鑑者要判斷方案的最終目標是否達成。他指出「中介結果」或「終點目標」與「長程結果」或「終極目標」的差異。評鑑者要超越傳統方案執行結果的想法，要根據終極目標，繼續追蹤研究，成為方案評鑑的一部分。

5. 成本—效益分析（選擇性）

他又提出第五個階段可供選擇，稱為「成本—效益分析」，並與類似的方案成本分析，作結果的比較。近年來由於經濟財政的影響，成本—效益分析，更顯得重要。

㈣ Stake的外貌模式

Stake（1967）在〈教育評鑑的外貌〉（The Countenance of Educational Evaluation）一文中，強調參與者的描述與判斷，大大改變評鑑者的想法。

這種感應式評鑑（responsive evaluation），內隱而不正式、外顯而多元、著重歷程。它的焦點是針對當事人所關切的問題。感應式評鑑也是當事人在評鑑方面的自然反應，他們進行觀察並提出反應的意見。

㈤ Eisner的鑑賞模式

Eisner（1991）認為有經驗的專家像藝術評論家一樣，可以利用他們的專長來評鑑方案的品質。他主張採用藝術的派典，把評鑑視為優質的、人文的、非科學的鑑賞。此種評鑑方式需要鑑賞（connoisseurship）與評論（criticism）。鑑賞是一種藝術的欣賞，不需要有所偏好，但要察覺它的品質與兩者間的關係。鑑賞不必公開描述或判斷他所察覺的感受。評論是揭示鑑賞家察覺到的某一事象品質的藝術。評論不是負面的評價，而是要針對所觀察的事物，加以敘述、解析與評鑑。因此，方案評鑑就成為方案評論。評鑑的效度有賴於評鑑者的察覺能力。

上述五種課程評鑑模式可供教育行政主管機關或學校選擇其中一種模式，進行課程評鑑。以國民中小學九年一貫課程為例，縣（市）教育處（局）要辦理國民中（小）學課程評鑑，可採用 Tyler 的目標模式，先把九年一貫課程的十項目標細目化，設定課程評鑑準則與指標，編製評鑑量表。然後邀請學者專家組成評鑑小組，定期到校評鑑，以檢驗國民中（小）學的課程目標是否實現，評定實施的成效。

三、教科用書評鑑

教科用書係指教科書、教師手冊與學生習作。教科用書的編印採雙軌並行，可分為教育部編印，稱為「部編本」與民間出版公司編印，稱為「民間本」。兩者都必須通過教育部的審定，始能發行。學校採用何種版本的教科用書，必須提經各科教學研究會討論決定並提經校務會議通過。國民中小學的教科用書由教育部指定單位（通常由各縣市輪流承辦）統一採購；高中與高職的教科用書由各校依採購法的規定自行辦理採購。

教科用書評鑑的指標為何？教科用書的編印、審定與選購需要考慮

哪些原則？下列規準可供教師、編審與選購人員參考（張清濱，2020: 226）：

(一) **基本屬性**

1. 教育性：把握國家的教育政策與目標。
2. 規範性：遵循課程標準或課程綱要。
3. 正確性：內容、圖文、數據與資料正確。
4. 結構性：哲學理念的架構與組織完整。
5. 邏輯性：符合學生身心發展的邏輯順序。
6. 銜接性：內容的前後、左右、上下連貫。
7. 一致性：價值觀念與社會現況的價值觀一致。
8. 公平性：公平對待各種族群、性別、宗教、黨派與語文。
9. 創造性：以問題解決為導向，富挑戰性與批判思考。
10. 增強性：插圖、插畫能增強學生的學習，並能環環相扣。

(二) **次要屬性**

11. 可讀性：難易度適合學生的能力與程度。
12. 實用性：紙質、字體大小、裝訂牢固，能達成教育目標。
13. 趣味性：教學活動設計、圖表，富變化。
14. 價值性：價格的合理性與出版的延續性穩定可靠。
15. 服務性：售後服務的配套措施周延並能滿足特殊學生的需求。

上述規準可製成教科用書評鑑指標以供學校教師、編審與選購人員評估教科用書的優劣（如表 16.2）。表中共有 15 項屬性與指標，採 5 點量表，5 分最高，1 分最低，依此類推。其中 1 至 10 項為基本屬性，11 至 15 項為次要屬性。基本屬性分數可予加權。總分 =（基本屬性分數）×1.5 +（次要屬性分數）。教科用書評鑑指標亦可視實際狀況，酌予修正、調整。

表 16.2　教科用書評鑑指標

屬性指標	配　分				
	5	4	3	2	1
㈠ 基本屬性					
1. 教育性　把握國家的教育政策與目標。					
2. 規範性　遵循課程標準或課程綱要。					
3. 正確性　內容、圖文、數據與資料正確。					
4. 結構性　哲學理念的架構與組織完整。					
5. 邏輯性　符合學生身心發展的順序。					
6. 銜接性　內容的前後、左右、上下相互連貫。					
7. 一致性　價值觀念與社會現況的價值觀一致。					
8. 公平性　公平對待族群、性別、宗教、黨派、語文。					
9. 創造性　以問題解決為導向，富挑戰性與批判思考。					
10. 增強性　插圖、插畫能增強學生的學習。					
㈡ 次要屬性					
11. 可讀性　難易度適合學生的能力與程度。					
12. 實用性　紙質、字體大小、裝訂牢固，達成教育目標。					
13. 趣味性　教學活動設計、圖表，富有變化。					
14. 價值性　價格的合理性與出版的延續性穩定可靠。					
15. 服務性　售後服務與配套措施能滿足需求。					
總　　分　（基本屬性分數）×1.5 +（次要屬性分數）					

第三節　學習評量

　　學習評量乃是教學歷程中重要的一環。學生有必要知道學得如何，教師也有必要了解教得如何。學習評量本身就是一種工具，它具有若干特性，今列述如下：

一、學習評量的特性

學習評量要考慮五個 C：符合性（*congruence*）──評量的項目要符合教學的目標；完整性（*completeness*）──評量的試題要涵蓋整個教學的層面；一致性（*consistency*），評量的試題在不同的時間施測，能得到一致的結果；確信性（*confidence*）──試題的內容信用可靠；成本性（*cost*）──試題所花的成本費用是合理的（Smith & Ragan, 1999: 95）。具體地說，任何評量的工具至少要具備四個特性：可靠性（信度）、標準性、效用性（效度）與實用性（**r**eliability, **s**tandard, **v**alidity, **p**racticality, RSVP）（Ormrod, 2009: 361）。今略述如下：

㈠可靠性（**reliability**）

如果評量能一致地測量到所要測量的項目，並且具有很高的信度，則此種評量是可靠的。我們可以相信如果我們明天或下週給予相同的測驗，學生基本上在兩次評量──前測（pre-test）與後測（post-test）──仍然可以得到相等的分數。評量工具沒有信度通常由於試題缺乏客觀性、評量工具過於冗長、題意不明或行政上的缺失使然。

㈡標準性（**standard**）

評量的試題要能夠做縱的與橫的比較，以顯示有無進步。縱的比較係指同一系統在不同的時段內比較，譬如甲校前年、去年與今年畢業生基本學力測驗成績的比較，250 分以上的比率提升或下降？橫的比較係指不同的系統在相同的時段內比較，譬如甲校今年的畢業生基本學力測驗成績與他校、他縣市比較。

評量的結果要能夠相互比較，除了要有信度與效度外，試題尚應力求標準化。施測的內容、程序與計分的準則都以相同的方式處理。標準化減少錯誤的機會，達到公開、公平、公正的標準。

㈢有效性（**validity**）

如果評量的內容能真正地評量到或測量到所要評量的項目，那麼這個評量是有效度的。每一道試題都要符合與所要評量的目標。每一目標所命

擬的試題都是代表可能發展那些目標的試題。如果試題不能測驗到所要測量的項目，則此種評量是沒有效度的。

心理學家指出效度可分為三種：1. 預測效度（predictive validity），即評量工具能預測未來的表現，例如智力測驗分數能預測學生未來的學業成就；2. 建構效度（construct validity），即評量工具能否測量特殊的人類特質或特徵，例如智力測驗能否真正測量智力，或人格測驗能否測量人格特質；3. 內容效度（content validity），即評量的內容與題目能代表所要測量的全部知識與技能。

㈣實用性（practicality）

要增加試題的實用性，最好發展評量的效度與信度，評量的試題儘可能接近實際的生活情境。試題生活化可以使學生應用學習過的知識與技能。然而，創造效度與信度的願望和評量情境的現實性是有落差的。評量的資源有其限制：學生沒有足夠的評量時間，教師也沒有充分的閱卷時間。

總而言之，在這四個特性中，效度最為重要。教師必須使用評量的技術，評量學生的成就是否達成教學目標。然而，信度是效度的必要條件。評量要產生有效的結果，只有當評量也能產生一致的結果──施測的程序、計分的標準力求公正客觀。信度不能確保效度。但標準化可以增進評量結果的可靠性。實用性惟有在效度、信度與標準化沒有重大缺失時始可考慮。

二、多元化評量

多元化評量係指評量的目標、內容、方式、情境、次數、人員都是多元的，即使評量標準、答案也應該是多元的。今列述如下（張清濱，2008b, 2020）：

㈠評量目標多元

學習評量應把握各類目的與目標，以檢驗目的與目標是否達成。目

標包括學校教育目標、課程目標、學科目標、單元目標與行為目標等。每一類目標都是多元的，絕非單元的目標。就以國民中小學九年一貫課程為例，即有十項課程目標（教育部，1998）：

1. 增進自我了解，發展個人潛能；
2. 培養欣賞、表現、審美及創作能力；
3. 生涯規劃與終身學習；
4. 表達、溝通與分享；
5. 尊重、關懷與團隊合作；
6. 文化學習與國際了解；
7. 規劃、組織與實踐；
8. 運用科技與資訊；
9. 主動探索與研究；
10. 獨立思考與解決問題。

國民中小學九年一貫課程目標再衍生國民中、小學各學習領域目標、各學科目標。每一學科也有單元目標與行為目標。一般言之，宗旨與目的皆指遙遠的、抽象的、非短期內可達成的，如憲法與教育宗旨的目的。目標則指近程的、具體的、短期內即可達成的，如學習領域目標、學科單元目標與行為目標。教學與評量是否已經涵蓋課程的重要目標？是否符合小班教學的基本目標？教師命題時即應把握多元化的教學目標，轉化成評量試題，以檢驗教學目標是否達成，評量始不致有所偏失。

㈡評量內容多元

學習領域包括認知領域、技能領域與情意領域。認知領域又分為記憶、了解、應用、分析、評鑑、創造等層次。技能領域也分為技巧、模仿、機械練習、創作等層次。情意領域則可分為情緒、情操、態度、價值觀念等層次。

記憶是學習的基礎，沒有記憶，就很難學習。但是，記憶不等於學

習，它只是認知領域的一部分。傳統上，教學評量往往偏向記憶，很少評量高層次的認知諸如分析、整合、歸納、評鑑、創造的能力，難怪一般學生普遍欠缺批判思考與創造思考的能力。

任何學科都有技能的成分，有些是生活技能的一部分。譬如，語文學科教導學生說話的技巧與作文的技巧，社會學科傳授社交的技巧，自然學科辨認環境生態的技巧等。教學要與生活結合，評量就應與技能結合。

認知領域屬於智商（intelligence quotient, I. Q.），而情意領域涉及情緒智商（emotional intelligence quotient, E. Q.）。有些教師往往忽略情緒智商的教學與評量，因而學生缺乏毅力、耐力與挫折容忍力，容易自暴自棄，隨波逐流。

評量應兼顧三大學習領域，教學評量不能只著重認知領域，忽略技能領域與情意領域，否則會淪為「智育掛帥」的弊病，培養一些「五育不全」的人。多元化的評量內容自應儘量兼顧多元智能的八項智能：語文、邏輯數學、空間、肢體運動、音樂、知人、知己與自然觀察的智能等。

今以英語教學為例，說明學習評量的方式如下：

1. 認知領域

(1)記憶：能正確拼出英語單字。

(2)了解：能了解片語的意義。

(3)應用：能運用片語造句。

(4)分析：能分析句子的結構。

(5)評鑑：能評估文章的優劣。

(6)創造：能創新一篇英文作文。

2. 技能領域

能學會背單字的技巧。

3. 情意領域

能感受學習英語的樂趣。

㈢評量方式多元

評量的方式約可分為四種：1. 口試或筆試，如論文式問題、簡答式問

題、口頭辯論、訪談等；2. 成品製作，如美術工藝作品、學習檔案紀錄、研究報告等；3. 實作演示，如實驗、操作、表演、朗讀、修理、開車等；4. 選擇答案，如多重選擇或是非題、電腦化測驗等。茲以檔案評量（portfolio assessment）與實作評量（performance assessment）為例，說明小班教學的評量方式。

1. 檔案評量

檔案評量是一種學習歷程檔案評量，又稱為「個人檔案紀錄評量」或稱「卷宗評量」，可用來檢驗學生學習的實況。在美國，此法一直作為實作評量的基本方法，蓋因檔案評量無所不包，舉凡各種類型的實作評量、觀察、師生會商與有關學生的學習等訊息皆屬之。它具有下列各項優點（Gronlund, 1998）：

(1) 可以顯示學習進步的情形（例如寫作技巧的改變）；

(2) 展示最好的作品，對於學習有積極的影響；

(3) 前、後作品的比較，而非與別人比較，更能引起學習動機；

(4) 學生篩選自己的作品並自做決定，可以增進自我評量的技巧；

(5) 可以適應個別差異（例如學生可依自己的能力、程度、速度，進行學習）；

(6) 學生、教師及有關人員可以明確得悉學習進展的實況（例如不同時段所蒐集的寫作樣品可以相互比較）（p.158）。

教師於學期開始，第一次上課時，即可告知學生本學期的學習目標、內容與評量的方式，要求學生上完當天的課，就要記錄當天學習的情形。教師可指導學生記錄三件事情：(1) 知（knowing）——上了今天的課，我知道了什麼？把它寫下來。(2) 行（doing）——上了今天的課，我會做什麼？把它記錄下來。(3)思（thinking）——上了今天的課，我想到了什麼？

感想如何？鉅細靡遺，加以批判思考。隔了一段時日，教師宜檢視學生學習進步情形，並可作爲學習與生活輔導之資料。

　　檔案評量是一種多向度的評量包括認知、技能、情意領域，也兼顧過程與結果，具有多元化、個別化、適性化、生活化、彈性化的特性。檔案評量沒有固定、標準的形式，長短不拘，可依自己的興趣，發展自己的潛能。譬如擅長電腦者，可建立電子的學習檔案；擅長繪畫者，可以插畫方式呈現；工於詩句者，每篇可穿插打油詩、現代詩、五言詩等；喜歡攝影者，亦可穿插照片、海報等。學習檔案紀錄是一本個人學習的實錄，也是一本學習的寫眞集，可以看出學生努力與成長的情形。傳統測驗較難測出的創造力、想像力與好奇心，檔案評量則可充分發揮出來。

　　檔案評量可依不同的學科記錄。譬如一所美國小學四年級的學生，他的語文科學習檔案包括：(1) 目錄——列出學生所記錄的內容；(2) 學生認爲最好的作品；(3) 一封信——學生寫給任課教師或評閱者，說明爲何選出這些作品及其過程；(4) 一首詩或一篇短篇故事；(5) 一篇個人的回應——針對某一事件或有趣的事物，提出自己的看法；(6) 一篇散文——從英語科之外的任何學科，寫一篇短文（Black, 1996）。

　　學期結束，教師可把班上學生隨機分組，每組 4 人，每位學生先自我評量，再由小組相互評量，評定 1、2、3、4 名次，最後由教師評量、確認。教師可依學生學習努力的情形，設定 1 = 90，2 = 85，3 = 80，4 = 75，亦可設定 1 = 90，2 = 80，3 = 70，4 = 60 作爲學期（平時）成績的一部分。

　　學生的寒暑假作業也可採取學習檔案的方式記錄。譬如，一個不愛念書的學生，只喜歡看電視。寒暑假除了看電視之外，無所事事，不知如何過日子。既然喜歡看電視，教師不妨鼓勵他（她）看電視。但每天看什麼電視節目？從電視節目中，知道了什麼？學會了什麼？想到了什麼？有何感想？發現哪些優點與缺點？有什麼批評？都可以鉅細靡遺，一一寫下來。寫了一個寒假或暑假，他（她）可能成爲電視專家或電視評論家。

　　此種檔案紀錄頗能與多元智能理論相結合，至少涉及語文的智能、邏輯的智能、音樂的智能、空間的智能、知己的智能與知人的智能等。譬

如看了一齣電視劇後，寫下一則心得報告，顯現語文的智能；根據劇情，提出假設，發展邏輯思考的智能；欣賞之餘，創作一首歌，展現音樂的智能；畫一幅畫，表達心中的意境，這是空間的智能；了解自己的長處，喜愛看電視，這是知己的智能，而能與人分享，則是知人的智能（李平譯，1997）。

2. 實作評量

實作評量旨在運用各種方式，評量各種能力與技巧，要求學生展示知識應用，而非僅展示知識的本身（Long & Stansbury, 1994）。教師可要求學生撰寫一篇論文、團體做科學實驗、以寫作方式提出申辯如何解答數學問題，或保存最好的作品等。相形之下，標準化的紙筆測驗，通例只要求學生個別作答，從選擇題中選出答案，似乎不適合這些需求。

實作評量不是教學評量的一種新策略。以往善於教學的教師即經常採用觀察、實驗、寫作與實際操作等方式判斷學生進步的情形。目前許多學校採取有系統的轉變，擺脫選擇式測驗，改用實作評量的方式，作為測量教學與驗證績效的工具。

實作評量與真實評量（authentic assessment）常交互使用，惟二者有別。依據Meyer（1992）的研究，前者著重在學生接受測驗時的反應種類；後者則強調學生接受測驗時的反應情境，亦即在現實的情境中產生。

實作評量包含一系列的歷程。這些歷程具有下列四個部分：學生必須展示所教的歷程；展示的歷程細分為較小的步驟；展出的歷程可直接予以觀察；按照小步驟的表現，判斷其成績。基於上述的認知，實作評量必須符合下列四個特點（Airasian, 1994）：

(1)應具有明確的目的：實作評量首應確定評量的目標是什麼，通常以行為目標的方式敘寫，並且要能涵蓋主要的教學目標。

(2)辨認可觀察的實作行為：目標確定後，教師應考慮以何種行為最能展示學習的歷程與結果。這些行為必須是客觀的、可觀察的與可測量的。

(3)能提供合適的場地：可觀察的行為必須在合適的場地進行，也許在禮堂、實驗室或工廠等。教師應設計合適的場地，評量學生展示的

行為。

(4)備有預擬的評分或計分標準：譬如演說的實作評量，可把演說的行為細分為五個部分：A. 眉目傳神（making eye contact）；B. 口齒清晰宏亮（speaking clearly and loudly）；C. 抑揚頓挫（changing voice tone to emphasize points）；D. 呈現論點（presenting arguments）；E. 總結論點（summarizing main points）。這五項行為就成為評量演說的標準，裁判可用來觀察並判斷演說的表現。

㈣評量情境多元

評量不限於固定的場所，教室內、教室外、校園內、校園外，都可視實際的需要，進行教學評量。譬如交通安全測驗。不能只在教室紙筆測驗，尚應觀察學生在馬路上的行為，是否遵守交通規則，有無違規情事？又如英語會話測驗，教師也可利用電話，與學生用英語交談，亦可測出英語會話的能力。

學校是社會的縮影；教育即生活。學校環境應布置具有教育意義的生活環境。譬如學校可設計模擬超級市場，陳放各種日常生活用品諸如：肉類、食品、蔬菜、水果、飲料等，讓學生學習；也可把教室布置成為模擬超級市場，當作教學與評量的場所。臺中市立篤行國民小學教學評量即採取跨科、跨領域的方式，結合數學、道德與健康教育等科設計模擬超級市場，要求學生進行採購的活動。

該校三年級教學評量，教師把班上學生分成幾個小組，每一組學生發給 500 元紙鈔，抽出題目後開始購物。採買的食物，必須符合均衡飲食的原則。結帳時則要正確付款，同時自行找錢。每個過程，同組學生都要相互討論：一餐的飲食是否均含有蛋白質、脂肪、維生素、澱粉、礦物質、水分等，與預算是否夠用等問題。

教師從中評量學生的學習成果（葉志雲，1999.12.15）。譬如學生買的食品不均衡，都是吃了會發胖的食物，則健康教育不及格；要是價錢算錯，數學不及格；如果「以少報多」，道德教育就算不及格。此種評量方式，兼顧過程與結果，統整多元智能，融合有關學科，真正寓「教」於「樂」。

㈤評量次數多元

評量是繼續不斷的歷程。它不是一個月考一次或一學期考幾次而已。認真的教師教學時通常會了解學生的學習有無困難，實施診斷性評量（diagnostic evaluation），以了解學生的起點行為（entering behavior）；教學歷程中隨時檢查學生是否聽得懂，實施形成性評量（formative evaluation），以掌握學生學習的狀況；教學後教師應統整教材，實施總結性評量（summative evaluation），以檢驗學生是否達成教學目標。

教學評量多元化也可指次數多元。譬如，某校月考或期考考完，學生沒通過考試，教務處給予補考。一些在及格邊緣的學生自認只要再努力一點，就會及格，重考一遍，果然就及格了。這些學生第二次考試的成績普遍都有進步。原來他（她）們都進行自我補救教學，把疏忽的地方改正過來，沒念熟的地方，澈底把它弄懂。此種評量方式頗能引導學生進步，提升其程度與水準。

㈥評量人員多元

學習評量不純粹是教師的事。它涉及教師、學生、家長與有關學校行政人員。因此，學習評量可由學生自我評量、同儕評量、教師評量、家長評量。評量人員增加，評量的效度、信度就提高。茲以自我評量為例，說明如次：

平常考試完畢，教師可把試卷發給學生，要求他（她）們根據正確的答案，評閱自己的試卷，打分數。在評量的過程中，學生可以真正了解自己做錯的地方，而尋求改進。但也有學生塗改答案，企圖矇騙教師，以求較高的分數。針對此種情況，教師可改變評量技術。考完後，教師先把每位學生的試卷答案影印下來，然後再把試卷發還給學生，要他（她）們打分數。俟收回後，再行核對試卷與原先影印下來的試卷，有無塗改，即可知道班上哪些學生不誠實，考試會作弊。因此，自我評量不僅可幫助學生了解自己，也可當作誠實測驗。教師如要知道班上學生考試是否會舞弊，使用此法，不誠實的學生也就無所遁形。

通常有些學生自我評量時，表現平庸卻為自己打很高的分數；亦有

學生表現優異，卻為自己打很低的分數。這顯示學生的價值判斷呈現兩極化。前者表現出很有自信心，但也看出此類學生有優越感、不切實際、浮華不實的個性；後者表現出缺乏自信心，而且有自卑感，妄自菲薄，總以為自己不如人。這些都是一般學習評量不易評量到的地方。

同儕評量可提供學生互相學習的機會。譬如檔案紀錄評量，教師可讓學生互相觀摩，俾能「見賢思齊，見不賢而內自省」，而且可以培養學生評鑑的能力。學生三五成群相互評量，也可以培養學生的價值判斷能立即做決定的能力。

然而，自我評量與同儕評量僅是評量的歷程，不能當作評量的結果。學生的學習表現最後應由教師確認。

㈦評量答案多元

評量的題型日趨多元，答案也朝向多元。多重選擇題從中選擇正確的答案，即是一個明顯的例子。正確答案也許不只一個，此種題型頗能給予學生較多的思考空間。

小班教學注重創造能力的培養。評量也應多採擴散式思考（divergent thinking）不宜侷限於封閉式的固定答案。下列問題可供學生思考：

1. 請用 4、6、7、2 等 4 個數字，把它們放在下列 4 個空格內，使它的和最大（Shepard, 1995）。

$$
\begin{array}{r}
\square\ \square \\
+\ \square\ \square \\
\hline
\square\ \square\ \square
\end{array}
$$

正確答案：72 與 64；或 74 與 62。

2. $\square + \square = 5$ 可能有幾種不同的答案？

正確答案：無限個。整數有：0，5；5，0；1，4；4，1；2，3；3，
　　　　　2 等。

其他答案尚有小數、分數、正、負數等。

三、個別化評量

個別化評量強調因應學生的個別差異。評量的方式可採取標準參照評量或契約評分。茲列述如下（張清濱，2008b，2020）：

㈠標準參照評量（**criterion-referenced evaluation**）

有些評量事先設定超過某一數值，就算及格，這就是標準參照評量。例如某生被評為大約 90% 答對，可以得 A；另某生大約 80% 至 90% 答對，可以得 B；以此類推。亦有些評量告訴受測者在接受同一評量的較大群體中所占的地位，這就是常模參照評量（norm-referenced evaluation）。例如：某生占全班前 20% 的學生可得 A，其次 20% 可得 B，如此類推。

常模參照評量常用在地區性或全州性評估的標準化評量上，而標準參照評量則常用在學力考試與成績報告單的評分上面（林清山譯，1990）。小班教學評量宜採用標準參照評量。因此在一個常態的班級中，試題的難易度與評量的及格率就有密切的關係。及格標準宜視班上學生的能力以為定，不宜全校全年級各班考題均相同。在五育中，體育科的教學評量最具個別化。譬如，100 公尺賽跑，及格標準男女有別。男生有男生的及格標準；女生有女生的及格標準。即使肢體殘障學生亦有不同的及格標準，絕非全年級的及格標準都相同。體育科的教學評量可以做到個別化，智育的教學評量何獨不能？

㈡契約評分（**grade contracts**）

契約評分是一種標準參照評量。通常，任課教師在學期開始時，即明確擬訂學生一些基本的學習目標，另加上一些高層次的目標。學生在開學時必須按照自己的能力，會同任課教師，就 A、B 或 C 三種等級，任選其一，簽訂契約，作為該生努力的目標。值得注意的是：此法沒有 D 及 F 級，因為教師不鼓勵學生失敗。如果某生簽訂契約 C，學期結束，只要他（她）達成最基本的目標，即可獲得 C 等成績。如果某生簽訂契約 B，則他（她）除了完成最基本的目標外，尚須完成一部分高層次的目標。又如某生簽訂契約 A，則他（她）必須完成基本目標與高層次目標。此法具有下列若干優點（Partin, 1979）：

1. 每位學生只要努力用功，均有機會得到 A 等成績；
2. 學生學習的動機是自我導向；
3. 教師要明確訂定教學目標，並對學生的學習能力有通盤的了解；
4. 履行契約是學生的責任；
5. 提供個別化的學習；
6. 學生與自己競爭，不與同學競爭；
7. 驅除學生對考試所產生的「壓迫感」與「恐懼感」，建立自信心（p.135）。

　　此法頗適用於低成就的班級，尤其適用於高智商而低成就的學生。譬如智商高而考試經常不及格的學生，不妨先鼓勵他（她）選擇 C 級。唸了一學期後，如果達成目標，則下學期不妨鼓勵他（她）改訂 B 級。至於智商低的學生，教師不必要求過高，只要達到 C 級，教師也就心滿意足了。惟此法仍有其缺失。

　　一些自不量力的學生可能好高騖遠，簽訂 A 級。學期結束，卻無法完成所定目標，可能造成挫折感。此外，在升學競爭的環境中，評量的公平性令人存疑。學生不會簽 B 級或 C 級，以免失去升學的競爭力，遭致落榜。

四、適性化評量

　　小班教學以學生為中心（student-centered），學習評量要以學生為本位，把每一位學生帶上來。因材評量與電腦化適性測驗乃應運而生。茲說明如下（張清濱，2008b, 2020）：

㈠因材評量

　　裁縫師替顧客做衣服，必先了解顧客的需求。他（她）要做何種形狀的衣服？旗袍？迷你裝？迷地裝？露背裝？大小如何？何種顏色？何種布料？然後量量身材尺寸，做出包君滿意的服裝。這是以顧客為導向的

工作。在小班教學中，教師必須扮演裁縫師的角色（張清濱，1998）。他（她）不能只做旗袍一種款式，要求全班學生不分男女、高矮、胖瘦，都穿旗袍。他（她）應衡量班上學生的特性與需求，製作不同款式的服裝。小班教學評量應依學生不同的資質、性別、能力與性向差異，命擬合適的題目。因此，小班教學評量不宜只採取「統一命題」一種方式，不顧班級學生的特性與需求。

(二)電腦化適性測驗（ Computerized Adaptive Testing, CAT）

　　電腦化適性測驗係依據考生的能力水準，循序作答的一套測驗。測驗時，考生坐在電腦機前依電腦軟體顯示出來的題目，依序回答。通常第一道試題難易適中，如果考生答對，則第二道試題難度升高；第一道試題如答錯，第二道試題難度降低；依此類推，直至電腦能判斷考生能力為止，測驗即告結束。運用電腦施測，具有下列各項優點（Straetmans & Eggen, 1998）：

1. 依需要傳輸測驗。

2. 圖表、聲音、影像、文字可以合併呈現，與實際生活情境無異。

3. 電腦本身即可評閱試題，教師不必閱卷。測驗結束，電腦即自動完成計分，省時省力。

4. 教師不必命題，由學科專家與電腦軟體專家精心設計，免除出題與製作試卷的功夫。

5. 測驗更準確，更有效率，更能測出學生的程度。

6. 不用紙筆測驗，節省大量紙張，符合環境保護的概念。

7. 減少作弊、左顧右盼的機會。前後左右考生的試題可能不盡相同。

　　雖然電腦化適性測驗有許多優點，實施一段時日，也會產生後遺症。學生恐怕反而不會寫字。因此，接受電腦化適性測驗者應先通過語文測驗，以免顧此失彼。此外，除了運用電腦外，測驗之前，學校應先建立標準化的題庫與測驗計分法。在二十一世紀中，教育機構應投入大量人力、物力，發展並設計各類科測驗。將來各類型考試也許將漸漸採用電腦化適性測驗。

　　小班教學本著多元化、個別化、適性化的理念，評量方式更為活潑、更具彈性、更有創意。要言之，多元化評量要考慮評量的目標、內容、方式、情境、次數、人員、題型，即使答案都是多元的。學習檔案紀錄評量與實作評量或真實評量應廣為使用。個別化評量宜採標準參照評量與契約評分制。適性化評量則宜因材評量並實施電腦化適性測驗。

　　綜上所述，二十一世紀的學習評量將著重學習歷程檔案評量（portfolios assessment）、實作評量（performance assessment）與結果本位評量（product-based assessment）。這就是所謂「3P」的評量（Madaus & O'Dwyer, 1999）。教學有無績效從這些評量的證據，就可判其優劣。

　　國民中學畢業生的教育會考與高中畢業生的學科能力測驗屬於結果本位評量，旨在檢驗畢業生達到怎樣的水準。聯考制度廢除後，高中、高職、大學入學以會考或學測、指考成績為主要參據，並參採高中在學三年期間的學習歷程檔案或實作評量成績，可檢驗教育目標是否實現。職是之故，十二年國民基本教育理念的實施有賴於完整的規劃與完善的配套措施。多元入學方案能注意到評量的多元化，已經邁向一大步。

第四節　教育測驗

　　教師的教學工作，種類繁多，其中之一就是要從事評鑑、評量與測驗的工作。然而不論擔任何種評鑑、評量，都與測驗有關。因此，教師有必要了解教育測驗。本節先就測驗的種類與良好測驗的特性略加敘述，然後再論述試題的分析，兼論國民中學教育會考與高中學科能力測驗與指定科目考試。

一、測驗的種類

　　教育測驗有很多的種類，本節敘述一些常用的測驗包括成就測驗、情意測驗、標準化測驗、非標準化測驗、常模參照測驗與標準參照測驗如下（郭生玉，1985: 7-15）：

㈠ 成就測驗

成就測驗旨在測量經過教育或訓練所獲得的實際能力。通常成就測驗有三種：綜合成就測驗、特殊成就測驗與診斷測驗。綜合成就測驗是在測量各科的成就水準；特殊成就測驗是在測量某一顆的成就水準；診斷測驗則在測量學習的困難所在，作爲學習輔導的參據。

㈡ 情意測驗

情意測驗旨在測量個人的人格，包括態度、動機、興趣、價值觀、自我概念、情緒、人際關係與人格特質等。測驗的方法很多，譬如行爲觀察、紙筆測驗、投射測驗、評定量表、情緒商數自我評量、情意測驗與社會計量法等。

㈢ 標準化測驗

標準化測驗係由測驗專家依據測驗編製的程序而編成的一套測驗。測驗題目要經過試題分析，測驗的實施、計分與解釋都有一定的程序，必須依照指導手冊辦理。測驗也要建立常模、信度與效度。大部分的智力測驗與性向測驗屬於標準化測驗。

㈣ 非標準化測驗

非標準化測驗係由教師以非正式的方式，依自己教學的需要而自編的測驗，因而又稱教師自編測驗或非正式測驗。它的編製過程、實施方式、計分與解釋，較缺乏標準化，易趨於主觀。

㈤ 常模參照測驗

常模參照測驗即測驗的結果，依據分數在團體中的相對位置，加以解釋的測驗。譬如張生的英語成就測驗分數是 40 分，對照「常模」得到百分等級 90，即表示張生的英語成就勝過 90% 的學生，只有 10% 的學生勝過他。它的用意是在區別學生的成就水準。大多數的標準成就測驗與性向測驗屬於常模參照測驗。

㈥標準參照測驗

標準參照測驗即測驗的結果，依據教學前設定的「標準」，加以解釋的測驗。譬如李生在英語成就測驗上，考前設定答對 90% 題目者爲精熟學習，凡達到此標準者爲精熟學習的學生，未達此標準者爲非精熟學習的學生。它的用意是要了解學生學會什麼，學習有無困難。它的目的不是要與同學相互比較。

二、良好測驗的特性

良好的測驗具有四個特性：效度（validity）、信度（reliability）、常模（norm）與實用性（practicality）。今分別摘述如下（郭生玉，1985: 19-23）：

㈠效度

效度係指測驗分數的正確性，能測量到所要測量的內容。效度比信度重要，它是測驗工具最重要的特性。效度高，信度也會高，但信度高，效度未必高。

效度可分爲內容效度（content validity）、效標關聯效度（criterion-related validity）與構念效度（construct validity），分別敘述如下：

1. 內容效度

它是指測驗內容的代表性或取樣的適切性。教材內容與教學目標所建立的雙向細目表，可用來判斷測驗的內容效度。有時候測驗的內容效度可請專家判斷。內容效度有別於表面效度（face validity），兩者不能混爲一談。後者缺乏系統的邏輯分析，不能代替客觀的效度。

2. 效標關聯效度

此種效度又可分爲同時效度（concurrent validity）與預測效度（predictive validity）。前者係指測驗分數與實施測驗同一個時間所取得的效標之間的相關，旨在利用測驗分數以獲取所需資料；後者則指測驗分數與實施測驗後一段時間所取得的效標之間的相關，旨在利用測驗分數以預測個人在效標方面未來的表現。

3. 構念效度

它是指測驗能測量到理論上的構念或特質的程度。換言之，測驗分數能夠依據心理學的理論建構而來，加以解釋的程度。建立構念效度常用的方法包括相關研究、團體差異分析、實驗研究、內部一致性分析與因素分析等。

(二)信度

信度係指測驗分數的一致性（consistency）或穩定性（stability）。換言之，受試者在不同的時間接受相同的測驗，每位受試者的測驗分數，在團體中都在相同的等級，即表示測驗具有一致性。

影響信度的一致性可能有幾個原因：第一，受試者本身的因素如健康、情緒與其他心理狀態等；第二，測驗實施的情境與程序如指導說明、時間控制與測驗場地等；第三，測驗本身的問題如品質、難度與題數等。

估計信度的方法很多，最常用的方法有下列四種：重測方法、複本方法、內部一致性方法與評分者方法等。

1. 重測方法

採用同一個測驗，在不同的時間，對相同的受試者前後施測兩次，求得前後測分數的相關，稱為重測信度係數。譬如受試者在前後兩次測驗分數的地位，完全一致不變，重測信度係數是 1.00。通常重測相關係數達 0.8 以上的測驗，即有信度。

2. 複本方法

測驗是從母群體抽出的樣本，每一個測驗都可以有許多複本測驗。採用複本方法所估計的信度，稱為複本信度。它的用意是要確定個人在測驗上的得分，推論到其他相等複本測驗上的得分。複本測驗係指兩份測驗的內容、題型、試題難度、時間限制等各方面，都必須類似或相等。

3. 內部一致性方法

此法只根據一次測驗的結果即可估計信度。最常用的方法是折半方法，把一次測驗的結果，求兩半分數的相關係數，也稱為內部一致性係數。折半的方法可依隨機方法把題目分成兩半，或是依奇偶數把題目分

成兩半。折半信度係數可採用皮爾遜積差相關法（Pearson product moment correlation）求受試者兩半分數的相關。

4. 評分者方法

請多位評分者評閱測驗卷，估計評分的一致性，稱爲評分者信度。如果測驗受到評分者主觀的論斷，導致評分的誤差，則須考慮評分者信度。估計方法可從測驗卷中抽取樣本，分別請兩位以上的評分者對每一份試卷評分，然後根據所評分數求相關係數，即爲評分者信度。

㈢ 常模

受試者在測驗時得到的分數稱爲原始分數，原始分數要轉化成各種常模分數，才具有意義，然後再加以解釋。常模是解決測驗分數的參照依據，它是以標準化樣本的平均成績來表示。

常模指出受試者的分數在常模樣本中的相對位置。譬如在 50 題的測驗中答對 36 題，每題 1 分，獲得 36 分，此分數稱爲原始分數。如果超過平均數以上一個標準差的位置，表示得到 36 分的受試者勝過 84% 的人數，只有 16% 的受試者勝過他。常模還可以使個人在不同測驗的分數，轉化成相同尺度的常模分數，直接比較。

㈣ 實用性

測驗的實用性係指測驗容易實施、計分、解釋與應用、而且經濟實惠。選用測驗，應該先考慮測驗的效度、信度與常模，然後再考慮它的實用性。

三、試題分析

測驗或試題品質的優劣可透過試題分析（item analysis）予以判定。試題分析可分成品質分析與數量分析，前者係根據試題的形式與內容，後者根據試題的統計特性。品質分析依照邏輯分析即可達成，數量分析可進行難度分析與鑑別力分析（郭生玉，1985: 261-267）。

難度分析是在確定每一道試題的難度，最簡單的分析方法是計算全體受試者答對每題人數的百分比。譬如在 100 位的考生中答對第一題的人數

有 80 人，該題的難度是 .80，表示大多數的考生都答對了，題目顯得簡單容易。

　　鑑別力分析旨在確定試題是否具有區別能力優劣的作用。分析的方法可分為內部一致性分析與外在效度分析。前者旨在了解每一道試題的功能是否與整體測驗的功能符合一致；後者則在於檢驗試題是否具有預定的某種鑑別作用。

　　內部一致性分析方法是高分組答對百分比減掉低分組答對百分比。譬如高分組答對第一道試題的百分比是 .85，而低分組是 .40，鑑別力是 .45。鑑別力指數用小數點表示，通常介於 –1.00 到 +1.00 之間。指數越高表示鑑別力越大；反之，指數越低表示鑑別力越小。外在效度分析的過程與信度的一致性分析方法大致相同，不同點在於外在效度分析把外在效標的分數分為高、低分兩組。

四、國民中學教育會考

　　教育部自 2010 年開始推動擴大免試入學方案，並在 2014 年正式實施十二年國民基本教育，高中入學考試制度也隨之變革，「國民中學學生基本學力測驗」（簡稱基測）改為「國民中學教育會考」。教育會考的目的、教育會考與基本學力測驗比較與試務工作等規定，列述如後（臺師大心測中心，2020）：

㈠教育會考的目的
國民中學教育會考的目的有下列四項：
1. 降低考試壓力，活化學生學習；
2. 檢視學生學力，確保學習品質；
3. 回饋學習成果，強化適性輔導；
4. 提供學力資訊，俾利因材施教。

㈡教育會考與基本學力測驗比較
教育會考將藉由各科成績等級減少（分為三等級）來達到適度減低考試壓力的目的；並藉由標準參照的作法達到學力監控與提供具體學力訊息

的目標。

　　由於國民中學教育會考與基本學力測驗（以下簡稱國中基測）之考試目的與用途並不相同，因此考試功能、計分方式、考試科目、考試題型、辦理時間與結果呈現皆不相同（見表 16.3）。

表 16.3　國中教育會考與基本學力測驗比較

項目	教育會考	基本學力測驗
法源依據	國民小學及國民中學學生成績評量準則	高中高職多元入學招生辦法
功能	1. 可使每一位國三學生、教師、學校、家長、主管機關了解學生學習品質，並為下一學習階段（高中、高職或五專）做好必要的準備。 2. 國中可參酌國中教育會考評量結果，提供學生升學選擇之建議，輔導學生適性入學。 3. 可作為高中、高職及五專新生學習輔導參據。	1. 高中、高職及五專多元入學管道的重要依據，主要為測量國三學生各學習領域的基本能力。 2. 測驗分數可作為申請入學、甄選入學或登記分發入學的依據。
施測對象	全體國三學生	全體國三學生
辦理時間	自 2014 年起每年 5 月舉辦 1 次	2001 年至 2011 年每年舉辦 2 次；2012 年改為舉辦 1 次
命題依據	《國民中小學九年一貫課程綱要》能力指標	《國民中小學九年一貫課程綱要》能力指標
科目	國文、英語（包含聽力）、數學（包含非選擇題型）、社會、自然及寫作測驗	國文、英語、數學、社會、自然及寫作測驗
題型	選擇題與非選擇題型	選擇題型（不含寫作測驗）
測驗難度	難易適中	中等偏易
計分方式	標準參照	常模參照（不含寫作測驗）
結果呈現	國文、數學、社會及自然評量結果分為精熟、基礎及待加強 3 個等級；寫作測驗分為一至六級分。英語科包含聽力及閱讀兩項語言技能，成績通知單除了分別呈現此 2 項技能的能力表現等級，其中聽力分為「基礎」及「待加強」2 個能力等級，而閱讀分為「精熟」、「基礎」及「待加強」3 個能力等級，另外也會呈現英語科整體（閱讀加聽力）的能力等級。	除寫作測驗為標準參照之六級分制外，其餘均以量尺分數計算（5 科最高分為 80 分，寫作測驗 12 分，總分為 412）。

資料來源：國立臺灣師範大學心理與教育測驗研究中心，2020

　　自 2014 年起實施的教育會考，規劃於每年 5 月擇一週六、日實施，為期 2 天，由國立臺灣師範大學心理與教育測驗研究發展中心（以下簡稱臺師大心測中心）負責命題、組卷、閱卷與計分，以達公平客觀並實踐國家課程目標。教育會考重要事項之審議、協調及指導，由教育部、各直轄市、縣（市）政府與臺師大心測中心組成教育會考推動會負責，教育會考推動會下設教育會考全國試務會，統籌全國試務工作，並由各直轄市政府輪流辦理為原則。考區試務工作，則由考區所在地之直轄市、縣（市）政府辦理，並得委由考區所在地之學校設教育會考考區試務會辦理之。

㈢國中教育會考問題

　　為因應 covid-19 疫情延燒，2020 年國民中學教育會考試場冷氣全面開放，同時也開窗戶，保持通風。因此，試場外界聲音恐干擾英語聽力測驗，教育部乃宣布教育會考取消英語聽力測驗，該項目配分挪到英語閱讀（潘乃欣、章凱閎，2020.4.22）。從測驗的觀點言之，教育會考取消英語聽力測驗恐影響測驗的效度（validity）。沒有測量英語的聽力，考生的公平性與測驗的準確性，值得商榷。

　　此外，為因應新冠肺炎疫情，教育部事前規定，考生應考一律全程戴口罩，經勸導仍不戴口罩，該科不予計分（章凱閎、吳亮賢、林河名、楊雅棠、邱怡君、簡浩正，2020.5.18）。此一規定引爆爭議，防疫期間，考生全程戴口罩無可厚非，但經勸導仍不戴口罩，該科不予計分，令人存疑。蓋因考生是否戴口罩與其學科成績並無關聯，至多視為違規，扣該科成績若干分數，以示懲罰，較為公允。

五、大學入學考試學科能力測驗與指定科目考試

　　大學入學考試自 1994 年開始辦理學科能力測驗。隨著教育政策的改變與高中課程綱要的修訂，大學入學考試制度迭有變革。入學考試方式分為學科能力測驗與指定科目考試。今分別敘述如後（大學入學考試中心，2020）：

(一)學科能力測驗

大學入學考試舉行學科能力測驗（簡稱學測），考試科目包括國文、英文、數學、社會與自然等五科，旨在檢驗考生是否具有接受大學教育的基本學科能力，是大學校系初步篩選學生的門檻。

依據大學入學考試中心，學測之測驗目標、測驗時間、測驗範圍、題型與「一綱多本」的命題方式列述如下：

1. 測驗目標

(1)測驗考生是否具備高中生應有的基本學科知能；

(2)測驗考生是否具備接受大學教育應有的學科知能；

(3)測驗考生能否結合生活知能及整合不同領域的學科知識；

(4)測驗考生是否具備理解及應用學科知識的能力。

2. 測驗時間

測驗時間除國文（選擇題）、國語文寫作能力各為 80 分鐘外，其餘各考科均為 100 分鐘。未來配合實際需要，可作適度調整。

3. 測驗範圍

現行學測的考試科目包括：國文、英文、數學、社會、自然五考科，其中，國文考科含國文（選擇題）、國語文寫作能力；社會考科的內容包含歷史、地理、公民與社會；自然考科的內容包含物理、化學、生物、地球科學。社會、自然考科結合不同學科的設計，旨在考查考生綜合運用這些學科內容的能力。

4. 測驗題型

學測以電腦可讀的題型為主，例如：選擇題（單選題、多選題）、選填題；英文考科另有非選擇題；國語文寫作能力的題型則全為非選擇題。

國文（選擇題）與國語文寫作能力成績各占學測國文總成績一半。社會考科中的歷史、地理、公民與社會三科試題所占比例相當。自然考科的試題分為兩部分，第壹部分全部計分；第貳部分則是答對一定比例即得滿分。

5. 命題方式

高中教材開放編輯，各科均有多個版本，即「一綱多本」。在「一綱

多本」的情形下，各考科的命題將以課程綱要所列之主要概念爲原則，並依據各考科的測驗目標設計試題。

㈡指定科目考試

除了學科能力測驗外，教育部提供考生另一項選擇，考生得參加指定科目考試（簡稱指考）。考試科目包括國文、英文、數學甲、數學乙、歷史、地理、公民與社會、物理、化學與生物等十科，旨在檢測考生是否具備校系要求的能力，是大學考試入學招生管道的主要依據。

依據大學入學考試中心，指定科目考試的測驗目標、測驗時間、測驗範圍、測驗題型與「一綱多本」的命題方式如下：

1. 測驗目標

(1)測驗考生對重要學科知識的了解；

(2)測驗考生資料閱讀、判斷、推理、分析等能力；

(3)測驗考生表達的能力；

(4)測驗考生應用學科知識的能力。

2. 測驗時間

各考科的測驗時間均爲 80 分鐘。

3. 測驗範圍

指定考試各科測驗範圍以高一、高二、高三之必修與選修課程綱要爲準，成績採百分制，用於大學考試入學招生。各校系可依其特色與需求，就十個考科當中，指定某些考科，以考試成績選才；而考生則依個人興趣與能力，就其志願校系所指定的考試科目，自由選擇應考，此即「校系指定，考生選考」的雙向選擇。

4. 測驗題型

指考的題型可以有：選擇題（單選題、多選題）、選填題及非選擇題；各題型的比重，依各考科需求而異。其中可設計資料性、整合性的試題，或採申論、計算、作圖等不同的作答方式。

5. 命題方式

高中教材開放編輯，各科均有多個版本，即「一綱多本」。在「一綱

多本」的情形下，各考科的命題將以課程綱要所列之主要概念為原則，並依據各考科的測驗目標設計試題。

㈢大學入學考試問題

考試制度力求公平、公正與公開，大學入學考試制度有時也會遭受批評。

試題的難易度與鑑別力是考生與家長最關心的議題。此外，由於新冠肺炎（covid-19）疫情延燒，確診或居家檢疫的「防疫考生」錄取標準如何訂定，也是一項值得關注的問題。

教育部指出大學指考若因疫情因素，考生無法到考可參加補考，且以外加名額方式錄取。補考生錄取標準採「同等分數換算」，只要補考成績達科系最低錄取分數即錄取；但考量生師比，外加名額以招生名額 5% 為原則（章凱閎，2020.5.6）。從測驗的觀點，補考試題的難易度與鑑別度都應與指考的試題旗鼓相當，不分軒輊，始能同等分數換算。

第五節　實例與教師檢定

本節包括實例與教師檢定。前者著重理論與實際的結合，後者係近年來中小學教師檢定的試題，分別列示如後：

實例

張老師在開學第一次上課的時候，向學生說：「本學期上英文課，每位同學都要撰寫檔案紀錄。學期結束前的最後一次上課，老師要檢查檔案紀錄，評定分數，占學期成績的 20%。」隨後，張老師介紹檔案紀錄的特性、寫法與內容，包括：封面、目錄、自我介紹、課程計畫、講義、筆記、英文日記、英文佳句與片語、作業、課外讀物、心得感想、圖畫、卡片、優良紀錄與其他等。

學期結束前一週上課的時候，張老師要求學生把檔案紀錄拿出來，進行評量。他要求學生先自我評量，打一個分數；然後四人一組，進行同儕評量；最後才由老師確認，評定等級與登錄成績。

問題與討論：

你寫過檔案紀錄嗎？現在請思考下列有關檔案評量的問題：

1. 張老師為何要學生自我評量？理由何在？

2. 張老師為何要學生同儕評量？理由何在？

3. 檔案紀錄可否作為學期成績的一部分？為什麼？

4. 通常檔案紀錄有哪些內容？（複選題）

*(A) 上課筆記　*(B) 指定作業　(C) 英文日記　*(D) 心得感想　*(E) 特殊優良紀錄。

解析

1.自我評量可以讓學生了解自己，知所改進，還可以看出人格特質。譬如學生的檔案紀錄寫得不好，自己卻打很高的分數，顯示該生很有自信心，具有優越感，認為自己很了不起，但也曝露自己喜歡膨風、打高空、未能腳踏實地、不切實際的個性。反之，某生的檔案紀錄寫得很好，自己卻打很低的分數，顯示該生有自卑感，總認為自己不如人，妄自菲薄，但也看出該生為人謙虛的個性，然而過度謙虛也是虛偽。

2.同儕評量旨在互相學習，學生可以學習別人的優點，補救自己的缺點，以收「見賢思齊，見不賢而內自省」之效。

3.檔案評量兼顧學習的過程與結果，內容五花八門，應有盡有，鉅細靡遺，學生的心得與感想成為後設認知（meta-cognition），符合教學原理。

4.打星號*是參考答案。

教師檢定 （國家教育研究院，2014，2015，2016，2017，2019，2020）

本章的評鑑、評量與測驗，教師檢定考試題目頗多。為方便讀者閱讀，本章檢定考試試題以分類方式呈現。

一、評鑑

(　　) 1. 我國學生參與國際學生成就評量方案（the Programme for International Student Assessment），可從中得知學生在科學、數學和閱

讀等方面素養的表現成果。這屬於下列何種類型的課程評鑑？
(A) 總結性　(B) 形成性　(C) 統整性　(D) 診斷性。

（2016 年中等學校課程與教學）

(　　) 2. 欣欣中學實施問題導向學習課程已歷三年。該校校長為獲得課程的實施歷程、成果及未來改進方向等訊息，組成課程評鑑團隊，其成員主要為該校各學習領域的召集人、資深優良教師及學校行政人員，並另聘二位校外專家。此種作法屬於下列哪一課程評鑑類型？
(A) 外部人員課程評鑑　(B) 學校本位課程評鑑　(C) 內部人員課程評鑑　(D) 成果導向課程評鑑。　（2017 年中等學校課程與教學）

(　　) 3. 下列哪一種課程評鑑模式乃基於人本主義，強調藝術理念在課程上的運用，對教育生活進行豐富或質性的描述？　(A) 差距模式　(B) 鑑賞模式　(C)CIPP 模式　(D) 關聯性模式。

（2017 年小學課程與教學）

(　　) 4. 在研擬校本課程的自我評鑑時，李老師建議評鑑應考量原先設想的目標、先在因素、實施過程及結果等階段的標準與實際表現是否符合，再據以修訂課程。李老師的主張較屬於下列哪一種課程評鑑模式？　(A) 感應模式　(B) 目標模式　(C) 寫實模式　(D) 差距模式。　（2019 年 -1 中等學校課程與教學）

(　　) 5. 位於機場附近的志航高職發展了航空器零件維修的學校本位課程，該校規劃採用史鐵克（R. Stake）的「外貌模式」進行課程評鑑。下列哪項不是外貌模式須蒐集的評鑑資料？　(A) 設計課程前，針對航空公司淘汰之可用資源的評估　(B) 課程進行時，航空公司維修人員與學生的互動資料　(C) 收集其他學校類似的課程方案並與本課程進行比較　(D) 所實施的航空器維修實作模擬測驗及學生表現結果。　（2019 年 -1 中等學校課程與教學）

(　　) 6. 陽光國民中學採用「背景─輸入─過程─產出」模式，進行校本課程評鑑。下列哪一位老師的看法，比較符合此一評鑑模式的內涵？
(A) 甲老師認為背景評鑑要先進行學生學習成效的評量　(B) 乙老師認為輸入評鑑要對必要的課程資訊進行描述　(C) 丙老師認為過程評鑑要評估學校執行課程評鑑任務的能力　(D) 丁老師認為產出評鑑要確定課程結果是否符合原先的期待。

（2020 年中等學校課程與教學）

7. 學校雖各自訂有教科書選用辦法，但其仍有共通之評選規準。請寫出教科書評選規準的4個向度，且每向度各舉出2項內容並說明之。

（2020 年中等學校課程與教學）

二、評量

1. 國民中小學九年一貫課程綱要及普通高級中學課程綱要指出教師應採用適當而多樣的評量方法，請你就此舉例說明多元化評量的五種方法。

（2014 年中等學校課程與教學）

( ) 2. 下列有關評量功能的敘述，何者最為適切？　(A) 評量可以了解學習的結果，無法知道學習的歷程　(B) 評量是抽樣的程序，無法了解學生全部的學習結果　(C) 評量可以做個體間的比較，無法了解個別學生的進步　(D) 評量可以了解學生的學習效果，無法了解教師的教學成效。　　　　　　　（2014 年小學課程與教學）

( ) 3. 李老師想了解學生是否學會打繩結。李老師最適合採用下列何種評量方式？　(A) 紙筆評量　(B) 實作評量　(C) 檔案評量　(D) 概念圖評量。　　　　　　　　　　　（2014 年中等學校課程與教學）

( ) 4. 黃老師想要在平日課堂教學中了解學生的學習表現，作為修正教學策略的參考。黃老師該使用下列哪一種評量最為適合？　(A) 形成性評量　(B) 總結性評量　(C) 標準參照評量　(D) 常模參照評量。　　　　　　　　　　　（2014 年中等學校課程與教學）

( ) 5. 下列有關檔案評量的敘述，何者正確？　(A) 檔案評量是一種客觀式評量　(B) 在檔案評量中，教學與評量是兩個獨立的事件　(C) 從檔案評量中可以看出學生學習的歷程和成果　(D) 學生的所有作品都要放入檔案中，作為期末評量的依據。

（2014 年小學課程與教學）

( ) 6. 某項作文競賽由三位教師擔任評審。為彰顯該競賽的公正性，主辦單位應公布何種信度係數值？　(A) 複本信度　(B) 重測信度　(C) 評分者間信度　(D) 內部一致性信度。

（2015 年中等學校課程與教學）

( ) 7. 下列有關實作評量與檔案評量的敘述，何者正確？　(A) 實作評量需要評分規準，但檔案評量不需要　(B) 實作評量可作為檔案，但

檔案評量不需實作　(C) 檔案評量與實作評量可包含受評量者的省思　(D) 檔案評量與實作評量都僅適用於質性的評量。

（2015 年中等學校課程與教學）

(　) 8. 檔案評量與下列哪一種學習觀點最為契合？　(A) 神經網絡觀 (B) 認知建構觀　(C) 社會情境觀　(D) 行為連結觀。

（2015 年小學課程與教學）

(　) 9. 下列有關教學評量的敘述，何者最為適切？　(A) 紙筆測驗是教學評量最直接而有效的方式　(B) 診斷性評量的目的在於了解學生的起點行為　(C) 教學評量具有提高並激勵學生學習動機的功能　(D) 評量時以認知領域目標為主，情意與動作技能目標為副。

（2016 年中等學校課程與教學）

(　) 10. 下列何者較不屬於檔案評量的特色？　(A) 強調縱貫的學習歷程 (B) 教師與學生的共同參與　(C) 鼓勵學生的自我反省與自評　(D) 採用單一規準評量學生作品。

（2016 年中等學校青少年發展與輔導）

(　) 11. 林老師為了解學生在學習英文「fast food」的單元後，是否達到「能聽懂日常生活應對中常用語句（速食店購物的對話），並能作適當的回應」的目標，特別安排全班學生到英語村的速食店以英文購買食物。此種評量方式最接近下列何者？　(A) 動態評量　(B) 真實評量　(C) 檔案評量　(D) 生態評量。　（2016 年小學課程與教學）

(　) 12. 數學科評量時，其中有一個題目「姊姊和妹妹共有 100 元，姊姊給妹妹 18 元後，兩個人的錢就一樣多。請問原來各有多少錢？」小華不會做，老師記錄後提示：「你想想看，兩個人一樣多，那兩個人應該有多少錢？」等小華說出「50」，老師再次記錄後，又繼續提示小華：「題目中說，姊姊給妹妹多少錢？」這種透過不斷提示引導學生作答的評量方式屬於下列哪一選項？　(A) 動態評量　(B) 檔案評量　(C) 安置評量　(D) 總結評量。

（2017 年中等學校課程與教學）

(　) 13. 教師安排不同難度及進度的學習任務，設計多元評量方式，使班上每位學生都能充分學習，提升自我效能。此教學設計較符合下列何種理念？　(A) 直接教學法　(B) 差異化教學　(C) 建構式教學

(D) 探究教學法。　　　　　　　　（2017 年中小學教育原理與制度）

( ) 14. 國民及學前教育署的「國民小學及國民中學補救教學實施方案」，
乃透過網路評量測驗了解學生的學習落後點。就該評量測驗的目的
而言，較屬於下列哪一種評量？　(A) 診斷性評量　(B) 預測性評
量　(C) 安置性評量　(D) 總結性評量。

　　　　　　　　　　　　　　（2017 年中等學校青少年發展與輔導）

( ) 15. 下列哪一個情境最接近真實評量？　(A) 讓學生寫出課文心得，以
評量其情意反應　(B) 讓低年級學生到商店買東西，以評量其算
數能力　(C) 課堂中讓全班學生大聲朗讀，以評量其識字程度
(D) 讓學生觀賞地震演習的影片，評量其逃生觀念與技巧。

　　　　　　　　　　　　　　　　　　（2017 年小學課程與教學）

( ) 16. 有關教師製作教學檔案的目的，下列何者不適切？　(A) 蒐集學校
課程活動資料，掌握校本課程發展方向　(B) 蒐集重要的教學紀
錄，了解自己專業成長的歷程　(C) 透過檔案製作交流與分享，形
塑優質的專業文化　(D) 透過檔案建置的歷程，反思教學，提高教
學效果。　　　　　　　　　　　　（2017 年小學課程與教學）

( ) 17. 近年來真實評量愈來愈受到重視，下列何者不屬於真實評量？
(A) 師資生修畢教育學分後，到國中進行教學實習　(B) 學生為了
準備丙級廚師證照，參加校內烹調大賽　(C) 學生規劃園遊會攤位
方案，並評估其成本與利潤　(D) 學生觀看紐西蘭毛利族的戰舞，
提出小組討論結果。　　　　（2019 年 -1 中等學校課程與教學）

( ) 18. 下列何者最符合論文題型的命題或評分原則？　(A) 同一試題分別
在不同時段進行評閱　(B) 命題最好以多題短答取代少題長答　(C)
多提供試題，讓學生有選擇答題的自由　(D) 教師應知道批改對
象，以更了解其回答內容。　　　（2019 年 -1 中等學校課程與教學）

( ) 19. 大山國小負責辦理全國國小學童美術比賽，收到 5,000 張畫作，張
老師負責評分的業務。下列何種評分方式最能挑選出優秀作品？
(A) 依照檢核表（checklist）採整體性的計分　(B) 依據檢核表
（checklist）進行分析性計分　(C) 依照評分規準（rubrics）採分析
性的計分　(D) 選出不同等級的作品作為評分參照依據。

　　　　　　　　　　　　　　　　　（2019 年 -1 小學課程與教學）

（　　）20. 下列有關檔案評量的敘述，何者較為適切？　(A) 檔案評量屬於客觀式評量　(B) 視教學與評量為兩個獨立事件　(C) 可以了解學生學習的歷程和成果　(D) 學生的所有作品都要放入檔案中。

（2019 年 -2 中等學校課程與教學）

21. 為實現全人教育的理念，各領域教學應兼顧認知、技能與情意目標的達成。請舉出適合情意領域評量的兩個項目，另寫出適合情意評量的三項方法或工具。　　　　　　　　　　　　　（2019 年 -2 中等學校課程與教學）

（　　）22. 填空題的編製原則之一是：「若同一題內有超過一個以上的待填空格，則待填空格之長度、大小應一致。」其理由為下列何者？　(A) 降低教師閱卷的困難　(B) 增加考卷編排的便利性　(C) 增加學生閱讀時的流暢度　(D) 避免暗示正確答案的線索。

（2019 年 -2 小學課程與教學）

（　　）23. 在實施檔案評量之前，必須清楚設定檔案目的。王老師在班上實施寫作檔案評量，要學生每完成一篇作文後，回答下列問題：「(1) 寫這一篇作文時我的策略是什麼？(2) 寫這一篇作文時我遇到最大的困難在哪裡？(3) 我認為我這一篇作文寫得不錯的地方有哪些？」下列何者最有可能是該檔案設定的目的？　(A) 評量學生的學習成就　(B) 增進學生自我學習成長　(C) 蒐集對教師的教學回饋　(D) 診斷學生的學習進步情形。　　　（2019 年 -2 小學課程與教學）

（　　）24. 林老師針對數學課「生活中的大單位」單元進行差異化教學。他先用前測將學生按程度分為三組，高程度者給予較高層次的題目並引導其自學，中程度者分組討論課內題目進行自學，低程度者由老師集中教學。林老師對低程度組學生施測單位換算測驗，發現他們對於小數點位移概念不夠清楚，重新解說與練習後，才講解新概念。在每一堂課快結束時，林老師根據課堂內容設計兩個問題，以確認全班是否學會。上述教學中並未使用到哪一種評量？　(A) 安置性評量　(B) 診斷性評量　(C) 形成性評量　(D) 總結性評量。

（2019 年 -2 小學課程與教學）

（　　）25. 根據評量與學習的關係，評量可以分成「對學習的評量」（assessment of learning）、「促進學習的評量」（assessment for learning）

及「評量即學習」（assessment as learning）三種取向。下列四位
實習教師對這三種評量取向的敘述，何者正確？甲：「對學習的評
量」其性質較偏向總結性評量；乙：學校的定期評量是屬於「促進
學習的評量」；丙：「促進學習的評量」的目的在協助教師調整教
學策略；丁：「評量即學習」的目的在協助學生成為自主的學習
者。　(A)甲乙丙　(B)甲乙丁　(C)甲丙丁　(D)乙丙丁。

（2019 年 -2 小學課程與教學）

( ) 26. 學校每學期會頒發獎學金給各班學期成績前三名的學生。學校是根
據何種評量結果來取前三名？　(A)安置性評量　(B)形成性評量
(C)常模參照評量　(D)標準參照評量。

（2020 年中等學校課程與教學）

( ) 27. 健康國中的社會領域評量，趙老師對七年一班採用選擇題的紙筆測
驗，唐老師則對七年四班採用專題報告評量。下列對於兩位老師評
量方式的描述，何者較為適切？　(A)趙老師的評量方式較適合程
度高的同學　(B)唐老師的評量方式較適合程度低的同學　(C)唐
老師的評量方式較容易出現評分的不一致　(D)趙老師的評量方式
較能評估學生的批判思考能力。　（2020 年中等學校課程與教學）

( ) 28. 張老師在批閱申論題試卷時，連續批改幾份回答不佳或答非所問的
試卷後，接著對下一份回答稍佳的試卷給予很高的分數。下列何者
最適合解釋這種現象？　(A)遺留效應　(B)月暈效應　(C)溜滑梯
效應　(D)文字操作效應。　（2020 年中等學校課程與教學）

( ) 29. 評分規準（rubrics）是許多教師用來評量學生實作表現的工具。建
立評分規準的步驟，下列何種順序較為適切？甲、收集多樣的學生
表現或作品樣本；乙、針對各個表現面向，找出對應分數的表現或
作品樣本，列出各分數等級的描述；丙、把作品樣本分類到不同
堆，並寫下分類的理由和特色；丁、歸納出不同的表現面向；戊、
反覆觀察並修正評分規準。　(A)甲乙丙丁戊　(B)甲丙丁乙戊
(C)甲丁乙丙戊　(D)甲丁丙乙戊。（2020 年中等學校課程與教學）

30. 仁愛國中在暑假為校內八年級學生辦理為期七天的英語會話班，學校自行設
計一份試卷來評估學生的學習成效，在上課的第一天進行前測，上課的最後

一天，再使用這份試卷進行後測。(1) 學校若想評估這份試卷的信度，應該用哪種信度較為適當？(2) 舉出上述作法可能的 2 項測量誤差來源。(3) 舉出2 種評估該試卷效度的作法。　　　　　　（2020 年中等學校課程與教學）

(　) 31. 論及考試與教學的關係時，常聽到有人說：「考試領導教學。」此一說法主要探討下列哪一個效度層面？　(A) 專家效度　(B) 同時效度　(C) 預測效度　(D) 後果效度。（2020 年小學課程與教學）

(　) 32. 因應素養導向課程改革，學校評量也注重素養導向的命題原則。老師們對於學校定期評量之命題方式提出意見，下列何者較為適當？甲、對於低成就學生而言，素養導向評量題目偏難而無法測得其真實能力；乙、採取素養導向評量的題目文字較長，對閱讀理解較弱的學生有失公允；丙、雙向細目表適合於學科內容導向的測驗，不宜運用於素養導向的評量；丁、素養導向評量強調情境連結，經審慎命題的紙筆測驗仍可符合此需求。　(A) 甲丙　(B) 甲丁　(C) 乙丙　(D) 乙丁。　　　　　　　　　（2020 年小學課程與教學）

(　) 33. 有關評量之運用與詮釋，下列何者較屬於「常模參照」取向？　(A) 白雲國小篩選出五年級需要接受數學科學習扶助的學生　(B) 青山國小針對閱讀書籍量破百的學生頒發閱讀小博士證書　(C) 清溪國小選出校內學習檔案比賽前三名代表學校參加全市的比賽　(D) 大樹國小根據評分規準將學生的閱讀檔案區分為 ABCDE 五個等級。
　　　　　　　　　　　　　　　　　　　　　（2020 年小學課程與教學）

(　) 34. 老師教導學生應試技巧，在時間不夠且沒有倒扣的情況下，作答選擇題時，要對所有未寫完的題目猜同一個答案「C」。如果學生皆採此種作法將對測驗結果的信效度有何影響？　(A) 提高信度、提高效度　(B) 提高信度、降低效度　(C) 降低信度、提高效度　(D) 降低信度、降低效度。　　　　　　（2020 年小學課程與教學）

三、測驗

(　) 1. 吳老師先將教學內容分成幾個小單元，並依據學生沒有達到精熟目標的單元進行補救教學。請問，下列哪一種測驗較適合了解吳老師這種精熟教學法的成果？　(A) 智力測驗　(B) 性向測驗　(C) 常模參照測驗　(D) 標準參照測驗。　　（2015 年中等學校課程與教學）

（　　）2. 吳老師自行設計了一份數學隨堂考卷，在段考後她發現班上同學
在這份考卷得高分的學生，在數學段考考試成績也比較高。這代
表這份隨堂考考卷較具有下列什麼測驗特質？　(A) 預測效度高
(B) 再測信度高　(C) 複本信度高　(D) 外在效度高。
（2015 年中等學校課程與教學）

（　　）3. 小美在全校高中入學模擬考成績的百分等級是 80。下列哪一選項
最適合說明其在該校的成績表現？　(A) 其成績全校排名為第八十
名　(B) 其成績超過百分之八十的考生　(C) 有百分之八十的機率
考上高中　(D) 換算成滿分 100 分後，其成績為 80 分。
（2016 年中等學校課程與教學）

（　　）4. 黃老師在發展新測驗時，想要建立該測驗的信度。但在客觀條件限
制下，她無法針對施測對象重複施測，也無法測驗複本。在此種情
況下，黃老師可採用下列何種信度係數？　(A) 穩定係數　(B) 等
同係數　(C) 區別係數　(D) 內部一致性係數。
（2016 年中等學校課程與教學）

（　　）5. 蘇老師在編製段考考卷時，會特別關注每個單元的題數比例是否合
適，以及六個認知領域教學目標的題數比例是否恰當。蘇老師的考
量有助於提高段考考卷的何種效度？　(A) 表面效度　(B) 內容效
度　(C) 聚斂效度　(D) 效標關聯效度。
（2016 年中等學校課程與教學）

（　　）6. 王老師自編一份 50 題的測驗，以評量學生的學習成就。經過試題
分析後，下列哪一項作法，最可能提高此測驗的信度？　(A) 刪除
難度值為 0 的題目　(B) 刪除難度值為 1 的題目　(C) 刪除與總分
負相關的全部題目　(D) 刪除與總分正相關較低的題目。
（2016 年中等學校課程與教學）

（　　）7. 下列有關電腦化適性測驗的敘述，何者為真？　(A) 題目依難易程
度排列依序出現　(B) 測驗結果無法提供考生即時回饋　(C) 考生
可依自己程度調整答題順序　(D) 具評估及診斷受試者能力的功
能。
（2016 年中等學校課程與教學）

（　　）8. 某測驗有 A、B 兩種題型，A 題型 20 題，每題給予題幹及數個選

項，受試者勾選正確選項則得分；B 題型 3 題，每題以一段敘述提出問題，由受試者書寫發揮後，評予單一總分。相較於 A 題型，下列有關 B 題型的敘述，何者較為正確？　(A) 信度通常較低　(B) 較難準備優良試題　(C) 檢測的認知層次較低　(D) 內容取樣較具代表性。　　　　　　　　　　（2017 年中等學校課程與教學）

(　　) 9. 段考後，甲生抱怨第一個單元的題目過少。教師如要了解甲生的抱怨是否合理，較宜檢視試卷的何種效度？　(A) 內容效度　(B) 同時效度　(C) 預測效度　(D) 關聯效度。

（2017 年中等學校課程與教學）

(　　) 10. 教師設計測驗以了解學生的認知錯誤型態時，發現某生在「6 + 4÷2 = ?」這題的答案是「5」，因而得知該生需加強「先乘除，後加減」的知識概念。該測驗較屬於下列哪一評量類型？　(A) 診斷性評量　(B) 總結性評量　(C) 最佳表現評量　(D) 典型表現評量。

（2017 年中等學校課程與教學）

(　　) 11. 某教師要提高其自編成就測驗的信度時，下列何者為較適宜的改善方式？　(A) 重新挑選施測對象，使施測的對象具有同質性　(B) 保留難度高或低的題目，才具有足夠的區辨力　(C) 嘗試編擬更多題目，以便涵蓋完整的教學內容　(D) 請一位專家仔細審視題目，避免多人意見交雜。　（2017 年中等學校課程與教學）

(　　) 12. 白老師自編一份測驗，以了解學生在人際溝通與參與公眾活動的情況，但施測後，她發現此測驗的效標關聯效度不佳。下列何者最可能造成此測驗的效度係數不佳？　(A) 此測驗所編製的試題難度適中　(B) 所採用的外在效標有效又可靠　(C) 此測驗的受試者母群體和外在效標相同　(D) 施測期間流感盛行，其情境與平常不同。

（2017 年中等學校課程與教學）

(　　) 13. 胡老師藉甲測驗得知學生在團體中的相對表現。周老師則採用乙測驗評估學生的表現是否達到預定的精熟標準。下列有關甲、乙測驗的敘述，何者較為正確？　(A) 乙測驗分數的變異較大　(B) 甲測驗常採用百分等級或標準分數的方式計分　(C) 乙測驗應刪除過易或過難的試題，保留難易適中的試題　(D) 甲測驗的內容應較為完

整，每個教學目標包含多個試題。（2017 年中等學校課程與教學）

（　　）14. 下列有關測驗（test）、測量（measurement）、評量（assessment）、評鑑（evaluation）的敘述，何者最為正確？　(A)測驗以客觀計分為主，評量以主觀計分為主　(B) 測驗、測量、評量和評鑑都以數字來呈現其結果　(C) 教育領域所用的標準化紙筆測驗大多屬於間接測量　(D) 測驗是用在教育、心理領域，測量是用在自然科學領域。　　　　　　　　　　　　　　　　（2017 年小學課程與教學）

（　　）15. 下列有關信度、效度和鑑別度的敘述，何者正確？　(A) 內容效度較適合使用於人格測驗　(B) 重測信度的高低會受到間隔時間長短的影響　(C) 學生異質性比較高的班級，測驗分數的信度會因此而較低　(D) 補救教學的評量應該強調高鑑別度，以期有效區分學生程度。　　　　　　　　　　　　　　　　　　（2017 年小學課程與教學）

（　　）16. 高老師想了解九年級自編模擬考的「預測效度」如何，下列哪種效標最為理想？　(A) 學生在會考的成績　(B) 學生平時的作文成績　(C) 學生前一次模擬考的成績　(D) 學生在七年級時的智力測驗成績。　　　　　　　　　　　　　　　　（2019 年 -1 中等學校課程與教學）

（　　）17. 八年二班有 30 位學生，上學期的資訊成績沒有受到社經地位的影響。林老師在這次段考中考了一題關於平板電腦操作的問題，在試題分析時，發現「高社經地位」學生在此題的答對比率為「低社經地位」學生的三倍。該發現顯示此試題最可能有下列何種問題？　(A) 信度過低　(B) 效度不足　(C) 測驗偏差　(D) 測驗誤用。　　　　　　　　　　　　　　　　（2019 年 -1 中等學校課程與教學）

（　　）18. 根據下表某常模測驗試題分析的結果，哪個敘述最合適？

題目	PH	PL	難度 (P)	鑑別度 (D)
1	.85	.15	.50	.70
2	.30	.10	.20	.20
3	1.0	0	.50	1.0
4	.875	.65	.75	.25
5	.45	.80	.625	−.35

(A) 第 5 題是優良試題，無需修改　(B) 第 4 題需經修改，或考慮

刪除　(C) 第 2 題題目過於簡單，使得鑑別度太低　(D) 第 1 題、第 3 題為不良試題，需考慮刪除。

（2019 年 -1 中等學校課程與教學）

19. 某國中的自然段考試卷中，有 45 題單選題（每題 2 分），4 題問答題（可任選 2 題作答，每題 5 分），測驗時間為 45 分鐘。其中一道問答題為：「單細胞生物是什麼？」該題目主要根據「能比較單細胞生物與多細胞生物的細胞之異同」此一學習目標而命題。根據以上敘述，該試卷在測驗編製原則上之不合理處，應如何改善？（至少寫出 5 項）

（2019 年 -1 中等學校課程與教學）

(　　) 20. 某標準化測驗包含 30 道試題，若再加入 10 題與原測驗性質相似的新編題目，則對該測驗之信度最可能產生何種影響？　(A) 信度值將會減少　(B) 信度值將會增加　(C) 信度值保持不變　(D) 信度值無法確定。　（2019 年 -1 小學課程與教學）

(　　) 21. 學校的學習評量應該優先重視下列哪一個評量概念？　(A) 內容效度　(B) 預測效度　(C) 同時效度　(D) 內在效度。

（2019 年 -1 小學課程與教學）

(　　) 22. 林老師對其自編的數學成就測驗進行試題分析，結果發現大多數的試題難度 P 值落在 .70 左右，鑑別度 D 值多數約為 .46。下列對此成就測驗的敘述，何者正確？　(A) 難度偏易，鑑別度高　(B) 難度偏易，鑑別度低　(C) 難度偏難，鑑別度高　(D) 難度偏難，鑑別度低。　（2019 年 -1 小學課程與教學）

(　　) 23. 編製選擇題時，良好的誘答選項不具有下列哪一種特性？　(A) 選項內容具有高度似真性　(B) 敘述語法合乎題意的邏輯　(C) 選項能有效反映學生的迷思概念　(D) 高分組學生的選答率高於低分組。

（2019 年 -1 小學課程與教學）

(　　) 24. 下列哪一項作法最可能提高評量結果的效度？　(A) 在全校段考中以選擇型試題取代開放型試題　(B) 要求申請進入資優班的學生，提出在校成績　(C) 以學生熟悉的歷史故事，測量其閱讀理解能力　(D) 在正式測驗前，協助學生熟練聽力測驗的作答方式。

（2019 年 -1 小學課程與教學）

（　）25. 陳老師編製了一份英語科成就測驗，學生在這份測驗的得分與國中
　　　　會考的英語科成績具有高度相關。此一英文科成就測驗具有何種效
　　　　度？　(A) 專家效度　(B) 內容效度　(C) 區別效度　(D) 效標關聯
　　　　效度。　　　　　　　　　　　　（2019 年 -2 中等學校課程與教學）

（　）26. 劉老師想知道自編的數學測驗能否穩定評估學生的數學能力。下列
　　　　哪一種方法較適切？　(A) 將學生在這份測驗的得分與之後數學學
　　　　科能力測驗的得分，進行相關分析　(B) 比較自編測驗的出題方向
　　　　及題數，與專家所編擬之雙向細目表間的一致性　(C) 比較段考高
　　　　分組與低分組學生在這份數學測驗的得分，是否有顯著的差異
　　　　(D) 將這份測驗讓同一群學生在一個月內施測兩次，並計算兩次得
　　　　分的關聯性。　　　　　　　　　（2019 年 -2 中等學校課程與教學）

（　）27. 余老師自編一份 80 題的國語文成就測驗，其信度係數為 0.85。若
　　　　依據原命題雙向細目表的題數比例，將該測驗刪減為 45 題，則縮
　　　　減後測驗的信度與效度有何變化？　(A) 信度提高，效度降低
　　　　(B) 信度降低，效度提高　(C) 信度不變，效度不會提高　(D) 信度
　　　　降低，效度不會提高。　　　　　（2019 年 -2 中等學校課程與教學）

（　）28. 張老師為七年級數學科段考命題時，最應該注重下列哪一種效度？
　　　　(A) 內容效度　(B) 同時效度　(C) 預測效度　(D) 聚斂效度。
　　　　　　　　　　　　　　　　（2019 年 -2 中等學校青少年發展與輔導）

（　）29. 下列何者屬於標準參照評量？　(A) 對全校新生進行瑞文氏圖形推
　　　　理測驗，以了解學生的智力程度　(B) 依據定期評量的成績，班上
　　　　表現較佳的前三名可上臺接受頒獎　(C) 為挑選國語文競賽選手，
　　　　舉行全校性比賽，凡答對率 .90% 以上即入選　(D) 校慶運動會舉
　　　　行大隊接力、趣味競賽，再根據成績加總頒發總錦標獎。
　　　　　　　　　　　　　　　　　　　（2019 年 -2 小學課程與教學）

（　）30. 下列有關傳統試題分析的敘述，何者正確？　(A) 試題難度愈高，
　　　　鑑別度愈低　(B) 試題鑑別度愈低，測驗效度愈低　(C) 難度及鑑
　　　　別度的估計屬於樣本依賴，並非固定不變　(D) 某一試題的誘答選
　　　　項，高分組學生的選答率高於低分組，則為優良試題。
　　　　　　　　　　　　　　　　　　　（2020 年中等學校課程與教學）

（　）31. 樂樂國中九年級 400 位學生接受理化科測驗，其中高分組（全體學

生得分的前 25%）與低分組（全體學生得分的後 25%）分別有 40
人與 30 人答對該測驗第十題。下列何者最可能是該題的難度值？
(A) 0.10　(B) 0.18　(C) 0.35　(D) 0.70。

（2020 年中等學校課程與教學）

(　　) 32. 某次數學考試滿分為 50 分，傑倫考了 38 分，其百分等級是 86。
傑倫此次考試的分數代表什麼意義？　(A) 表示他勝過 86% 的同學
(B) 換算成第 86 個百分位數的分數是 76 分　(C) 表示第 38 百分位
數的原始分數是 86 分　(D) 分數由高到低，他在 100 個人中排在
第 86 名。　　　　　　　　　　　（2020 年中等學校課程與教學）

(　　) 33. 某校師培中心認為師資生自我肯定的程度，會影響其未來教師甄試
是否通過。於是該中心決定編製一份自我肯定測驗，作為遴選師資
生的工具之一。在信度證據上，宜優先考量下列何者？　(A) 題目
內容一致性　(B) 評分人員一致性　(C) 與師資生學業成績的相關
(D) 與教師資格考試成績的相關。　　　（2020 年小學課程與教學）

(　　) 34. 王老師編製一份五年級數學測驗以供段考使用。下列哪一措施最有
助於證明此測驗具有良好效度？　(A) 優先將同一單元的試題組合
在一起，以方便學生作答　(B) 找一班五年級學生施測兩次，再求
兩次分數之間的積差相關　(C) 找一班五年級學生進行施測，計算
各題目之間相關係數的平均值　(D) 列出考試範圍所有目標，找幾
位數學教師檢查試題與目標之間的一致性。

（2020 年小學課程與教學）

(　　) 35. 孫老師對全校學生實施音樂性向測驗，擬以音樂成績作為效標，
所得出效標關聯效度係數為 .40。若以音樂資優班學生為施測對象
時，所得到的效標關聯效度係數最可能是下列何者？　(A) 小於 .40
(B) 大於 .40　(C) 等於 .40　(D) 無從判斷。

（2020 年小學課程與教學）

36. 王老師對於原來自編的數學科測驗不滿意，想要透過增加試題數量提高該測
驗的品質。此時他應該採用哪些作法，才可以達成提高測驗信度與效度的目
標？（針對信度與效度各提出二項）　　　　　（2020 年小學課程與教學）

(　　) 37. 任教十年級的柯老師邀請大學教授和資深英語教師等專家幫忙審

查英文段考試題，這種作法主要是為了檢驗下列哪一種效度？
(A) 輻合效度　(B) 內容效度　(C) 同時效度　(D) 表面效度。

（2020 年中等學校青少年發展與輔導）

參考答案

一、

1.(A)　2.(B)　3.(B)　4.(D)　5.(C)　6.(D)　7.略

二、

1.略　2.(B)　3.(B)　4.(A)　5.(C)　6.(C)　7.(C)　8.(C)　9.(C)　10.(D)

11.(B)　12.(A)　13.(B)　14.(A)　15.(B)　16.(A)　17.(D)　18.(B)　19.(C)　20.(C)

21.略　22.(D)　23.(B)　24.(D)　25.(C)　26.(C)　27.(C)　28.(A)　29.(B)　30.略

31.(D)　32.(D)　33.(C)　34.(B)

三、

1.(D)　2.(A)　3.(B)　4.(D)　5.(B)　6.(C)　7.(D)　8.(D)　9.(A)　10.(A)

11.(C)　12.(D)　13.(B)　14.(C)　15.(B)　16.(A)　17.(C)　18.(B)　19.略　20.(B)

21.(A)　22.(A)　23.(D)　24.(D)　25.(D)　26.(D)　27.(D)　28.(A)　29.(C)　30.(C)

31.(C)　32.(A)　33.(A)　34.(D)　35.(A)　36.略　37.(B)

參考文獻

一、中文部分

大學入學考試中心（2020）。**學科能力測驗與指定科目考試**。臺北：大學入學考試中心

中央日報（2001.1.16）。**基本學測急救，家長學生慌忙**。臺北：中央日報，14。

中時晚報（1998.3.22）。**E. Q 影響力比 I. Q. 大兩倍**。

中時晚報（1998.3.23）。**臺灣人 E. Q. 有問題**。

方炳林（1988）。**普通教學法**。臺北：三民書局，183-191。

交通大學（1998）。企業教育訓練實施遠距教學之途徑。**遠距教育，第7期**。

吳剛平（1999）。校本課程開發活動的類型分析。**教育發展研究，11**，37-41。

李平譯（1997）。**經營多元智慧**。譯自 Armstrong, T. (1994). *Multiple intelligences in the classroom.* 臺北：遠流出版公司，154-155.

李政達（2020.3.24）。**體育線上教學光看影片難奏效**。臺北：聯合報，A12。

李雅筑、侯良儒（2020.4.23）。雲端教育大爆發。摘自**商業週刊，1693** 期。

周志宏（2010）。**教育文化法規**，三版 1 刷。臺北：元照出版公司，壹 -19，壹 -30。

林生傳（1990）。**新教學理論與策略**。臺北：五南圖書出版公司，105-167.

林清山譯（1990）。**教育心理學——認知取向**。譯自：Mayer, R. E.（1986）. *Educational psychology: A cognitive approach.* 臺北：遠流出版公司。

林寶山譯（1990）。**民主主義與教育**。臺北：五南圖書出版公司。

高新建（1999）。邁向成功的學校本位課程發展。論文發表於**課程統整與教學學術研討會**。臺北：臺北市立師範學院。

高新建等人譯（2010）。**課程發展與領導**。譯自 A. Glatthorn, F. Boschee, 與

B. Whitehead, *Curriculum leadership: Strategies for development and imple-mentation.* 臺北：華藤。

高廣孚（1991）。**杜威教育思想**。臺北：水牛出版社。

國立彰化師範大學（2020）。**安心就學──遠距教學執行方案**。彰化：國立彰化師範大學。

國家教育研究院（2000）。課程理論。載於**教育大辭書**。新北：國家教育研究院。

國家教育研究院（2014，2015，2016，2017，2019，2020）。**高級中等以下學校及幼兒園教師檢定考試歷屆試題及參考答案**。新北：國家教育研究院。

國家教育研究院（2016.8.20）。**十二年國民基本教育課綱總綱解析與實施準備簡報**。新北：國家教育研究院。

張廷凱（2001）。大陸學校本位課程的理念：問題與爭議。載於**邁向課程新紀元（六）：兩岸三地學校本位課程學術研討會論文集**。臺北：中華民國教材研究發展學會，21-30。

張清濱（1988）。**學校行政**。臺北：臺灣書店，107。

張清濱（1997）。**學校行政與教育革新**。臺北：臺灣書店，175-183, 349-367。

張清濱（1998）。**現代教師應扮演哪些角色**？小班教學通訊一國中篇，1-2。

張清濱（2007）。**學校經營**。臺北：學富文化事業有限公司。

張清濱（2008a）。**教學視導與評鑑**。臺北：五南圖書出版公司。

張清濱（2008b）。**學校教育改革：課程與教學**，第三版。臺北：五南圖書出版公司。

張清濱（2020）。**教學理論與實務**，第二版。臺北：五南圖書出版公司，9-10, 175, 186, 214-226, 427-430。

張錦弘（2019.12.16）。**踏查家鄉做學問市場變教室**。臺北：聯合報，A6。

教育部（2012）。**國民中小學九年一貫課程綱要總綱**。臺北：教育部。

教育部（1998a）。**國民教育階段九年一貫課程總綱綱要**。臺北：教育部。

教育部（1998b）。**發展小班教學精神計畫**。臺北：教育部。

教育部（2008.5.23）。國民中小學九年一貫課程綱要。臺北：教育部。

教育部（2014.11.28）。十二年國民基本教育課程綱要總綱。行政院公報，**20**（227），1-41。

教育部（2017.5.10）。十二年國民基本教育課程修正自 **108** 學年度實施。臺北：教育部。

教育部（2019）。國民中小學學生成績評量準則。臺北：教育部。

章凱閎（2020.3.23）。班群新制半數高中只給 **2** 選擇。臺北：聯合報，A12。

章凱閎（2020.5.29）。明星高中被爆彈性學習趕正課。臺北：聯合報，A6。

章凱閎（2020.5.6）。指考補考生採「同等分數換算」。臺北：聯合報，A12。

章凱閎、吳亮賢、林河名、楊雅棠、邱怡君、簡浩正，2020.5.18）。連 **2** 天罩不住會考 **5** 科恐 **0** 分。臺北：聯合報，A1。

許維寧（2020.4.29）。瘟疫啟示錄。臺北：蘋果日報，A4。

郭生玉（1985）。心理與教育測驗。新北：精華書局。

陳伯璋、盧美貴（2000）。學校本位課程發展的理念與實踐，課程研究，**27**，55-62.

陳宛茜（2019.2.4）。學測跨科題大增挑戰教師備課。臺北：聯合報，A12。

陳梅生（1989）。我國小學自然、數學兩課程實驗研究。教育資料集刊，**14** 輯，109-133。

喻文玟、林敬家（2020.3.27）。臺中若停課 **321 On line** 線上教學。臺北：聯合報，B2。

曾志朗（2000.10.30）。用決心與熱情落實教改。臺北：中央日報，13。

賀陳旦、方新舟、鄭漢文、林國源（2020.5.20）。教育部原民會應攜手停課不停學。臺北：聯合報，12。

馮靖惠、林政忠（2020.5.15）。政治介入課綱淪意識形態戰場。臺北：聯合報，A4。

黃光雄（1996）。課程與教學。臺北：師大書苑，57-98。

黃光雄、楊龍立（2004）。課程設計：理念與實作。臺北：師大書苑。

黃光雄、楊龍立（2012）。課程發展與設計：理念與實作，第三版。臺北：

師大書苑，31，46-75。

黃政傑（1991）。**課程設計**。臺北：東華書局。

黃政傑（1999）。**課程改革**（第三版）。臺北：漢文，185。

黃炳煌（1999）。談課程統整——以九年一貫社會科課程為例。**九年一貫課程研討會論文集：邁向課程新紀元**。臺北：中華民國教材研究發展學會，252。

黃議瑩（1999）。從課程統整的意意與模式，探討九年一貫新課程之結構。**九年一貫課程研討會論文集：邁向課程新紀元**。臺北：中華民國教材研究發展學會，259。

葉志雲（1999.12.15）。**教室變超市，學生採買當考試**。臺北：中國時報。

葉學志（1990）。**教育哲學**。臺北：三民書局。

臺師大心測中心（2020）。**國中教育會考**。臺北：臺師大心測中心。

潘乃欣（2019.11.30a）。**及早定向無須樣樣通**。臺北：聯合報，A6。

潘乃欣（2019.11.30b）。**高中學習歷程檔案大學參採定案**。臺北：聯合報，A6。

潘乃欣（2020.4.30）。**遠距教學家中小孩多優先借設備**。臺北：聯合報，A12。

潘乃欣、章凱閎（2020.4.22）。**會考開冷氣也開窗英聽測驗取消**。臺北：聯合報，A12。

鄭世仁（2000）。核心課程，載於**教育大辭書**。新北：國家教育研究院。

賴香珊、林宛諭、陳秋雲（2020.3.23）。**臺中超前部署線上教學僅國英數**。臺北：聯合報，B3。

薛慧綺（2020.5.26）。**會考之思——教育要帶孩子去哪裡**。臺北：聯合報，A13。

聯合報（2020.12.01）。**全球主要國家疫情**。臺北：聯合報，A3。

簡紅珠（2000）。融合課程，載於**教育大辭書**。新北：國家教育研究院。

簡茂發（2001.1.28）。**基本學力**。臺北：聯合報，4。

簡慧珍（2020.4.24）。**楊益風：別讓線上教學「二二六六」**。臺北：聯合報，A4。

二、英文部分

Abbeduto, L. (2006). *Educational psychology* (4th ed.). Dubuque, IA: McGraw-Hill.

Adams, M. J. (1994). *Beginning to read: Thinking and learning about print*. Cambridge, MA: The MIT Press.

Airasian, P. W. (1994). *Classroom assessment* (2nd ed.). New York: McGraw-Hill, Inc.

Alleman, J., & Brophy, J. (1993). Is curriculumintegration a boonor a threatto social studies? *Social Education, 57*(6), 287-291.

Anderson, J. R., & Krathwhol, D. R. (Eds.) (2001). *A taxonomy for learning,teaching, and assessing: A revision of Bloom's Taxonomy of educational objectives*. New York: Longman.

Anderson, L. W., Krathwohl, D. R., Airasian, P. W., Cruishank, K. A., Mayer, R. E., Pinttrich, P. R., Raths, J., & Wittrock, M. C. (2001). *A taxonomy for learning, teaching, and assessing: A revision of Bloom's taxonomy of educational objectives* (complete edition). New York: Longman.

Apple, M. (1975). *Ideology and curriculum*. London: Routledge and Kegan Paul.

Apple, M. W. (1991). Conservative agendas and progressive possibilities: Understanding the wider politics of curriculum and teaching. *Education and Urban Society*, 279-291.

Ballantine, J. H. (1997). *The sociology of education*. Chicago: Rand McNally.

Bandura. A. (1977). Self-efficacy: Toward a unifying theory of behavioral change. *Psychological Review, 84*, 191-215.

Bandura, A. (1986). *Social foundations of thought and action: A social cognitive theory*. Englewood Cliffs, NJ: Prentice-Hall.

Bandura, A. (1997). *Self-efficacy: The exercise of control*. New York: W. H. Freeman.

Bandura, A., & Schunk, D. (1981). Cultivating competence, self-efficacy, and intrinsic interest through proximal self-motivation. *Journal of Personality and Social Psychology, 41*, 587-598.

Beatleheim, B. (1977). *The use of enchantment.* New York: Vintage Books.

Bell, L. (1988). *Appraising teachers in schools: A practical guide.* London: Routledge, 173-174.

Bigge, M. L., & Shermis, S. S. (2004). *Learning theories for teachers.* Boston: Pearson.

Black, S. (1996). Portfolio assessment. In R. Fogarty (Ed.), *Student portfolios: A collection of articles,* second printing. Arlington Heights, Ill.: IRI/Skylight Training and Publishing, Inc. 47-56.

Blandford, S. (2000). *Managing professional development in schools.* London: Routledge, 146.

Bloom, B. S. (1984). The 2-sigma problem: The search for methods of group instruction as effective as one-to-one tutoring. *Educational Researcher, 13*(6), 4-16.

Bloom, B. S., et al. (1956). *Taxonomy of educational objectives. Handbook I: Cognitive domain.* New York: McKay.

Bobbitt, F. (1918). *The curriculum.* Boston: Houghton Mifflin.

Brameld, T. (1956). *Toward a reconstructed philosophy of education.* New York: Holt, Rinehart and Winston.

Brooks, J. G., & Brooks, M. G. (1993). *In search of understanding: The case for constructivist classrooms.* Alexandria, Virginia: Association for Supervision and Curriculum Development.

Broudy, H. (1969). *Building a philosophy of education.* New York: Harper and Row.

Bruner, J. S. (1960). *The process of education.* Cambridge, MA: Harvard University Press.

Bruner, J. S. (1966). *Toward a theory of instruction.* Cambridge, Mass.: The Belpnap Press.

Bruner, J. T. (2000). Let's put brain science on the back burner. In F. W. Parkay, & G. Hass (Eds.), *Curriculum planning: A contemporary approach*. Boston: Allyn and Bacon.

Buckler, S., & Castle, P. (2014). *Psychology for teachers*. London: SAGE.

Canter, L., & Canter, M. (1992). *Assertive discipline: Positive behavior management for today's classrooms*. Santa Monica, CA: Lee Canter and Associates.

Case, R. (1991). *The anatomy of curriculum integration*. Forum on Curriculum Integration (FOCI) Occupational Paper #2, Vancouver: Tri-University Integration Project, Simon Fraser University.

Casey, M. B., & Tucker, E. C. (1994). Problem-centered classrooms: Creating lifelong learner. *Phi Delta Kappan, 75*, 139-143.

Cangelosi, J. S. (1991). *Evaluating classroom instruction*. New York: Longman, 4.

Caswell, H. L., & Campell, D. S. (1935). *Curriculum development*. New York: American Book Company.

Charles, C. M., & Blaine, K. (1981). *Building classroom discipline: From models to practice*. White Plains: Longman, 29-130.

Charters, W. W. (1924). *Curriculum construction*. N.Y.: Macmillan.

Chen, L. L., & Iris, C. (2004). iTV: An emerging tool ineducation. *Educational Technology, 44*(6), 61-62.

Clay, M. M. (1987). Learning to belearning disabled. *New England Journal of Educational Studies, 22*(2), 155-171.

Cleaf, D. W. (1991). *Action in elementary social studes*. Boston: Allyn and Bacon.

Combs, A. (1982). *A personal a pproach to teaching*. Boston: Allyn and Bacon.

Coombs, J. (1991). *Thinking seriously about curriculum integration*. Forum on Curriculum Integration (FOCI) Occupational Paper #2, Vancouver: Tri-University Integration Project, Simon Fraser University.

Counts, G. (1932a). Dare progressive education be progressive? *Progressive Education*, April, 259.

Counts, G. (1932b). *Dare the schools build a new social order?* Yonkers, N. Y.:

World Book.

Crawford, R. P. (1954). *The techniques of creative thinking*. New York, NY: Hawthorn Books.

deBono, E. (1985). The CoRt thinking program. In J. W. Segal, S. F. Chipman, & R. Glaser (Eds.), *Thinking and learning skills, Vol. 1: Relating instruction to research*. Hillsdale, J. J.: Erlbaum.

Dejnozka, E., & Kapel, D. (1991). *American educators' encyclopedia*. New York: Greenwood Press.

Denti, L. G., & Guerin, G. (1999). Dropout prevention: A case for enhanced early literacy efforts. *The Clearing House, 72*(4), 231-235.

Dewey, J. (1910). *How we think*. Boston: Heath.

Dewey, J. (1916). *Democracy and education*. New York: Macmillan.

Dewey, J. (1933). *How we think: Restatement of the relation of reflective thinking to the educative process*. Boston, MA: Heath.

Dewey, J. (1938). *Experience and education*. New York: Macmillan.

Doll R. C. (1996). *Curriculum improvement* (9th ed.). Boston: Allyn and Bacon.

Dreikurs, R. (1968). *Psychology in the classroom* (2nd ed.). New York: Harper and Row Publishing, Inc.

Driscoll, M. P. (2000). *Psychology of learning for instruction*. Boston: Allyn and Bacon.

Eberle, R. E. (1977). *SCAMPER*. Boston, MA: Heath.

Edwards, C. H. (2000). *Clasrroom discipline and management* (3rd ed.). New York: John Wiley and Sons, Inc. 43-258.

Eisner, E. W. (1979). *The educational imagination: On the design and evaluation of school programs*. New York: The Mcmillan Company.

Eisner, E. W. (1991). *The enlightened eye: Qualitative inquiry and theenhancedment of educational practice*. New York: Macmillan.

Eisner, E. W., & Vallance, E. (Eds.)(1974). *Conflicting conceptions of curriculum*. California: McCutchan.

Ennis, R. (1985). Logical basis for measuring critical thinking skills. *Educational Leadership*, October, 44-48.

Ernst von Glaserfeld (1984). An introduction to radical constructivism. In P. Watzlawick (ed.), *The invented reality*. New York: Norton.

Ertmer, P. A., Driscoll, M. P., & Wager, W. W. (2003). The legacy of Robert Mills Gagné. In B. J. Zimmerman & D. H. Schunk (Eds.), *Educational psychology: A century of contributions*. London: Lawrence Erlbaum Associates, Publishers.

Fielstein, L., & Phelps, P. (2001). *An introduction to teaching: Rewards and realities*. Belmont: Wadsworth.

Fitzpatrick, J. L., Sanders, J. R., & Worthen, B. R. (2004). *Program evaluation: Alternative approaches and practical guidelines*. Boston: Pearson Education, Inc.

Forgaty, R. (1991). Ten ways to integrate curriculum. *Educational Leadership, 49* (2), 8.

Freire, P. (1970). *Pedagogy of the oppressed*. New York: Herder and Herder.

Gagné R. M., Wager, W. W., Golas, K. C., & Keller, J. M. (2005). *Principles of instructional design* (5th ed.). New York: Thomson/Wadsworth, 4-6.

Gagné, R. M. (1962). The acquisition of knowledge. *Psychological Review, 69,* 355-365.

Gagné, R. M. (1965a). The analysis of instructional objectives for the design of instruction. In R. Glaser (Ed.), *Teaching machine and programmed learning" II. Data and directions*. Washington, D. C.: National Education Association.

Gagné, R. M. (1965b). *The conditions of learning*. New York: Holt, Rinehart, and Winston.

Gagné, R. M. (1989). *Studies of learning: Fifty years of research*. Tallahassee, FL: Learning Systems Institute, Florida State University.

Gagné, R. M., & Briggs, L. J. (1989). *Principles of instructional design*. New York: Holt, Rinehart, and Winston.

Gardner, H. (1983). *Frames of mind: The theory of multiple intelligenc*es. New York: Basic Books.

Gardner, H. (1995). Reflections on multiple intelligences: Myths and messages. *Phi Delta Kappan, 77*(3).

Gibson, J. J. (1977). The theory of affordance. In R. Shaw and J. Bransord (Eds.), *Perceiving, acting, and knowing.* Hillsdale, NJ: Lawrence Erlbaum Associates.

Giles, H., McCutchen, S. P., & Zechiel, A. N. (1942). *Exploring the curriculum.* New York: Harper.

Ginott, H. (1972). *Teachers and children.* New York: Mcmillan.

Giroux, H. A. (1981). Toward a new sociology of curriculum. In H. A. Giroux, A. N. Panna, & W. F. Pinar (Eds.), *Curriculum and instruction.* California, Mc-Cutchan Publishing.

Glasser, W. (1965). *Reality therapy*: A new approach to psychiatry. New York: Harper and Row Publishers, Inc.

Glatthorn, A. A., Boschee, F., & Whitehead, B. M. (2009). *Curriculum leadership: Strategies for development and implementation.* London: SAGE.

Glickman, C. D., & Tamashiro, R. T. (1980). Clarifying teacher's beliefs about discipline. *Educational Leadership,* March, 459.

Goleman, D. (1995). *Emotional intelligence.* New York: Bantam.

Good, T. E., & Brophy, J. E. (1997). *Looking in classrooms* (6th ed.). New York: Harper-Collins.

Goodman. N. (1984). *Of mind and other matters.* Cambridge, MA: Harvard University Press.

Gordon, T. (1976). *T. E. T.: Teacher effectiveness training.* New York: Peter H. Wyden.

Grady, I. (1994). *Interdisciplinary curriculum: A fusion ofreform ideas.* Aurora, Co.: Mid-Continent Regional Education Lab.

Grice, G. L., & Jones, M. A. (1989). Teaching thinking skills: State mandates and the K-12 curriculum. *The Clearing House, 62.*

Groarke, L., & Scholz, S. J. (1996). Seven principles for better practical ethics. *Teaching Philosophy, 19* (4), 347-348.

Gronlund, N. E. (1998). *Assessment of student achievement* (6th ed.). Boston: Allyn and Bacon, 157-161.

Guilford, J. P. (1950). Creativity. *American Psychologist, 5,* 444-454.

Guilford, J. P. (1988). Some changes in the Structure-of-Intellect model. *Educational and Psychological Measurement, 48,* 1-6.

Guskey, T. (1985). *Implementing mastery learning.* Belmont, Calif.: Wadsworth.

Guskey, T. (2000). *Evaluating professional development.* Thousand Oaks, CA: Corwin Press.

Halpern, D. (1988). *Assessing students outcomes for psychology majors.* San Francisco: Jossey-Bass.

Hargreaves, A., & Moore, S. (2000). Curriculum integration and classroom relevance: A study of teachers'practice. *Journal of Curriculum and Instruction, 15*(2), 89-112.

Hargreaves, A., & Shirley, D. (2008). The fourth way of change. *Educational Leadership, 66*(2), 56-61.

Harris, T. A. (1967). *I'm OK—you're OK.* New York: Avon Books.

Hart, J., & Lordon, J. F. (1978). School discipline: Yesterday, today, and tomorrow. *The Clearing House,* October, 68-71.

Hirst, P. H. (1974). *Knowledge and curriculum.* London: Routledge and Kegan Paul.

Hukins, F. P., & Hammill, P. A. (1994). Beyond Tyler and Taba: Reconceptualizing the curriculum process. *Peabody Journal of Education, 69*(3), 4-18.

Hutchins, R. M. (1936). *The higher learning in America.* New Heaven, Conn.: Yale University Press.

Hyman, R., & Rosoff, B. (2000). Matching learning and teaching styles: The jug and what's in it. *Theory into Practice, 23*(1), 35-43.

Inhelder, B., & Sinclair, H. (1969). Learning cognitive structure. In P. H. Mussen, J. Langer, & M. Covinton (Eds.), *Trends and issues in developmental psychology*. New York: Holt, Rinehart, and Winston.

Johnson, D., & Johnson, R. T. (1991). *Learning together and alone*. Englewood Cliffs, N. J.: Prentice-Hall.

Jung, C. (1927). *The theory of psychological type*. Princeton, N. J.: Princeton University Press.

Kellough, R. D., & Kellough, N. G. (2003). *Secondary school teaching: A guide to methods and resources* (2nd ed.). Columbus, Ohio: Merrill Prentice Hall.

Kelly, F. J., Veldman, D. J., & McGuire, C. (1964). Multiple discriminant prediction of delinquency and school dropouts. *Educational and Psychological Measurement, 24*, 535-544.

Kerr, J. F. (1968). The problem of curriculum reform. In J. F. Kerr (Ed.), *Chaging the curriculum*. London: University of London Press.

Kilpatrick, W. (1992). *Why John can't tell right from wrong*. New York: Simon and Schuster.

King, A. R., & Brownell, J. A. (1966). *The curriculum and the disciplines of knowledge.* New York: Wiley.

Klein, M. F., & Goodlad, J. I. (1978). A *study of curriculum decision making in eighteen selected countries*. Reported in ERIC#ED 206093.

Knoll, S. (1981). A strategy for discipline. *Contemporary Education,* Spring, 168.

Kohlberg, L. (1980). High school democracy and education for a just society. In R. D. Mosher (Ed.), *Moral education: A first generation of research and development*. New York: Praeger.

Kolata, G. (Sept. 26, 1994). Should children be told if genes predict illness? *The New York Times*.

Kolb, D. A. (1984). *Experiential learning: Experience as the source of learning and development*. Upper Saddle River, N. J.: Prentice Hall.

Kounin, J. S. (1970). *Discipline and group management in classrooms*. New York:

Holt, Rinehart, and Winston.

Krathwohl, D. R., et al. (1964). *Taxonomy of educational objectives. Handbook II: Affective domain.* New York: McKay.

Lawton, D. (1983). *Curriculum studies and educational planning.* London: Hodder and Stoughton.

Leftkowitz, L. J. (1972). Ability grouping: De facto segregation in the classroom. *The Clearing House,* January, 293-297.

Leming, J. S. (November, 1993). In search of effective character education. *Educational Leadership, 51,* 63-71.

Lloyd, D. N. (1978). Prediction of school failure from third-grade data. *Educational and Psychological Measurement, 38,* 1193-1200.

Lo, Y. C. (1999). School-based curriculum development: The Hong Kong experience. *The Curriculum Journal, 10*(3), 419-442.

Long, C., & Stansbury, K. (1994). Performance assessments for beginning teachers. *Phi Delta Kappan, 76,* 318-322.

Lutkehaus, N. C., & Greenfield, P. M. (2003). From the process of education to the culture of education: An intellectual biography of Jerome Bruner's contribution to education. In B. J. Zimmerman & D. H. Schunk (Eds.), *Educational psychology: A century of contributions.* London: Lawrence Erlbaum Associates, Publishers.

Madaus, G., & O'Dwyer, L. M. (1999). A short history of performance assessment lessons learned, *Phi Delta Kappan, 80*(9), 688-695.

Mager, R. F. (1984). *Preparing instructional objectives* (2nd ed.). Belmont, CA.: Fearon-Pittman.

Mancall, J. C., Lodish, E. K., & Springer, J. (1992). Searching across the curriculum. *Phi Delta Kappan,* 526-528.

Marlowe, B. A., & Canestrari, A. S. (2006). *Educational psychology in context: Readings for future teachers.* London: SAGE Publications.

Marsh, C. (1992). *Key concepts for understanding curriculum.* New York: Falmer.

Martinez, M. E. (1998). What is problem solving? *Phi Delta Kappan*, *70*(8), 605.

Martin-Kniep, G. O., Feige, D. M., & Soodak, L. C. (1995). Curriculum integration: An expanded view of an abused idea. *Journal of Curriculum and Instruction*, *10*(3), 227-249.

Marzano, R. J. (2003). *Classroom management that works*. Alexandria, VA: ASCD. Los Angeles: SAGE.

Maslow, A. (1970). *Motivation and personality* (2nd ed.). New York: Harper and Row.

Maslow, A. (1971). *The father reaches of human nature*. New York: Viking Press.

Mason, T. C. (1996). Integrated curriculum: Potential and problems. *Journal of Teacher Education*, *47*(4), 263-270.

Mayer, R. E. (2003). E. L. Thorndike's enduring contributions to educational psychology. In B. J. Zimmerman & D. H. Schunk (Eds.), *Educational psychology: A century of contributions*. London: Lawrence Erlbaum Associates, Publishers.

Mayer, R. E., & Wittrock, M. C. (1996). Problem solving transfer. In D. C. Berliner & R. C. Calfee (Eds.), *Handbook of educational psychology*. New York: Macmillan, 47-62.

McCarthy, B. (1997). A tale of four learners: 4MAT's learning styles. *Educational Leadership*, *54*(6), March, 47-51.

McNeil, J. D. (1985). *Curriculum: A comprehensive introduction*. Boston: Harper Collins College Publishers.

Meyer, C. A. (1992). What's the difference between authentic and performance assessment ? *Educational Leadership*, *49* (8), 39-41.

Michaelis, J. U., & Garcia, J. (1996). *Social studies for children: A guide to basic instruction*, (11th ed). Boston: Allyn and Bacon, 341-344.

Miller, A. D., Barbetta, P. M., & Heron, T. E. (1994). START tutoring: Designing, training, implementing, adapting, and evaluating tutoring program for school and home settings. In R. Gardner, D. M. Sainatok, J. O. Cooper, T. E. Heron, W.

L. Heward, J. Eshleman, & T. A. Grossi (Eds.), *Behavior analysis in education: Focus on measurably superior instruction*. Monterey, CA: Books/Cole, 265-282.

Moore, K. (2009). *Effective instructional strategies: From theory to practice* (2nd ed.). Los Angeles: SAGE.

Morris, E. K. (2003). B. F. Skinner: A behavior analysis in educational psychology. In B. J. Zimmerman & D. H. Schunk (Eds.), *Educational psychology: A century of contributions*. London: Lawrence Erlbaum Associates, Publishers.

Morrison, G. R., Ross, S. M., & Kemp, J. E. (2001). *Designing effective instruction*. New York: John Wiley and Son.

Nidds, J. A., & McGerald, J. (1997). How functional is portfolio assessment anyway? *Educational Leadership*, 47-50.

Nielsen, R. (1988). Limitations of ethical reasoning as an action (Praxis) strategy. *Journal of Business Ethics*, 7, 731.

O'Donell, A. M., Reeve, J., & Smith, J. K. (2009). *Educational psychology: Reflection for action* (2nd ed.). Hoboken, NJ: John Wiley and Sons.

Oliva, P. F. (1997). *Supervision for today's school*. New York: Harper and Row, Publishers.

Ormrod, J. E. (2009). *Essentials of educational psychology* (2nd ed.). Columbus, Ohio: Pearson.

Ornstein, A. C., & Hunkins, F. P. (2004). *Curriculum: Foundations, principles, and issues* (4th ed.). Boston: Pearson.

Parkay, F. W., & Hass, G. (2000). *Curriculum planning: A contemporary Approach* (7th ed.). Boston: Allyn and Bacon.

Parkay, F. W., Anctil, E. J., & Hass, G. (2014). *Curriculum leadership: Readings for developing quality educational programs* (10th ed.). Boston, MA: Pearson.

Partin, R. L. (1979). Multiple option grade contracts. *The Clearing House*, November, 133-135.

Paul, R. W. (1988). Ethics without indoctrination. *Educational Leadership*, 48(8), 10-19.

Pavlov, I. (1927). *Conditioned reflexes* (Trans. by G. V. Anrep). London, UK: Oxford University Press.

Phillips, D. C. (1995). The good, the bad, and the ugly: The many faces of constructivism. *Educational Reseacher, 24,* 5-12.

Piaget, J. (1932). *The child's conception of physical causality*. New York: Harcourt.

Piaget, J. (1948). *Judgment and reasoning in the child*. New York: Harcourt, Brace.

Piaget, J. (1970). Piaget's theory. In P. H. Mussen (Ed.), *Carmichael's manual of child psychology* (Vol. 1). New York: Wiley.

Pinar, W. F. (1978). *Contemporary curriculum discourse*. Scottsdale: Gorsuch Scarisbrick.

Posner, G. J., & Rudnitsky, A. N. (2001). *Course design: A guide to curriculum development for teachers* (6th ed.). New York: Longman.

Posner, G. J., & Strike, K. A. (1976). A categorization scheme for principles of sequencing content. *Review of Educational Research, 46,* 665-690.

Premack, D. (1965). Reinforcement theory. In D. Levine (Ed.), *Nebraska symposium on motivation* (pp.123-180). Lincoln, NE: University of Nebraska Press.

Provus, M. M. (1973). *Descrepancy evaluation.* Berkeley, CA: McCutchan.

Raths, J., Pancella, J. R., & Vaness, J. S. (1971). *Studying teaching*. London: Prentice-Hall.

Raths, L. E., Harmin, M., & Simon, S. B. (1978). *Values and teaching* (2nd ed.) Columbus, Ohio: Charles E. Merrill.

Ratnesar, R. (1997). Teaching feelings 101. *Time Express*, December, 65.

Redl, F., & Watterberg, W. W. (1959). *Mental hygiene in teaching*(2nd ed.). New York: Harcourt, Brace, and World.

Riessman, F. (1966). Styles of learning. *NEA Journal LV*(3), 15-17.

Rippa, S. A. (1980). *Education in a free society*. New York: Longman.

Rogers, C. (1951). *Client-centered therapy*. Boston: Houghton Mifflin, 485.

Rogers, C. (1981). *A way of being.* Boston: Houghton Mifflin.

Rogers, G., & Badham, L. (1992). *Evaluation in Schools: Getting started on training and implementation.* New York: Taylor & Francis Group.

Romiszowski, A. (1997). The use of telecommunication in education. In S. Dijkstra, N. Seel, F. Schott, & R. Tennyson, Vol 2 (Eds.), *Instructional design: International perspective.* Mahwah, New Jersey: Lawrence Erlbaum Associates, Publishers.

Ruggiero, V. R. (1988). *Teaching thinking.* New York: Harper and Row.

Sampson, E. E. (1981). Cognitive psychology and ideology. *American Psychologist, 36,* 730-743.

Santrock, J. W. (2001). *Educational psychology.* Boston, MA: McGraw-Hill.

Savage, T. V., & Armstrong, D. G. (1992). *Effective teaching in elementary social studies* (2nd ed.). New York: Macmillan Publishing Company, 135.

Schamber, S. (1999). Surviving team teaching's good intentions. *The Education Digest, 64* (8), 18-23.

Schubert, W. H. (1986). *Curriculum: Perspective, paradigm, and possibility.* New York: Macmillan.

Schunk, D. H. (2012). *Learning theories: An educational perspective* (6th ed.). Boston, MA: Allyn and Bacon.

Schwab, J. J. (1978). The practical: A language for curriculum. In I. Westbury & N. J. Wilkof (Eds.), *Science, curriculum, and liberal education.* The University of Chicago Press, 287-321.

Scribner, S. (1985). Vygotsky's uses of history. In J. V. Wertsch (Ed.), *Culture, communication, and cognition: Vygotskian perspectives.* Cambridge, England: Cambridge University Press.

Sgrol, P. (1993). *Lecture to the writing, reading, and civic education institute.* Cambridge, Mass.: Harvard Graduate School of Education.

Shepard, L. A. (1995). Using assessment to improve learning. *Educational Leadership, 52,* 40.

Shepherd, G. D., & Ragan, W. B. (1992). *Modern elementary curriculum* (7th ed.).

San Diego: Harcourt Brace Jovanovich.

Silver, H., Strong, R., & Perini, M. (1997). Integrating learning styles and multiple intelligences. *Educational leadership*, *55*(1), 22-27.

Simpson, J. S. (1972). The classification of educational objectives in the psychomotor domain. *The Psychomotor Domain 3*, Gryphon House, 43-56.

Skilbeck, M. (1982). School-based curriculum development. In V. Lee & D. Zeldin (Eds.), *Planning in the curriculum*. London: Hodder and Stoughton.

Skinner, B. F. (1953). *Science and human behavior*. New York: Macmillan.

Skinner, B. F. (1954). The science of learning and the art of teaching. *Harvard Educational Review*, *24*, 86-97.

Skinner, B. F. (1968). *The technology of teaching*. New York: Appleton-Century-Crofts.

Skinner, B. F. (1978). *Reflections on behaviorism and society.* Englewood Cliffs, N. J.: Prentice Hall.

Skinner, B. F. (1983). *A matter of consequence*. New York: Knopf.

Slattery, P. (1995). *Curriculum development in the postmodern era*. New York: Garland.

Slavin, R. E. (1983). *An introduction to cooperative learning*. New York: Longman.

Slavin, R. E. (1999). Synthesis of research on cooperative learning. In L. C. Ornstein & L. S. Behar-Horenstein (Eds.), *Contemporary issues in curriculum* (2nd ed.). Boston: Allyn and Bacon.

Slavin, R. E. (2012). *Educational psychology* (10th ed.). Boston, MA: Pearson.

Slavin, R. E., Madden, N. A., Dolan, B., Wasik, B. A., Ross, S. M., & Smith, L.J. (1994). Whenever and wherever we choose: The replication of "success for all." *Phi Delta Kappan*, 639-647.

Slavin, R. E., Madden, N. A., Karweit, N. L., Livermon, B. L., & Dolan, L. L. (1990). Success for all: First year outcomes of a comprehensive plan for reforming urban education. *Educational Leadership*, *27*(2), 255-278.

Smith, M. K. (2007). Curriculum theory and practice. *The encyclopedia of informal education*. Retrieved December 24, 2007, from http://www.infed.org/biblio/b-curriculum

Smith, P. L., & Ragan, T. J. (1999). *Instructional design*. New York: John Wiley and Sons.

Smith, B. O., Stanley, W. O., & Shores, H. J. (1957). *Fundamentals of curriculum development* (rev. ed.). New York: Harcourt, Brace.

Spencer, H. (1860). *Education: Intellectual, moral, and physical*. New York: Appleton.

Spencer, H. (1957). *Essays on education*. London: Open Books.

Stake, R. E. (1967). The countenance of educational evaluation. *Teachers College Record, 68*, 523-540.

Starko, A. J. (2010). *Creativity in the classroom: Schools of curious delight* (4th ed.). New York, NY: Routlectge.

Stenhouse, L. (1975). *An introduction to curriculum research and development*. London: Heinemann Educational Books Ltd.

Sternberg, R. J. (1966). Myths, countermyths, and thruths about intelligence. *Educational Researcher, 25*(2), 11-16.

Stevens, R. L., & Allen, M. G. (1996). Teaching public values: Three instructional approaches. *Social Education, 60*(3), 155-158.

Stipek, D. J. (1993). *Motivation tolearn: From theory to practice* (2nd ed.). Boston: Allyn and Bacon.

Stone, C. A. (1993). What is missing in the metaphor of scaffolding? In E. A. Forman, N. Minick, & C. A. Stone (Eds.), *Contexts for learning*. New York: Oxford University Press.

Stoops, E., & King-Stoops, J. (1981). Discipline suggestions for classroom teachers. *Phi Delta Kappan*, September, 58.

Straetmans, G. J. M., & Eggen, T. J. H. M. (1998). Computerized adaptive testing: What it is and how it works. *Educational Technology, 38*(1), 45-52.

Stratemeyer, F. B., Forkner, H. L., & McKim, M. G. (1947). *Developing a curriculum for modern living.* New York: Teachers College Press, Columbia University.

Stronge, J. H. (1997). *Evaluating teaching: A guide to current thinking and best practice.* California: Corwin Press.

Stufflebeam, D. L. (1973). Excerpts from "Evaluation as enlightenment for decision making." In B. R.Worthen & J. R. Sanders (Eds.), *Educational evaluation: Theory and practice.* Belmont, CA: Wadsworth.

Stufflebeam, D. L. (2000). The CIPP model for evaluation. In D. L.Stufflebeam, G. F. Madaus, & Kelleghan (Eds.), *Evaluation models: Viewpoints on educational and human services evaluation* (2nd ed.). Boston: Kluwer, 274-317.

Super, D. E., Savickas, M. L., & Super, C. M. (1996). The life-span, life-space approach to carees. In D. Brown, L. Brooks, and associates (Eds.), *Career choice and development* (3rd ed., pp.121-177). San Francisco: Jossey-Bass.

Thorndike, E. L. (1898). *Animal intelligence*: An experimental study of the associative processes in animals. *Psychological Monographs, 2* (4, Whole No. 8).

Thorndike, E. L. (1906). *Principles of teaching based on psychology.* New York: Seiler.

Thorndike, E. L. (1911). *Animal intelligence.* New York: Macmillan.

Thorndike, E. L. (1932). *Fundamentals of learning.* New York: Teachers College. Columbia University.

Thorndike, E. L., & Woodworth, R. S. (1901). The influence of improvement in one mental function upon the efficiency of other functions. *Pschological Review, 45*(1), 1-41.

Trump, J. L., & Miller, D. F. (1979). *Secondary school curriculum improvement: Meeting challenges of the times* (3rd ed.). Boston: Allyn and Bacon, 345.

Tuckman, B. W., & Monetti, D. M. (2011). *Educational psychology.* Belmont, CA: Wadsworth, Cengage Learning.

Tudge, J., & Scrimsher, S. (2003). L. S Vygotsky: A cultural─historical, interpersonal, and individual approach to development. In B. J. Zimmerman & D. H. Schunk (Eds.), *Educational psychology: A century of contributions.* London: Lawrence Erlbaum Associates, Publishers.

Tyler, R. W. (1949). *Basic principles of curriculum and instruction.* Chicago, Ill: The University of Chicago Press.

Tyler, R. W. (1950). *Basic principles of curriculum and instruction.* Chicago: University of Chicago Press.

Vygotsky, L. S. (1987). *The collected works of L. S. Vygotsky: Vol. 1. Problem of general psychology* (R. W. Rieber & A. S. Carton, Vol. Eds.; N. Minick, Trans.). New York: Plenum. (Originally written or published between 1929-1935)

Vygotsky, L. S. (1994). The problem of environment. In R. van Veer & J. Valsiner (Eds.), *The Vygotsky reader.* Oxford, England: Blackwell. (Originally published in 1935)

Vygotsky, L. S., & Luria, A. P. (1994). Tool and symbol in child development. In R. van der Veer & J. Valsiner (Eds.), *The Vygotsky reader.* Oxford, England: Blackwell. (Originally published in 1930)

Walker, D. F. (1978). A naturalistic model for curriculum development. In J. R. Gress & D. F. Purpel (Eds.). *Curriculum,* 268-280. California: McCutchan.

Wang, M. C. Haertel, G. D., & Walberg, H. J. (1993). Toward a knowledge base for school learning. *Review of Educational Research, 63* (3), 249-294.

Weatherley, C. (2000). *Leading the learning school: Raising standards of achievement by improving the quality of learning and teaching.* Willston, VT.: Network Educational Press, 17.

Wheeler, D. K. (1967). *Curriculum process.* London: University of London Press.

Wiggins, G. (1989). The futility of trying to teach everything of importance. *Educational Leadership,* 44-59.

Wiles, J., & Bondi, J. (2002). *The essential middle school.* Columbus, Ohio: Merrill.

Wolpe, J. (1958). *Psychotherapy by reciprocal inhibition*. Stanford, CA: Stanford University Press.

Woolever, R. M., & Scott, K. P. (1988). *Active learning in social studies promoting cognitive and social growth*. London: Scott, Foresman and Company, 244-245.

Woolfolk, A. (2011). *Educational psychology* (12th ed.). New Jersey: Pearson.

Zimmerman, B. J., & Schunk, D. H. (2003). Albert Bandura: The scholar and his contribution to educational psychology. In B. J. Zimmerman & D. H. Schunk (Eds.), *Educational psychology: A century of contributions*. London: Lawrence Erlbaum Associates, Publishers.

國家圖書館出版品預行編目資料

課程與教學：理論與實務／張清濱著. -- 初
版. -- 臺北市：五南圖書出版股份有限公
司, 2021.01
　面；　公分
ISBN 978-986-522-384-7（平裝）

1.課程研究　2.教學研究　3.中小學教育

523.4　　　　　　　　　　109019912

113J

課程與教學：理論與實務

作　　者 ─ 張清濱（211.2）

發 行 人 ─ 楊榮川

總 經 理 ─ 楊士清

總 編 輯 ─ 楊秀麗

副總編輯 ─ 黃文瓊

責任編輯 ─ 郭雲周、李敏華

封面設計 ─ 王麗娟

出 版 者 ─ 五南圖書出版股份有限公司

地　　址：106台北市大安區和平東路二段339號4樓

電　　話：(02)2705-5066　　傳　　真：(02)2706-6100

網　　址：https://www.wunan.com.tw

電子郵件：wunan@wunan.com.tw

劃撥帳號：01068953

戶　　名：五南圖書出版股份有限公司

法律顧問　林勝安律師事務所　林勝安律師

出版日期　2021年1月初版一刷

定　　價　新臺幣480元

經典永恆·名著常在

五十週年的獻禮──經典名著文庫

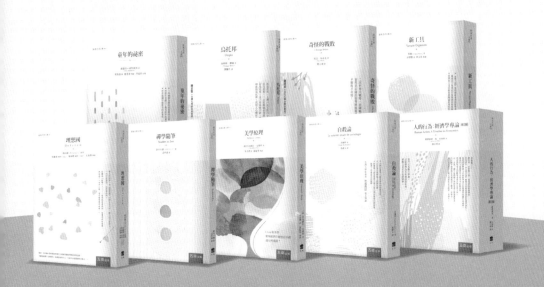

五南，五十年了，半個世紀，人生旅程的一大半，走過來了。

思索著，邁向百年的未來歷程，能為知識界、文化學術界作些什麼？

在速食文化的生態下，有什麼值得讓人雋永品味的？

歷代經典·當今名著，經過時間的洗禮，千錘百鍊，流傳至今，光芒耀人；

不僅使我們能領悟前人的智慧，同時也增深加廣我們思考的深度與視野。

我們決心投入巨資，有計畫的系統梳選，成立「經典名著文庫」，

希望收入古今中外思想性的、充滿睿智與獨見的經典、名著。

這是一項理想性的、永續性的巨大出版工程。

不在意讀者的眾寡，只考慮它的學術價值，力求完整展現先哲思想的軌跡；

為知識界開啟一片智慧之窗，營造一座百花綻放的世界文明公園，

任君遨遊、取菁吸蜜、嘉惠學子！